＝はじめに＝

JN075343

　原価計算の歴史は商業簿記と比べると新しく，１８世紀から１９世紀の産業革命の頃のイギリスで誕生したといわれています。その理由としては，産業革命以前は製造工程において多額の機械設備を必要とせず，問屋制家内工業や手工業が中心だったためです。産業革命の時期に機械設備への投資がおこなわれ，近代的工場制度が誕生したため，製品を製造するために実際にかかった原価を測定する技術として原価計算が誕生しました。

　みなさんは，すでに商品売買業における商品売買などの取引を対象とする商業簿記について学習していると思います。これからは製造業における工業簿記をもとにして，原価計算について学習します。製造業では，商業における購買活動や販売活動のほかに，製品の製造活動をおこないます。原価計算とは，もともとは製品の製造にどのくらいの原価がかかったかを計算することが目的でした。しかし，今日では経済社会が拡大してビジネス活動も多様化していくにつれて，製品の販売価格の決定や原価管理，利益管理も原価計算の目的とされるようになってきています。

　本書の前半では，原価の概念や原価計算の意義などの基本的な事項について学習し，さらに材料費・労務費・経費などの原価の費目別計算・部門別計算・製品別計算などを学習します。後半では，原価情報の活用として標準原価計算と直接原価計算について学習していきます。

　本書は，初版発行以来，日頃担当している授業の経験をもとに，学習効果を上げる方法や検定試験に合格できる方法を十分に検討し，より使いやすく，学習効果の上がる問題集をめざして改訂を重ねてきました。頭を働かせて学習内容を知る，理解するというだけではなく，実際に問題に取り組み，頭と手を同時に働かせて，１問また１問と着実に実力がつくよう，いろいろと工夫をこらして編集してあります。

　最後に，原価計算を学習することによって，商業簿記との違いや共通点を理解し，それぞれの科目の理解を深めていくことが可能になります。検定試験の取得のみにとどまらず，将来にわたって経済社会のさまざまな分野で，本書の内容を活用していくことを期待します。

検定簿記問題研究会会員一同

1級原価計算勘定科目一覧表

以下の勘定科目は，全商1級簿記実務検定試験（原価計算）に出題されるものです。
該当ページは，本書の「学習のまとめ」や問題に初めて登場するページを表記しています。

＜凡 例＞

◀ 頻出!!……検定試験によく出題されている問題

もくじ

第1章　原価と原価計算

① 工業簿記と原価計算

学習のまとめ

①製造業の経営活動

②工業簿記と原価計算

工業簿記とは，材料購入などの購買活動，製品を製造する製造活動，完成した製品を販売する販売活動をおこなう製造業において適用される簿記である。

工業簿記では，**外部活動**だけでなく製品を製造する**内部活動**（製造活動）も複式簿記の原理によって記録する。そのため内部活動を分析して，製品の製造に要した費用（**原価**）を計算しなければならない。この製品の製造に要した原価を正確に計算する手続きを**原価計算**という。

③工業簿記の特色

(1)内部活動によって生じる取引を記録・計算するための勘定科目が多数設けられる。
(2)内部活動に関する勘定間の振替記入が多い。
(3)商業簿記では費用として記帳されるものでも，製品の製造に要したものは，工業簿記では製品の原価として記帳する。
(4)製造に要した費用を集計するために，決算時以外にも多くの集合勘定が用いられる。
(5)内部活動を記録・計算・整理するために，多くの補助簿や計算表が用いられる。

④原価の意味

原価ということばは，つぎのような2つの意味で使われる。

製造原価	製品の製造に要した材料，賃金・給料，諸経費などの費用をいい，原価という場合は，ふつう製造原価のことをさす。
総 原 価	製造原価に，製品の販売のために要した費用（**販売費**）と，企業全般の管理のために要した費用（**一般管理費**）を加えたもの。

また，製品の製造・販売，企業全般の管理などに関係しない費用は，製造原価にも総原価にも含めてはいけない。このような費用を**非原価項目**といい，これには次のようなものがある。
①支払利息などの金融上の費用
②火災・風水害などの異常な原因にもとづく損失

練習問題

解答 ▶ p.2

1-1 次の活動のうち，外部活動にはAを，内部活動にはBを（　）のなかに記入しなさい。
(1)（ A ）機械装置 ¥850,000 を買い入れ，小切手を振り出して支払った。
(2)（ A ）材料 ¥420,000 を，掛けで買い入れた。
(3)（ A ）工員に賃金 ¥270,000 を現金で支払った。
(4)（ B ）製品の製造のため，材料 ¥380,000 を消費した。
(5)（ A ）電力料 ¥95,000 を現金で支払った。
(6)（ B ）製品の製造のため，賃金 ¥260,000 を消費した。
(7)（ B ）製品の製造のため，電力料 ¥85,000 を消費した。
(8)（ B ）製品 ¥450,000 が完成した。
(9)（ A ）製品 ¥530,000 を売り渡し，代金は掛けとした。

1-2 工業簿記の特色を示す次の文の（　）のなかに，適当な語を入れなさい。

(1)外部活動のほかに，（ 内　部 ）活動も記録・計算するための（ 勘定科目 ）が多く設けられる。

(2)内部活動に関する勘定科目間の（ 振　替 ）記入が多い。

(3)商業簿記では，給料や減価償却費などは費用となるが，工業簿記では，これらのうち，製品の製造に要したものは，製品の（ 原　価 ）となる。

(4)商業簿記では，損益勘定のような（ 集　合 ）勘定は，決算時に設けられるだけであるが，工業簿記では，製造活動の進行にともなって，それぞれの段階で原価を集計するので，決算時以外にも多くの（ 集　合 ）勘定が設けられる。

(5)内部活動を記録・計算・整理するために，多くの（ 補　助 ）簿や（ 計　算 ）表が用いられる。

1-3 次の各文の（　）のなかにあてはまる適当な語を記入しなさい。

(1)製品の販売のために要した費用を（ ア ）といい，企業全般の管理のために要した費用を（ イ ）という。

(2)製品の製造に要した材料，賃金・給料，諸経費などの費用を（ ウ ）といい，その金額を正確に計算する手続きを（ エ ）という。このなかには，支払利息や火災・風水害などの異常な原因にもとづく損失などの（ オ ）は含まれない。

(1)		(2)		
ア	イ	ウ	エ	オ
販 売 費	一般管理費	製造原価	原価計算	非原価項目

1-4 次の資料によって，製造原価と総原価を計算しなさい。

資　料

i 製品Aを製造するために要した費用

材 料 費 ¥ 420,000　労 務 費 ¥ 350,000　経　費 ¥ 150,000

ii 製品Aの販売と管理のために要した費用

販 売 費 ¥ 26,000　一般管理費 ¥ 7,000

iii 非原価項目

支 払 利 息 ¥ 5,000　火 災 損 失 ¥ 880,000

製造原価	¥ 920,000	総　原　価	¥ 953,000

検定問題

解答 ▶ p.2

1-5 次の文の□□□にあてはまるもっとも適当な語を，下記の語群のなかから選び，その番号を記入しなさい。

製造原価に販売費及び一般管理費を加えたものを ア という。なお，製品の製造・製品の販売・企業全般の管理に関係しない費用は，原価に含めない。このような費用のことを非原価項目といい， イ や災害損失などがある。（第89回）

語群　1．販 売 価 格　2．総 原 価　3．支 払 利 息　4．支 払 家 賃

ア	2	イ	3

原価の分類と計算

学習のまとめ

①原価要素の分類

(1)発生形態による分類……**材料費・労務費・経費**（原価の3要素）

(2)製品との関連による分類

①**製造直接費**……特定の製品の製造のために個別的に消費され，その製品の原価として直接集計できる原価要素

②**製造間接費**……多種の製品の製造のために共通して消費され，特定の製品の原価として直接集計することのできない原価要素

製造直接費を製品別に集計することを**賦課**，製造間接費を各製品に配分することを**配賦**という。

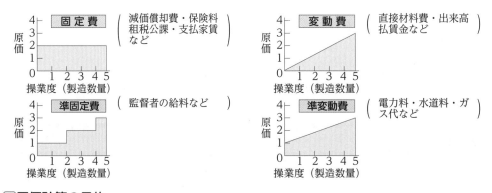

原価の構成

(3)操業度との関連による分類……**固定費・変動費・準固定費・準変動費**

操業度とは，生産設備の一定利用度であり，操業度の増減にかかわらず，発生額が一定している原価を固定費，操業度の増減によって，比例的に増減する原価を変動費という。また，一定の操業度により，段階的に発生する原価を準固定費，操業度が零（0）でも一定額が発生し，さらに操業度の増減によって，比例的に増減する原価を準変動費という。

固定費 （減価償却費・保険料 租税公課・支払家賃 など）

変動費 （直接材料費・出来高 払賃金など）

準固定費 （監督者の給料など）

準変動費 （電力料・水道料・ガス代など）

②原価計算の目的

(1)財務諸表の作成に必要な資料を提供すること

(2)製品の販売価格の計算に必要な資料を提供すること

(3)原価管理に必要な資料を提供すること

(4)利益管理に必要な資料を提供すること

③原価計算の手続き

第1段階……**原価の費目別計算**

一定期間における原価の3要素を費目別に測定・分類する手続き

第2段階……**原価の部門別計算**

費目別計算で把握された各原価要素を部門別に分類・集計する手続き

第3段階……**原価の製品別計算**（原価計算の最終手続き）

一定の製品単位ごとに各原価要素を集計し，製品の1単位あたりの原価を計算する手続き

④原価計算期間

ふつう1か月を計算期間とし，これを**原価計算期間**という。

⑤原価計算の種類

(1)生産形態のちがいによる分類

a．**個別原価計算**　機械製造業・造船業・建設業などのように，種類の異なる製品を個別的に製造する製造業に用いられるもので，製造にあたっては，**製造指図書**が発行される。
(個別原価計算で発行される製造指図書は，特定の製品の製造を命じるもので特定製造指図書ともいわれる。)

b．**総合原価計算**　製粉業・製紙業・化学工業などのように，同じ種類または数種類の製品を連続して大量に製造する製造業に用いられる。
(総合原価計算で発行される製造指図書は，製品を一定期間継続して製造することを命じるもので継続製造指図書ともいわれる。)

(2)原価計算の目的のちがいによる分類

a．**実際原価計算**　製品の製造のために実際に消費した実際原価によって計算する方法。おもに，財務諸表作成のために用いられる。

b．**標準原価計算**　科学的・統計的に定めた原価標準に，実際生産量を乗じた標準原価によって計算する方法。原価管理を有効におこなうために用いられる。

(3)計算する範囲のちがいによる分類

a．**全部原価計算**　製品の製造のために消費したすべての原価を計算する方法

b．**部分原価計算**　消費した原価のうち，その一部分を計算する方法（おもなものに変動費だけで製造原価を計算する**直接原価計算**がある。）

練 習 問 題

解答 ▶ p.2

2-1　次の文の　　　　　のなかに入る適当な語を答えなさい。

(1)原価は，その発生形態によって，材料費・　ア　・　イ　に，そしてその発生が特定の製品に直接的に生じたか，間接的に生じたかによって，　ウ　と　エ　に分けられる。

(2)製造直接費を特定の製品に集計する手続きを　オ　という。特定の製品に直接集計することができない各種の製品に共通に発生する製造間接費は，各製品に配分する手続きが必要となり，この手続きを　カ　という。

(3)原価計算の手続きのうち，原価の3要素である材料費・労務費・　キ　に分けて，それぞれの消費高を計算する手続きを，原価の　ク　という。

(4)操業度の増減にかかわらず，発生額が一定している原価を　ケ　費，操業度の増減に比例して発生する原価を　コ　費という。一定の操業度により，段階的に発生する原価を　サ　費，操業度が零（0）でも一定額が発生し，操業度の増減に比例して発生する原価を　シ　費という。

(5)種類の異なる製品を　ス　的に製造する工業に用いられるものを　セ　といい，製造にあたっては　ソ　が発行される。同じ種類または数種類の製品を　タ　して大量に生産する工業に用いられるものを　チ　という。

(1)のア・イ，ウ・エは順不同

(1)				(2)	
ア	イ	ウ	エ	オ	カ
労 務 費	経　　費	製造直接費	製造間接費	賦　　課	配　　賦

(3)		(4)			
キ	ク	ケ	コ	サ	シ
経　　費	費目別計算	固　　定	変　　動	準 固 定	準 変 動

(5)				
ス	セ	ソ	タ	チ
個　　別	個別原価計算	製造指図書	連　　続	総合原価計算

(6)製品の製造のために実際に消費した実際原価によって計算する方法を　ツ　という。科学的・統計的に定めた原価標準に，実際生産量を乗じた標準原価によって計算する方法を　テ　という。

(7)製品の製造原価を計算するための期間は，ふつう　ト　か月を単位としており，これを　ナ　期間という。

(8)製品の製造のために，消費したすべての原価を計算する方法を　ニ　という。消費した原価のうち，その一部分を計算する方法を　ヌ　といい，おもなものに　ネ　がある。

(6)		(7)	
ツ	テ	ト	ナ
実際原価計算	標準原価計算	1	原 価 計 算

(8)		
ニ	ヌ	ネ
全部原価計算	部分原価計算	直接原価計算

2-2 次の式の　　　のなかに適当な語を記入しなさい。

製造直接費	＝	直接材料費	＋	直接労務費	＋	直接経費

製 造 原 価　＝　製造直接費　＋　製造間接費

総 原 価　＝　製 造 原 価　＋　販売費及び一般管理費

販 売 価 格　＝　総 原 価　＋　営 業 利 益

2-3 下の図の（　）に入る金額を，次の資料をもとに計算し記入しなさい。

資 料

直接材料費　¥124,000　　直接労務費　¥69,000　　直接経費　¥7,000
間接材料費　¥8,000　　間接労務費　¥9,000　　間接経費　¥13,000
販売費及び一般管理費　¥52,000　　営業利益　¥78,000

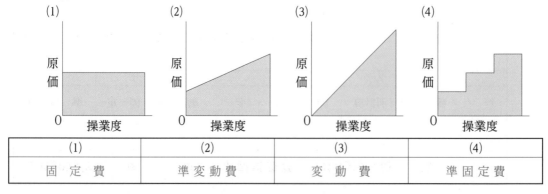

2-4 次の図は原価要素の操業度との関連による分類を示したものである。それぞれの費用の名称を答えなさい。

(1)	(2)	(3)	(4)
固 定 費	準 変 動 費	変 動 費	準 固 定 費

2-5 次の図の（　）に入る金額を，計算し記入しなさい。

				営　業　利　益 （　112,000　）	
			販売費及び一般管理費 68,000		販　売　価　格 580,000
	製　造　間　接　費 （　80,000　）		製　造　原　価 （　400,000　）	総　原　価 468,000	
直　接　材　料　費 （　216,000　）	製　造　直　接　費 320,000				
直　接　労　務　費 84,000					
直　接　経　費 20,000					

2-6 次の資料によって，直接労務費・製造間接費・販売費及び一般管理費・総原価を計算しなさい。

資　　料
直接材料費　¥136,000　　直接経費　¥18,000　　製造直接費　¥250,000
製造原価　¥315,000　　営業利益　¥120,000　　販売価格　¥450,000

直　接　労　務　費	¥	96,000	製　造　間　接　費	¥	65,000
販売費及び一般管理費	¥	15,000	総　　原　　価	¥	330,000

検定問題
解答 ▶ p.2

2-7 次の各文の[　　　]にあてはまるもっとも適当な語を，下記の語群のなかから選び，その番号を記入しなさい。

a．製品の製造のために要した費用を[　ア　]といい，材料費・労務費・経費の3つの[　イ　]から構成される。　（第33回）

b．製品を製造するために要した材料費・労務費・経費の合計額に[　ウ　]を加えた額を総原価という。　（第74回）

c．製品の製造原価のうち，特定の製品の製造のために消費された原価を，その製品に集計する手続きを[　エ　]という。　（第73回）

d．各種の製品について共通に発生し，特定の製品の原価として直接集計することができない原価要素を，一定の基準によって各製品に割り当てる手続きを[　オ　]という。　（第66回）

e．原価要素には，固定費と変動費が合成されたものもあり，電力料のように操業度が零（0）の場合でも一定額が発生し，さらに操業度に比例して発生高が増加する原価要素を[　カ　]という。　（第77回）

語群
1．総　原　価　　2．賦　　課　　3．原価要素　　4．製造原価
5．配　　賦　　6．製造間接費　　7．非原価項目　　8．準変動費
9．製造直接費　　10．準固定費　　11．販売費及び一般管理費

	a		b	c	d	e
	ア	イ	ウ	エ	オ	カ
	4	3	11	2	5	8

f．製造数量や直接作業時間などの増減にともなって，発生高が比例的に増減する原価要素を　　ア　　という。これには，　　イ　　や出来高払賃金などがある。　　　　　　　　　（第70回一部修正）

g．原価計算の主たる目的は，企業の利害関係者に対して，財政状態を　　ウ　　に表示するために必要な真実の原価を集計することと，原価資料を提供することである。原価資料は販売価格の計算や予算管理などに必要なほか，製造活動のむだをはぶき，原価を引き下げるようにすることである　　エ　　にも必要である。　　　　　　　　　　　　　　　　　　　（第96回）

h．製造原価を計算する手続きの第1段階は，原価要素を材料費・労務費・経費に分けて，製品を製造するためにそれぞれいくら消費したかを計算する。これを原価の　　オ　　という。
（第69回）

i．原価計算は原則として3つの段階の計算手続きを経ておこなわれる。そのうち，第1段階で計算した材料費・労務費・経費の各原価要素別の消費高を，発生場所別に分類・集計する第2段階の計算手続きを　　カ　　という。　　　　　　　　　　　　　　　　　　　（第75回）

> 語群
> 1．製品別計算　　2．保　険　料　　3．販売管理　　4．変　動　費
> 5．財務諸表　　6．費目別計算　　7．直接材料費　　8．租税公課
> 9．固　定　費　　10．原価管理　　11．製造指図書　　12．部門別計算

	f		g		h	i
	ア	イ	ウ	エ	オ	カ
	4	7	5	10	6	12

j．原価計算基準によると，実際原価の計算手続きにおいて，製造原価は，原則として，その実際発生額を，まず　　ア　　に計算し，次に原価部門別に計算し，最後に　　イ　　に集計する。
（第93回）

k．製品の製造のために要した原価要素の実際消費量に，実際の取得価格または　　ウ　　等を掛けて製造原価を計算する方法を　　エ　　という。　　　　　　　　　　　　　　　（第36回）

> 語群
> 1．総合原価計算　　2．標準原価計算　　3．見積原価　　4．工　程　別
> 5．等　級　別　　6．販売価格　　7．製　品　別　　8．予定価格
> 9．実際原価計算　　10．費　目　別　　11．直接原価計算　　12．機　能　別

j		k	
ア	イ	ウ	エ
10	7	8	9

l．製品の製造に関連したすべての原価要素を集計・計算する原価計算の方法を　　ア　　という。これに対して，原価要素の一部を集計・計算する原価計算の方法もあり，その代表的なものに，企業の利益計画の設定などのために変動費だけで原価を計算する　　イ　　がある。
（第51回）

m．原価計算の目的のひとつに，原価管理に必要な資料を提供することがあげられる。そのための有効な方法として，科学的・統計的調査にもとづいて原価の達成目標を設定し，これによって算出された原価と　　ウ　　を比較して差異を求め，その原因を分析する　　エ　　がある。　　　　　　　　　　　　　　　　　　　　　　　　　　　　　　　　　　　　　　　（第57回）

> 語群
> 1．利益管理　　2．標準原価計算　　3．実際原価　　4．部分原価計算
> 5．全部原価計算　　6．総合原価計算　　7．直接原価計算　　8．標準原価

l		m	
ア	イ	ウ	エ
5	7	3	2

③ 製造業・サービス業における簿記のしくみ

学習のまとめ

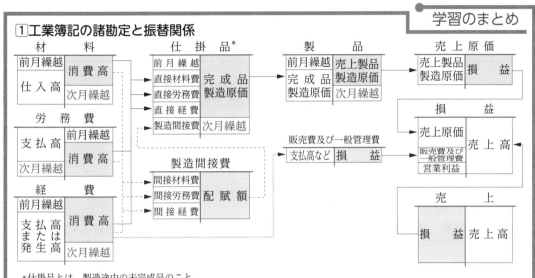

1 工業簿記の諸勘定と振替関係

*仕掛品とは，製造途中の未完成品のこと。

(注) 1. 労務費勘定の残高はふつう貸方にあり，労務費の未払高を示す。
   2. 経費勘定の借方残高は当月前払高を示すが，貸方に残高が生じる場合もあり，その場合は当月未払高を示す。
   3. 材料と労務費が，販売費及び一般管理費になることは少ない。

2 サービス業における原価計算の特徴

(1)サービス業はサービス（役務）という無形財を提供している。有形財のような製造工程がないため，サービスにかかわる原価を集計している。

(2)サービスの原価を把握することは，原価管理に有用な情報を提供するという点で重要である。

(3)サービス業においては材料費ではなく，労務費と経費がおもな原価となる。

練習問題

解答 ▶ p.2

3-1 次の取引の仕訳を示し，下記の勘定に転記しなさい。ただし，締め切らなくてよい。

(1)材料 ¥950,000 を買い入れ，代金は小切手を振り出して支払った。

(2)材料を次のように消費した。　直接材料費　¥815,000　間接材料費　¥155,000

(1)	材　　　　料	950,000	当　座　預　金	950,000
(2)	仕　掛　品 製　造　間　接　費	815,000 155,000	材　　　　料	970,000

材　　　　料			
前 月 繰 越	130,000	諸　　　口	970,000
当 座 預 金	950,000		

仕　掛　品			
材　料	815,000		

製　造　間　接　費			
材　料	155,000		

3-2 次の取引の仕訳を示し，下記の勘定に転記しなさい。ただし，締め切らなくてよい。
(1)当月分の労務費 ¥820,000 を現金で支払った。
(2)労務費を次のように消費した。　直接労務費　¥700,000　　間接労務費　¥ 90,000

(1)	労　　務　　費	820,000	現　　　　　金	820,000
(2)	仕　　掛　　品 製　造　間　接　費	700,000 90,000	労　　務　　費	790,000

労　　務　　費				仕　　掛　　品			
現　　金	820,000	前月繰越	80,000	労　務　費	700,000		
		諸　　口	790,000				

				製　造　間　接　費			
				労　務　費	90,000		

3-3 次の取引の仕訳を示し，下記の勘定に転記しなさい。ただし，締め切らなくてよい。
(1)当月の経費 ¥510,000 を小切手を振り出して支払った。
(2)経費を次のように消費した。
　　　直接経費　¥140,000　　　間接経費　¥320,000　　　販売費及び一般管理費　¥30,000

(1)	経　　　　　費	510,000	当　座　預　金	510,000
(2)	仕　　掛　　品 製　造　間　接　費 販売費及び一般管理費	140,000 320,000 30,000	経　　　　　費	490,000

経　　　　　費				仕　　掛　　品			
前月繰越	60,000	諸　　口	490,000	経　費	140,000		
当座預金	510,000						

製　造　間　接　費				販売費及び一般管理費			
経　費	320,000			経　費	30,000		

3-4 次の取引の仕訳を示し，下記の勘定に転記しなさい。ただし，締め切らなくてよい。
(1)製造間接費の配賦額は ¥640,000 である。
(2)当月完成品の製造原価は ¥2,430,000 であった。

(1)	仕　　掛　　品	640,000	製　造　間　接　費	640,000
(2)	製　　　　　品	2,430,000	仕　　掛　　品	2,430,000

製　造　間　接　費				仕　　掛　　品			
材　料	390,000	仕　掛　品	640,000	前月繰越	40,000	製　品	2,430,000
労　務　費	170,000			材　料	750,000		
経　費	80,000			労　務　費	810,000		
				経　費	320,000		
				製造間接費	640,000		

3-5 次の取引の仕訳を示しなさい。
(1)当月完成品の製造原価は ¥590,000 であった。
(2)当月の製品売上高は，すべて掛け売りで ¥890,000 であった。
(3)当月売上製品の製造原価は ¥750,000 であった。
(4)売上勘定の残高 ¥890,000 を損益勘定に振り替えた。
(5)売上原価勘定の残高 ¥750,000 と販売費及び一般管理費勘定の残高 ¥80,000 を，損益勘定に振り替えた。

(1)	製	品	590,000	仕 掛 品	590,000
(2)	売 掛 金		890,000	売 上	890,000
(3)	売 上 原 価		750,000	製 品	750,000
(4)	売 上		890,000	損 益	890,000
(5)	損 益		830,000	売 上 原 価 販売費及び一般管理費	750,000 80,000

3-6 次の資料によって，勘定に記入し締め切りなさい。
(1)月初材料有高　¥ 40,000　　当月仕入高（掛け）¥ 780,000
　当月材料消費高　¥ 790,000（製造直接費　¥ 610,000　　製造間接費　¥ 180,000）

材		料	
前 月 繰 越	40,000	諸　　口	790,000
買 掛 金	780,000	次 月 繰 越	30,000
	820,000		820,000

(2)前月労務費未払高　¥ 50,000　　当月支払高（現金）¥ 740,000
　当月労務費消費高　¥ 820,000（製造直接費　¥ 670,000　　製造間接費　¥ 150,000）

労		務 費	
現 金	740,000	前 月 繰 越	50,000
次 月 繰 越	130,000	諸　　口	820,000
	870,000		870,000

(3)前月経費前払高　¥ 60,000　　当月経費支払高（小切手）¥ 530,000
　当月経費消費高　¥ 520,000（製造直接費　¥ 140,000　　製造間接費　¥ 380,000）

経		費	
前 月 繰 越	60,000	諸　　口	520,000
当 座 預 金	530,000	次 月 繰 越	70,000
	590,000		590,000

3-7 次の資料によって，下記の勘定に記入し締め切りなさい。
月初仕掛品原価　¥ 63,000　　間 接 材 料 費　¥ 132,000
直 接 材 料 費　¥ 247,000　　間 接 労 務 費　¥ 74,000
直 接 労 務 費　¥ 256,000　　間 接 経 費　¥ 65,000
直 接 経 費　¥ 38,000　　完成品製造原価　¥ 850,000

製 造 間 接 費			
材 料	132,000	仕 掛 品	271,000
労 務 費	74,000		
経 費	65,000		
	271,000		271,000

仕 掛 品			
前 月 繰 越	63,000	製 品	850,000
材 料	247,000	次 月 繰 越	25,000
労 務 費	256,000		
経 費	38,000		
製 造 間 接 費	271,000		
	875,000		875,000

3-8 次の資料によって，下記の勘定に記入し締め切りなさい。

月初製品有高　¥70,000　　当月完成品製造原価　¥350,000
当月売上製品製造原価　¥400,000

製		品			売	上	原	価	
前月繰越	70,000	売上原価	400,000	製　品	400,000		損　益	400,000	
仕掛品	350,000	次月繰越	**20,000**						
	420,000		420,000						

3-9 次の資料によって，下記の勘定に記入し締め切りなさい。ただし，損益勘定は締め切らなくてよい。

当月売上製品製造原価　¥770,000　　当月売上高（掛け）　¥1,100,000

売	上	原	価		販売費及び一般管理費			
製　品	770,000	損　益	770,000	諸　口	130,000	損　益	130,000	

売		上		損		益	
損　益	1,100,000	売掛金	1,100,000	売上原価	770,000	売　上	1,100,000
				販売費及び一般管理費	130,000		

3-10 次の取引の仕訳を示し，各勘定に転記して締め切りなさい。ただし，損益勘定は締め切らなくてよい。

(1)材料仕入高（掛け）　　　　　¥730,000
(2)労務費支払高（小切手振り出し）　¥440,000
(3)経費支払高（小切手振り出し）　¥190,000
(4)材料消費高　直接材料費　¥550,000　　間接材料費　¥70,000
(5)労務費消費高　直接労務費　¥315,000　　間接労務費　¥150,000
(6)経費消費高　直接経費　¥8,000　　間接経費　¥130,000
　　　　　　　販売費及び一般管理費　¥45,000
(7)製造間接費配賦額　　　　　¥350,000
(8)完成品製造原価　　　　　¥1,000,000
(9)製品売上高（掛け）　　　　¥840,000
(10)売上製品製造原価　　　　¥670,000
(11)売上原価勘定残高を損益勘定へ振り替え
(12)販売費及び一般管理費勘定残高を損益勘定へ振り替え
(13)売上勘定残高を損益勘定へ振り替え

(1)	材		料	730,000	買	掛	金	730,000
(2)	労	務	費	440,000	当	座 預	金	440,000
(3)	経		費	190,000	当	座 預	金	190,000
(4)	仕 掛 品 製 造 間 接 費			550,000 70,000	材		料	620,000
(5)	仕 掛 品 製 造 間 接 費			315,000 150,000	労	務	費	465,000

(6)	仕 掛 品 製 造 間 接 費 販売費及び一般管理費	8,000 130,000 45,000	経　　　費		183,000
(7)	仕 掛 品	350,000	製 造 間 接 費		350,000
(8)	製　　品	1,000,000	仕 掛 品		1,000,000
(9)	売 掛 金	840,000	売　　上		840,000
(10)	売 上 原 価	670,000	製　　品		670,000
(11)	損　　益	670,000	売 上 原 価		670,000
(12)	損　　益	45,000	販売費及び一般管理費		45,000
(13)	売　　上	840,000	損　　益		840,000

材　料
前 月 繰 越	270,000	諸　　口	620,000
買 掛 金	730,000	次 月 繰 越	380,000
	1,000,000		1,000,000

労　務　費
当 座 預 金	440,000	前 月 繰 越	35,000
次 月 繰 越	60,000	諸　　口	465,000
	500,000		500,000

経　費
前 月 繰 越	10,000	諸　　口	183,000
当 座 預 金	190,000	次 月 繰 越	17,000
	200,000		200,000

仕　掛　品
前 月 繰 越	62,000	製　品	1,000,000
材　料	550,000	次 月 繰 越	285,000
労 務 費	315,000		
経　費	8,000		
製造間接費	350,000		
	1,285,000		1,285,000

製 造 間 接 費
材　料	70,000	仕 掛 品	350,000
労 務 費	150,000		
経　費	130,000		
	350,000		350,000

販売費及び一般管理費
経　費	45,000	損　益	45,000

製　品
前 月 繰 越	70,000	売 上 原 価	670,000
仕 掛 品	1,000,000	次 月 繰 越	400,000
	1,070,000		1,070,000

売　上
損　益	840,000	売 掛 金	840,000

売 上 原 価
製　品	670,000	損　益	670,000

損　益
売 上 原 価	670,000	売　上	840,000
販売費及び一般管理費	45,000		

3-11 次の資料によって，下記の勘定に記入して締め切りなさい。

①材　　料
前月繰越高	¥	60,000
当月仕入高（買 掛 金）		740,000
当月消費高（製造直接費）		620,000

②労　務　費
前月未払高	¥	70,000
当月支払高（現　　金）		630,000
当月消費高｛（製造直接費）		380,000
（製造間接費）		270,000

③経　　費
前月前払高	¥	50,000
当月支払高（現　　金）		230,000
当月消費高（製造間接費）		240,000

④仕　掛　品
前月繰越高	¥	210,000
次月繰越高		260,000

材　　　　料
前月繰越	60,000	仕 掛 品	620,000
買 掛 金	740,000	**次 月 繰 越**	**180,000**
	800,000		800,000

労　　務　　費
現　　金	630,000	前月繰越	70,000
次 月 繰 越	**90,000**	諸　　口	650,000
	720,000		720,000

経　　　　費
前月繰越	50,000	製造間接費	240,000
現　　金	230,000	**次 月 繰 越**	**40,000**
	280,000		280,000

仕　　掛　　品
前月繰越	210,000	製　　品	1,460,000
材　　料	620,000	**次 月 繰 越**	**260,000**
労 務 費	380,000		
製造間接費	510,000		
	1,720,000		1,720,000

製　造　間　接　費
労 務 費	270,000	仕 掛 品	510,000
経　　費	240,000		
	510,000		510,000

3-12 次の資料によって，下記の勘定に記入して締め切りなさい。ただし，損益勘定は締め切らなくてよい。

月 初 製 品 有 高	¥130,000		当月完成品製造原価	¥670,000	
当月売上製品製造原価	540,000		当月製品売上高（掛け）	720,000	
販売費及び一般管理費（経費，広告料）	¥ 20,000				

製　　　　品
前月繰越	130,000	売上原価	540,000
仕 掛 品	670,000	**次 月 繰 越**	**260,000**
	800,000		800,000

売　上　原　価
製　　品	540,000	損　　益	540,000

売　　　　上
損　　益	720,000	売 掛 金	720,000

販売費及び一般管理費
諸　　口	20,000	損　　益	20,000

損　　　　益
売上原価	540,000	売　　上	720,000
販売費及び一般管理費	20,000		

3-13 次の勘定の（　）のなかに金額を記入し，(1)～(5)の振替仕訳を示しなさい。

仕　掛　品		
前 月 繰 越	(2)	
直　接　費	600,000	
（　90,000）	次 月 繰 越	

製　　　品		
前 月 繰 越	(3)	
（　600,000）		
	次 月 繰 越	

売 上 原 価		
（　700,000）	(4)	
	700,000	

製 造 間 接 費		
間　接　費	(1)	
	90,000	

販売費及び一般管理費		
販　売　費	(5)	
一 般 管 理 費	50,000	

損　　　益		
（　700,000）	1,000,000	
（　50,000）		

(1)	仕　　掛　　品	90,000	製 造 間 接 費	90,000
(2)	製　　　　　品	600,000	仕　　掛　　品	600,000
(3)	売　上　原　価	700,000	製　　　　　品	700,000
(4)	損　　　　　益	700,000	売　上　原　価	700,000
(5)	損　　　　　益	50,000	販売費及び一般管理費	50,000

3-14 次の各勘定の（　）のなかに，適当な勘定科目または金額を記入し，完成しなさい。

材　　　料		
前 月 繰 越 （　200,000）	（諸　　口）	720,000
買　掛　金　800,000	次 月 繰 越	280,000
1,000,000		1,000,000

労　　務　　費		
諸　　口　600,000	前 月 繰 越	150,000
次 月 繰 越　100,000	（諸　　口）（　550,000）
（　700,000）		（　700,000）

経　　　費		
前 月 繰 越　80,000	（製造間接費）（　150,000）
現　　金　200,000	次 月 繰 越　130,000
（　280,000）		（　280,000）

仕　　掛　　品		
前 月 繰 越　90,000	（製　　品）1,430,000
材　　料（　600,000）	次 月 繰 越　80,000
労　務　費（　460,000）	
（製造間接費）（　360,000）	
1,510,000		1,510,000

製 造 間 接 費		
材　　料　120,000	（仕 掛 品）（　360,000）
労　務　費　90,000	
経　　費（　150,000）	
（　360,000）		（　360,000）

製　　　品		
前 月 繰 越　270,000	（売上原価）1,500,000
仕　掛　品　1,430,000	次 月 繰 越　200,000
1,700,000		1,700,000

売 上 原 価		
（製　　品）（1,500,000）	（損　　益）（1,500,000）

売　　　上		
（損　　益）1,800,000	売　掛　金　1,800,000

損　　　益		
（売上原価）（1,500,000）	（売　　上）（1,800,000）

3-15 次の勘定記入は，何を意味するか答えなさい。

労　務　費		経　費	
(1)次月繰越　×　×		(2)前月繰越　×　×	

仕　掛　品		製　品	
	(3)次月繰越　×　×	(4)仕　掛　品　×　×	

(1)	労務費の当月未払高	(2)	経費の前月前払高
(3)	月末仕掛品原価	(4)	当月完成品の製造原価

3-16 下記の勘定の（　）のなかに，次の資料を参照して金額を記入しなさい。ただし，材料・労務費・経費の消費高は次のとおり割りあてる。

製造直接費　3　　製造間接費　2　　販売費及び一般管理費　1

①材　料
前月繰越高　¥270,000
当月仕入高　480,000
次月繰越高　150,000

②労　務　費
前月未払高　¥40,000
当月支払高　340,000
当月未払高　60,000

③経　費
前月前払高　¥4,000
当月支払高　66,000
当月前払高　10,000

④仕　掛　品
前月繰越高　¥40,000
次月繰越高　30,000

材　料		労　務　費		経　費	
(270,000)	(600,000)	(340,000)	(40,000)	(4,000)	(60,000)
(480,000)	(150,000)	(60,000)	(360,000)	(66,000)	(10,000)

製　造　間　接　費		仕　掛　品		販売費及び一般管理費	
(200,000)	(340,000)	(40,000)	(860,000)	(100,000)	(170,000)
(120,000)		(300,000)		(60,000)	
(20,000)		(180,000)		(10,000)	
		(30,000)			
		(340,000)	(30,000)		

3-17 次の資料によって，(1)～(4)の金額を求めなさい。

a.　材　料　前月繰越高　¥210,000　　当月仕入高　¥650,000
　　　　　　次月繰越高　200,000
　　　　　　消費高のうち，直接材料費　¥350,000
b.　労務費　前月未払高　¥100,000　　当月支払高　¥920,000
　　　　　　当月未払高　90,000
　　　　　　消費高のうち，直接労務費　¥320,000　販売費及び一般管理費　¥180,000
c.　経　費　前月前払高　¥30,000　　当月支払高　¥280,000
　　　　　　当月前払高　40,000
　　　　　　消費高のうち，直接経費　¥50,000　販売費及び一般管理費　¥70,000
d.　仕掛品　前月繰越高　¥190,000　　次月繰越高　¥270,000
e.　製　品　前月繰越高　¥160,000　　次月繰越高　¥150,000

(1)	材料消費高　¥	660,000	(2)	製造間接費　¥	870,000
(3)	製品完成高　¥	1,510,000	(4)	売上製品製造原価　¥	1,520,000

3-18 次の資料によって，下記の勘定に記入して締め切りなさい。ただし，損益勘定は締め切らなくてよい。

a. 消　費　高

材　　　料	製造直接費	￥ 90,000		
労　務　費	製造直接費	￥240,000	製造間接費	￥300,000
	販売費及び一般管理費	￥110,000		
経　　　費	製造直接費	￥ 60,000	製造間接費	￥110,000
	販売費及び一般管理費	￥ 90,000		

b. 棚　卸　高

	月初棚卸高	月末棚卸高
仕　掛　品	700,000	500,000
製　　　品	1,500,000	1,200,000

c. 製品売上高　￥2,000,000

仕　　掛　　品

前 月 繰 越	700,000	製　　　品	1,000,000
材　　　料	90,000	次 月 繰 越	500,000
労　務　費	240,000		
経　　　費	60,000		
製造間接費	410,000		
	1,500,000		1,500,000

製　　　　品

前 月 繰 越	1,500,000	売 上 原 価	1,300,000
仕　掛　品	1,000,000	次 月 繰 越	1,200,000
	2,500,000		2,500,000

損　　　　益

売 上 原 価	1,300,000	売　　　上	2,000,000
販売費及び一般管理費	200,000		

3-19 次の各文の　　　　にあてはまるもっとも適当な語を答えなさい。

(1)サービス業における原価計算の特徴は　ア　（役務）という　イ　を提供しているという点である。有形財のような製造工程がないため，サービスにかかわる　ウ　を集計している。

(2)サービス業においては　エ　ではなく，労務費と経費がおもな原価となる。サービスの原価を把握することは，　オ　に有用な情報を提供するという点で重要である。

(1)			(2)	
ア	イ	ウ	エ	オ
サービス	無 形 財	原　　価	材 料 費	原価管理

第2章　原価の費目別計算

 4 材料費の計算と記帳

学習のまとめ

① 材料費の分類

材料は，**素材・買入部品・燃料・工場消耗品・消耗工具器具備品**に分けられ，これらの消費高を材料費という。

	素　材　費	買入部品費	燃　料　費	工場消耗品費	消耗工具器具備　品　費
直接材料費	○	○			
間接材料費	○		○	○	○

② 材料購入時の記帳

【購　入】 ─▶ （仕　訳） ─▶ 総勘定元帳

─▶ 材料元帳

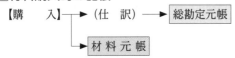

（注）材料の購入を特殊仕訳帳の材料仕入帳に記入し，月末に普通仕訳帳に合計仕訳をおこなってから転記する記帳法もある。

材料の購入原価には，購入代価のほかに買入手数料などの付随費用を加算する。

材料の購入原価＝材料の購入代価＋付随費用

③ 材料の保管

倉庫に保管される材料は，種類ごとに残高などを**材料台帳**（材料棚札）に記録し，在庫数量をつねに明らかにしておく必要がある。

また材料は，保管中や受け払いのときの破損・減失によって，実地棚卸高（実際有高）と帳簿残高が一致しないことがある。この不足分を棚卸減耗といい，**棚卸減耗損**として処理する。

当月棚卸減耗損＝（当月帳簿棚卸数量－当月実地棚卸数量）×仕入単価

④ 材料出庫（消費）時の記帳

出庫伝票 ─▶ （仕　訳） ─▶ 総勘定元帳

─▶ 材料元帳

（注）材料の出庫を特殊仕訳帳の材料仕訳帳に記入し，月末に普通仕訳帳に合計仕訳をおこなってから転記する記帳法もある。

出庫伝票に製造指図書番号のあるもの
→直接材料費…仕掛品勘定
出庫伝票に製造指図書番号のないもの
→間接材料費…製造間接費勘定

⑤ 材料消費高の計算

材料消費高＝消費数量×消費単価

(1)消費数量の計算

　a. **継続記録法**　入出庫のつど継続的に**材料元帳**などに記録し，その払出数量を消費数量とする方法（保管中の棚卸減耗の有無を知ることができる）。

　b. **棚卸計算法**　月末などに実地棚卸をおこない，次の式により計算する方法（保管中の棚卸減耗を知ることができない）。

消費数量＝（繰越数量＋受入数量）－実地棚卸数量

(2)消費単価の計算

　a. **原　価　法**　実際の受入単価を消費単価とする方法。 先入先出法・移動平均法・総平均法

　　（総平均法によると，月末にならなければ材料消費高の計算ができない）
　　総平均法による消費単価の計算

$$消費単価＝\frac{前月繰越高＋当月受入高}{前月繰越数量＋当月受入数量}$$

　b. **予定価格法**　将来の一定期間において予測される購入原価を消費単価とする方法（消費数量が明らかになれば，ただちに材料消費高の計算ができる）。

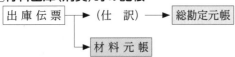

⑥予定価格法による記帳

(1)消費材料勘定を設けない方法

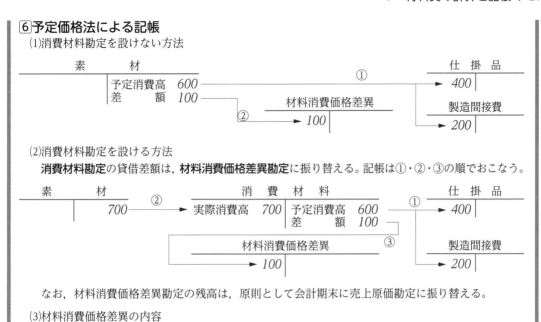

(2)消費材料勘定を設ける方法

消費材料勘定の貸借差額は，**材料消費価格差異勘定**に振り替える。記帳は①・②・③の順でおこなう。

なお，材料消費価格差異勘定の残高は，原則として会計期末に売上原価勘定に振り替える。

(3)材料消費価格差異の内容

実際消費高 ＞ 予定消費高……**不利差異**（借方差異）　予定消費高よりも余分に消費

実際消費高 ＜ 予定消費高……**有利差異**（貸方差異）　予定消費高よりも節約できた

練習問題

解答 ▶ p.7

4-1 次の文の（　）のなかに適当な語を入れなさい。

(1)材料は，（　素　材　）・（　買入部品　）・（　燃　料　）・（　工場消耗品　）・（　消耗工具器具備品　）に分けられる。

(2)材料のうち，（　素　材　）と（　買入部品　）の消費高はふつう直接費となり，（　燃　料　）・（　工場消耗品　）・（　消耗工具器具備品　）の消費高は間接費となる。

(3)材料を購入したときは（　材　料　）元帳の受入欄に，材料を出庫したときは（　材　料　）元帳の払出欄に記入する。

(4)材料の実際有高が帳簿残高より少ない場合は，その不足額は（　棚卸減耗　）損として処理される。

(5)材料の消費数量の計算方法には，２つの方法がある。ひとつは，入出庫のつど継続的に材料元帳に記録する方法であり，これを（　継続記録　）法という。もうひとつは，（　棚卸計算　）法といい，月末などに実地棚卸をおこない，次の式によって消費数量を計算する。

消費数量＝（　繰越数量　）＋（　受入数量　）－（　実地棚卸数量　）

(6)材料の消費単価の計算方法には，原価法と（　予定価格　）法とがある。このうち原価法はさらに（　先入先出　）法・（　移動平均　）法・（　総平均　）法に分けることができる。

(7)材料の消費高の計算において，実際消費高と予定消費高に差異（差額）が生じた場合は月末に（　材料消費価格差異　）勘定に振り替える。なお，材料の実際消費高が予定消費高よりも多いときに生じる差異を（　不利　）差異（借方差異）といい，反対の場合を（　有利　）差異（貸方差異）という。

4-2 次の取引の仕訳を示しなさい。
(1)秋田商店から次のとおり買い入れ，代金は掛けとした。
素　　　材　　　700個　　@¥780　　¥546,000
(2)青森商店から次のとおり買い入れ，代金は小切手を振り出して支払った。
買 入 部 品　　400個　　@¥700　　¥280,000
(3)名古屋商店から次のとおり買い入れ，代金は同店あての約束手形を振り出して支払った。
燃　　　料　　　80kl　　@¥250　　¥ 20,000
工場消耗品　 1,000個　　@¥160　　¥160,000
(4)仙台製作所から次のとおり買い入れ，代金は引取費用 ¥3,000 とともに現金で支払った。
消耗工具器具備品　50個　　@¥300　　¥ 15,000

(1)	素　　　　　　　　材	546,000	買　　掛　　金	546,000
(2)	買　入　部　品	280,000	当　座　預　金	280,000
(3)	燃　　　　　　料 工　場　消　耗　品	20,000 160,000	支　払　手　形	180,000
(4)	消耗工具器具備品	18,000	現　　　　　金	18,000

4-3 次の取引の仕訳を示しなさい。
(1)素材および買入部品を次のとおり製造指図書＃3のために消費した。
素　　　材　　　300個　　@¥800　　¥240,000
買 入 部 品　　100〃　　〃〃700　　¥ 70,000
(2)当月の間接材料の消費高は次のとおりであった。
燃　　　料　　　　¥24,000
工場消耗品　　　　¥48,000
消耗工具器具備品　¥18,000
(3)当月の素材500個@¥800を次のとおり消費した。
製造指図書＃1　　450個
機械修理用　　　　 50〃
(4)次の素材に関する当月の資料にもとづいて，素材勘定を修正した。
資　　　料
帳 簿 残 高　　650kg　　@¥200　　¥130,000
実 際 残 高　　620〃　　〃〃200　　¥124,000

(1)	仕　　掛　　品	310,000	素　　　　　　　　材 買　入　部　品	240,000 70,000
(2)	製　造　間　接　費	90,000	燃　　　　　　料 工　場　消　耗　品 消耗工具器具備品	24,000 48,000 18,000
(3)	仕　　掛　　品 製　造　間　接　費	360,000 40,000	素　　　　　　　　材	400,000
(4)	棚　卸　減　耗　損	6,000	素　　　　　　　　材	6,000

4-4 次の取引の仕訳を示し，下記の勘定に転記しなさい。なお，勘定記入は相手科目・金額を示すこと。

(1)茨城商店から次のとおり買い入れ，代金のうち¥300,000は現金で支払い，残額は掛けとした。
　　　　素　　　材　　　1,000個　　@¥500　　¥500,000
(2)素材を製造指図書＃1用として消費した。
　　　　素　　　材　　　800個　　@¥500　　¥400,000
(3)栃木商店から次のとおり買い入れ，代金は現金で支払った。
　　　　燃　　　料　　　20kl　　@¥3,700　　¥74,000
(4)埼玉商店から次のとおり買い入れ，代金は小切手を振り出して支払った。
　　　　買 入 部 品　　800個　　@¥200　　¥160,000
　　　　工 場 消 耗 品　500〃　　〃〃100　　¥50,000
(5)買入部品を製造指図書＃1および＃2用として消費した。
　　　　買 入 部 品　　600個　　@¥200　　¥120,000
(6)燃料¥80,000　消耗工具器具備品¥45,000を消費した。
(7)工場消耗品の本月分の消費高は　400個　@¥200である。

	借方		貸方	
(1)	素　　　材	500,000	現　　　金	300,000
			買　掛　金	200,000
(2)	仕　掛　品	400,000	素　　　材	400,000
(3)	燃　　　料	74,000	現　　　金	74,000
(4)	買 入 部 品	160,000	当 座 預 金	210,000
	工 場 消 耗 品	50,000		
(5)	仕　掛　品	120,000	買 入 部 品	120,000
(6)	製 造 間 接 費	125,000	燃　　　料	80,000
			消耗工具器具備品	45,000
(7)	製 造 間 接 費	80,000	工 場 消 耗 品	80,000

素　　　材
前月繰越	50,000	仕 掛 品	400,000
諸　　口	500,000		

買 入 部 品
当座預金	160,000	仕 掛 品	120,000

燃　　　料
現　金	50,000	製造間接費	80,000
現　金	74,000		

工 場 消 耗 品
買 掛 金	75,000	製造間接費	80,000
当座預金	50,000		

消耗工具器具備品
買 掛 金	65,000	製造間接費	45,000

仕　　掛　　品
前月繰越	270,000		
素　　材	400,000		
買入部品	120,000		

製 造 間 接 費
諸　　口	125,000		
工場消耗品	80,000		

4-5 A素材の資料は次のとおりであった。これを材料元帳へ先入先出法・移動平均法によって記入して締め切り，開始記入も示しなさい。また，それぞれの消費高を計算しなさい。

8／1	前月繰越	100個	@¥400
13	払　出	200個	
20	払　出	125個	

8／6	受　入	150個	@¥440
15	受　入	150個	@¥552
28	払　出	50個	

材　料　元　帳
A　素　材

（先入先出法）

令和○年		摘　要	受　入			払　出			残　高		
			数量	単価	金　額	数量	単価	金　額	数量	単価	金　額
8	1	前月繰越	100	400	40,000				100	400	40,000
	6	受　入	150	440	66,000				100	400	40,000
									150	440	66,000
	13	払　出				100	400	40,000			
						100	440	44,000	50	440	22,000
	15	受　入	150	552	82,800				50	440	22,000
									150	552	82,800
	20	払　出				50	440	22,000			
						75	552	41,400	75	552	41,400
	28	払　出				50	552	27,600	25	552	13,800
	31	次月繰越				25	552	13,800			
			400		188,800	400		188,800			
9	1	前月繰越	25	552	13,800				25	552	13,800

消　費　高　¥　　175,000

材　料　元　帳
A　素　材

（移動平均法）

令和○年		摘　要	受　入			払　出			残　高		
			数量	単価	金　額	数量	単価	金　額	数量	単価	金　額
8	1	前月繰越	100	400	40,000				100	400	40,000
	6	受　入	150	440	66,000				250	424	106,000
	13	払　出				200	424	84,800	50	424	21,200
	15	受　入	150	552	82,800				200	520	104,000
	20	払　出				125	520	65,000	75	520	39,000
	28	払　出				50	520	26,000	25	520	13,000
	31	次月繰越				25	520	13,000			
			400		188,800	400		188,800			
9	1	前月繰越	25	520	13,000				25	520	13,000

消　費　高　¥　　175,800

4-6 B素材の受け入れ・払い出しの記録は次のとおりであった。これを材料元帳に総平均法によって記入して締め切り、開始記入も示しなさい。また、消費高を計算しなさい。

10／1	前 月 繰 越	80個	@¥300	¥ 24,000
5	受　　入	120個	@¥330	¥ 39,600
10	払　　出	100個		
15	受　　入	400個	@¥345	¥138,000
20	払　　出	200個		
25	払　　出	220個		

材　料　元　帳

（総平均法）　　　　　　　B　　素　　材

令和○年		摘 要	受 入			払 出			残 高		
			数量	単価	金 額	数量	単価	金 額	数量	単価	金 額
10	1	前月繰越	80	300	24,000				80	300	24,000
	5	受　入	120	330	39,600				200		
	10	払　出				100	336	33,600	100		
	15	受　入	400	345	138,000				500		
	20	払　出				200	336	67,200	300		
	25	払　出				220	336	73,920	80	336	26,880
	31	次月繰越				80	336	26,880			
			600		201,600	600		201,600			
11	1	前月繰越	80	336	26,880				80	336	26,880

消 費 高　¥　　174,720

4-7 次のC素材の資料から各問いに答えなさい。

6／1	前 月 繰 越	100個	@¥620	¥ 62,000
7	受　　入	200個	@¥650	¥130,000
10	払　　出	250個		
18	受　　入	150個	@¥660	¥ 99,000
26	払　　出	180個		
30	受　　入	50個	@¥700	¥ 35,000

(1)移動平均法で消費単価の計算をした場合

6／10の払出金額　¥　160,000	6／26の払出金額　¥　117,900

(2)先入先出法で消費単価の計算をした場合

6／10の払出金額　¥　159,500	6／26の払出金額　¥　118,300

(3)総平均法で消費単価の計算をした場合

6 月 末 の 繰 越 高　¥　45,640

4-8　次の取引を①消費材料勘定を設けない場合と，②設ける場合での仕訳を示し，勘定に転記しなさい。

(1)素材 ¥700,000 を買い入れ，代金は掛けとした。
(2)予定価格による素材の消費高は，製造指図書#3 ¥550,000　機械修理用 ¥6,000 であった。
(3)素材の実際消費高は ¥551,000 であった。
(4)予定価格による消費高と実際消費高との差額について処理した。
(5)会計期末に，材料消費価格差異勘定の残高を売上原価勘定に振り替えた。

①消費材料勘定を設けない場合

	借方		貸方	
(1)	素　　　　材	700,000	買　掛　金	700,000
(2)	仕　掛　品 製　造　間　接　費	550,000 6,000	素　　　　材	556,000
(3)・(4)	素　　　　材	5,000	材料消費価格差異	5,000
(5)	材料消費価格差異	5,000	売　上　原　価	5,000

素　　　材			
買　掛　金	700,000	諸　　　口	556,000
材料消費価格差異	5,000		

仕　掛　品			
素　材	550,000		

製　造　間　接　費			
素　材	6,000		

材料消費価格差異			
売上原価	5,000	素　材	5,000

売　上　原　価			
		材料消費価格差異	5,000

②消費材料勘定を設ける場合

	借方		貸方	
(1)	素　　　　材	700,000	買　掛　金	700,000
(2)	仕　掛　品 製　造　間　接　費	550,000 6,000	消　費　材　料	556,000
(3)	消　費　材　料	551,000	素　　　　材	551,000
(4)	消　費　材　料	5,000	材料消費価格差異	5,000
(5)	材料消費価格差異	5,000	売　上　原　価	5,000

素　　　材			
買　掛　金	700,000	消費材料	551,000

消　費　材　料			
素　材	551,000	諸　　　口	556,000
材料消費価格差異	5,000		

仕　掛　品			
消費材料	550,000		

製　造　間　接　費			
消費材料	6,000		

材料消費価格差異			
売上原価	5,000	消費材料	5,000

売　上　原　価			
		材料消費価格差異	5,000

4-9 次の一連の取引の仕訳を示し，下記の勘定に転記して締め切りなさい。なお，勘定記入は相手科目・金額を示すこと。

ただし，ⅰ　素材，買入部品および工場消耗品の消費高は予定価格によっている。
ⅱ　売上原価勘定は締め切らなくてよい。
ⅲ　消費材料勘定は設けていない。

(1)福島商店から次のとおり買い入れ，代金のうち ¥250,000 は現金で支払い，残額は掛けとした。

素　　　　材	600個	@¥1,000	¥600,000
買 入 部 品	1,000個	@¥　350	¥350,000

(2)旭川商店から次のとおり買い入れ，代金は同店あての約束手形#15を振り出して支払った。

素　　　　材	350個	@¥1,040	¥364,000

(3)予定価格による素材の消費高は ¥550,000（製造指図書#1および#2用）であった。

(4)八戸商店から工場消耗品 ¥200,000 を買い入れ，代金は掛けとした。

(5)予定価格による買入部品の消費高は ¥300,000（製造指図書#1および#2用）であった。

(6)予定価格による工場消耗品の消費高は ¥130,000 であった。

(7)当月の素材の実際消費高は ¥570,000，買入部品の実際消費高は ¥300,000，工場消耗品の実際消費高は ¥120,000 であった。
　よって，材料の予定消費高と実際消費高との差額を，材料消費価格差異勘定に振り替えた。

(8)会計期末にあたり，材料消費価格差異勘定の残高を売上原価勘定に振り替えた。

	借方		貸方	
(1)	素　　　　　　材	600,000	現　　　　　　金	250,000
	買 入 部 品	350,000	買　　掛　　金	700,000
(2)	素　　　　　　材	364,000	支 払 手 形	364,000
(3)	仕　　掛　　品	550,000	素　　　　　　材	550,000
(4)	工 場 消 耗 品	200,000	買　　掛　　金	200,000
(5)	仕　　掛　　品	300,000	買 入 部 品	300,000
(6)	製 造 間 接 費	130,000	工 場 消 耗 品	130,000
(7)	材料消費価格差異	20,000	素　　　　　　材	20,000
	工 場 消 耗 品	10,000	材料消費価格差異	10,000
(8)	売 上 原 価	6,000	材料消費価格差異	6,000

素　　　　材

前 月 繰 越	132,000	仕 掛 品	550,000
諸　　　　口	600,000	材料消費価格差異	20,000
支 払 手 形	364,000	次 月 繰 越	526,000
	1,096,000		1,096,000

買 入 部 品

前 月 繰 越	34,000	仕 掛 品	300,000
諸　　　　口	350,000	次 月 繰 越	84,000
	384,000		384,000

工 場 消 耗 品

前 月 繰 越	20,000	製造間接費	130,000
買 掛 金	200,000	次 月 繰 越	100,000
材料消費価格差異	10,000		
	230,000		230,000

材料消費価格差異

素　　材	20,000	前 月 繰 越	4,000
		工場消耗品	10,000
		売 上 原 価	6,000
	20,000		20,000

売 上 原 価

材料消費価格差異	6,000		

4-10 下記の勘定口座の（　）のなかに，相手科目と金額を記入し，完成しなさい。ただし，素材・工場消耗品とも予定価格を使用している。

素　　　　材			
前 月 繰 越	20,000	(消費材料)(	265,000)
買 掛 金	280,000	棚卸減耗損	5,000
		次 月 繰 越	30,000
	(300,000)		(300,000)
(前 月 繰 越)(	30,000)		

工 場 消 耗 品			
前 月 繰 越 (	10,000)	(消費材料)(	42,000)
買 掛 金	50,000	棚卸減耗損	3,000
		(次 月 繰 越)(	15,000)
	60,000		(60,000)
(前 月 繰 越)	15,000		

仕 　 掛 　 品			
前 月 繰 越	45,000	(製　　　品)(	700,000)
(消費材料)(	255,000)	次 月 繰 越	50,000
労 　 務 　 費	250,000		
(製造間接費)(	200,000)		
	(750,000)		(750,000)
(前 月 繰 越)(	50,000)		

製 造 間 接 費			
(消費材料)(	40,000)	(仕 掛 品)(	200,000)
労 　 務 　 費	130,000		
経 　 　 　 費	22,000		
棚卸減耗損 (	8,000)		
	200,000		(200,000)

消 費 材 料			
(諸　　　口)(	307,000)	(諸　　　口)(	295,000)
		(材料消費価格差異)(	12,000)
	(307,000)		(307,000)

製 　 　 品			
前 月 繰 越	100,000	売 上 原 価	650,000
(仕 掛 品)(	700,000)	(次 月 繰 越)(	150,000)
	(800,000)		(800,000)
前 月 繰 越	150,000		

棚 卸 減 耗 損			
諸 　 口	8,000	(製造間接費)(	8,000)

材 料 消 費 価 格 差 異			
(消費材料)(	12,000)		

検定問題
解答 ▶ p.11

4-11 次の各文の　　　　にあてはまるもっとも適当な語を，下記の語群のなかから選び，その番号を記入しなさい。

a．自動車製造業におけるタイヤなど，外部から購入した材料で，加工されずにそのまま取り付けるだけで製品の一部となるものを　ア　という。この消費高は素材費とともに，ふつう直接材料費に分類される。 (第68回)

b．材料の出庫手続きは出庫伝票によっておこなわれる。会計係は，この伝票から　イ　の払出欄・残高欄に計算・記録する。 (第45回一部修正)

c．材料の消費数量を計算する方法のうち，材料の受け払いのつど材料元帳などに記入する　ウ　によると，帳簿上の消費数量と残高数量がわかる。この残高数量と実地棚卸数量を照合することによって　エ　を知ることができる。 (第50回)

語群
1．工場消耗品　　2．原価元帳　　3．材料元帳　　4．継続記録法
5．棚卸計算法　　6．棚卸減耗　　7．買入部品　　8．仕　損

a	b	c	
ア	イ	ウ	エ
7	3	4	6

4-12 次の取引の仕訳を示しなさい。

(1)月末に素材の実際消費高を計上した。ただし，実際消費数量は3,000個であり，消費単価の計算は先入先出法による。なお，素材の消費高は予定価格法により，消費材料勘定を設けて処理している。 （第47回）

9月1日	素材の前月繰越高	1,200個 @¥800 ¥ 960,000
13日	素 材 の 仕 入 高	2,800〃 〃〃830 ¥2,324,000

消 費 材 料	2,454,000	素 材	2,454,000

(2)当月の素材の払出数量は，製造指図書#1に430個 機械修理用として30個であったので，素材の消費高を計上した。ただし，素材は @¥600 の予定価格を用いており，消費材料勘定は設けていない。 （第77回一部修正）

仕 掛 品	258,000	素 材	276,000
製 造 間 接 費	18,000		

(3)青森製作所の素材に関する資料は次のとおりであった。よって，予定価格による消費高と実際価格による消費高との差額を素材勘定から材料消費価格差異勘定に振り替えた。ただし，素材の予定価格は1個につき ¥2,540 であり，実際消費単価の計算は総平均法によっており，当月消費数量は2,100個であった。 （第94回一部修正）

6月1日	前月繰越	400個 1個につき ¥2,500 ¥1,000,000
10日	受け入れ	1,000〃 〃 〃2,510 ¥2,510,000
20日	受け入れ	1,200〃 〃 〃2,535 ¥3,042,000

素 材	42,000	材 料 消 費 価 格 差 異	42,000

◀頻出‼(4)沖縄工業株式会社の素材に関する資料は次のとおりであった。よって，予定価格による消費高と実際価格による消費高との差額を素材勘定から材料消費価格差異勘定に振り替えた。ただし，素材の予定価格は @¥480 であり，実際消費単価の計算は先入先出法によっている。 （第76回，類題第82回）

前 月 繰 越 高	1,800個	@¥440 ¥ 792,000
当 月 仕 入 高	7,200〃	〃〃500 ¥3,600,000
当 月 消 費 数 量	8,000〃	

材 料 消 費 価 格 差 異	52,000	素 材	52,000

◀頻出‼(5)長野工業株式会社は，会計期末にあたり，材料消費価格差異勘定の残高を売上原価勘定に振り替えた。なお，材料消費価格差異勘定の前月繰越高は ¥6,000（貸方）であり，当月の素材の実際消費高は予定消費高より ¥8,000 多く，この額は材料消費価格差異勘定に振り替えられている。 （第96回）

売 上 原 価	2,000	材 料 消 費 価 格 差 異	2,000

◀頻出‼(6)個別原価計算を採用している神奈川製作所の1月末における素材の実地棚卸数量は450kgであった。よって，次の素材に関する1月の資料にもとづいて，素材勘定の残高を修正した。なお，消費単価の計算は先入先出法によっている。 （第95回一部修正）

1月1日	前月繰越	500kg 1kgにつき ¥1,230 ¥ 615,000
6日	受 入	1,700kg 1kgにつき ¥1,250 ¥2,125,000
12日	払 出	1,600kg
20日	受 入	1,400kg 1kgにつき ¥1,320 ¥1,848,000
24日	払 出	1,520kg

棚 卸 減 耗 損	39,600	素 材	39,600

5 労務費の計算と記帳

学習のまとめ

1 労務費の分類

労務費は，**賃金・給料・雑給・従業員賞与手当・退職給付費用・法定福利費**に分けられる。

	賃　　　金	給　　　料	雑　　　給	従業員賞与手当	退職給付費用	法定福利費
直接労務費	○					
間接労務費	○	○	○	○	○	○

2 賃金支払高の計算と記帳

【支払い】──→（仕　訳）──→ 総勘定元帳

（注）賃金の支払いを特殊仕訳帳の賃金支払帳に記入し，月末に普通仕訳帳に合計仕訳をおこなってから転記する記帳法もある。

＜時間給制・日給制・月給制＞

支払賃金総額＝基本賃金＋割増賃金＋諸手当

＜出来高給制＞

支払賃金総額＝
出来高数量×製品または作業1単位あたりの賃率＋割増賃金＋諸手当

正味支払高＝支払賃金総額－（所得税＋社会保険料など）

3 賃金消費高の計算と記帳

作業時間票または出来高票 ──→（仕　訳）──→ 総勘定元帳

（注）賃金の消費を特殊仕訳帳の賃金仕訳帳に記入し，月末に普通仕訳帳に合計仕訳をおこなってから転記する記帳法もある。

賃金消費高は，作業時間数または出来高数量に賃率を掛けて計算する。賃率には次の3つがある。

(1)実際個別賃率……支払賃金の計算に用いた各従業員ごとの賃率。
(2)実際平均賃率……職場別または職種別の1か月間の平均賃率。
(3)予　定　賃　率……将来の一定期間（1会計期間）に消費が予定される予定賃金総額を，予定総作業
　　　　　　　　　　　時間数などで割った予定賃率。

（注）　賃金支払高の計算の締切日は，ふつうは原価計算期末より早いので，賃金勘定の残高は貸方に生じ，当月未払高を示す。

4 予定賃率による記帳

(1)消費賃金勘定を設けない方法

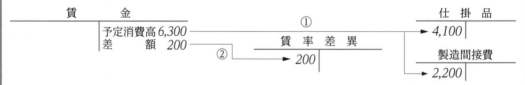

(2)消費賃金勘定を設ける方法

消費賃金勘定の貸借差額は，**賃率差異勘定**に振り替える。記帳は①・②・③の順でおこなう。

なお，賃率差異勘定の残高は，原則として会計期末に売上原価勘定に振り替える。

(3)賃率差異の内容

実際消費高 ＞ 予定消費高……不利差異（予定消費高よりも余分に消費）

実際消費高 ＜ 予定消費高……有利差異（予定消費高よりも節約できた）

⑤賃金以外の労務費の計算と記帳

次の項目については，消費高を算出し，製造間接費勘定に記入する。

(1)**給料・雑給**……その月の支払高を消費高とする。

(2)**従業員賞与手当** ｛ 賞　　　与……会計期間のはじめに支払高を予定し，その月割高を消費高とする。

手　　　当……その月の支払高を消費高とする。

(3)**退職給付費用**……会計期末に計上する金額を見積り，その月割額を消費高とする。

(4)**法定福利費**（健康保険料など）……その月の事業主負担分を消費高とする。

練習問題

解答 ▶ p.12

5-1 次の各文の（　）のなかに適当な語を入れなさい。

(1)労 務 費 は，賃金・（ 給　　　料 ）・（ 雑　　　給 ）・（ 従業員賞与手当 ）・
（ 退職給付費用 ）および（ 法定福利費 ）に分けられる。

(2)ふつう，賃金の大部分は（ 直　　　接 ）労務費となり，給料その他の労務費は，
（ 間　　　接 ）労務費となる。

(3)賃金を消費したときは，製造指図書番号のあるものは直接労務費として（ 仕　掛　品 ）
勘定の借方に，製造指図書番号のないものは間接労務費として（ 製造間接費 ）勘定の
借方に賃金勘定から振り替える。

(4)賃金勘定には，その借方に（ 支　　　払 ）高を，貸方には（ 消　　　費 ）高を
記入する。残高は（ 貸　　　 ）方に生じるのがふつうであるが，これは
（ 当 月 未 払 ）高を示し，次月に繰り越される。

5-2 次の当月の賃金に関する資料によって，必要な仕訳を示し，賃金勘定に転記して締め切りな
さい。また，当月賃金未払高を答えなさい。

(1)当月賃金支払高　　　　　　　　　　　　　　　¥850,000

控　除　額：所 得 税　¥ 85,000

健康保険料　　35,000　¥120,000

正味支払高（小切手振り出し）　　　　　¥730,000

(2)当月賃金消費高　　¥840,000（うち，直接賃金 ¥700,000）

(1)	賃　　　　　　金	850,000	所 得 税 預 り 金		85,000
			健康保険料預り金		35,000
			当 座 預 金		730,000
(2)	仕　　掛　　品	700,000	賃　　　　　　金		840,000
	製 造 間 接 費	140,000			

	賃		金		
諸　　　口	850,000	前 月 繰 越		150,000	
次 月 繰 越	140,000	諸　　　口		840,000	
	990,000			990,000	

当月賃金未払高　　¥	140,000

5-3　次の取引を①消費賃金勘定を設けない場合と，②設ける場合の仕訳と勘定記入を示しなさい。

(1)賃金の予定賃率による消費高は，次のとおりである。

直接賃金　　　　　¥1,400,000

間接賃金　　　　　¥ 350,000

(2)月末の賃金実際消費高は ¥1,730,000 であった。予定賃率による消費高との差額を処理した。

①消費賃金勘定を設けない場合

(1)	仕　　掛　　品	1,400,000	賃　　　　金		1,750,000
	製 造 間 接 費	350,000			
(2)	賃　　　　金	20,000	賃 率 差 異		20,000

賃　　　　　金			
賃率差異	20,000	諸　　口	1,750,000

仕　　掛　　品		
賃　　金	1,400,000	

製 造 間 接 費		
賃　　金	350,000	

賃 率 差 異			
		賃　　金	20,000

②消費賃金勘定を設ける場合

(1)	仕　　掛　　品	1,400,000	消 費 賃 金		1,750,000
	製 造 間 接 費	350,000			
(2)	消 費 賃 金	1,730,000	賃　　　　金		1,730,000
	消 費 賃 金	20,000	賃 率 差 異		20,000

賃　　　　　金			
		消費賃金	1,730,000

消 費 賃 金			
賃　　金	1,730,000	諸　　口	1,750,000
賃率差異	20,000		

仕　　掛　　品		
消費賃金	1,400,000	

製 造 間 接 費		
消費賃金	350,000	

賃 率 差 異			
		消費賃金	20,000

5-4　次の各資料によって，賃金の支払いおよび消費に関する仕訳を示しなさい。ただし，消費賃金勘定を設けているものとする。

(1)当月賃金支払総額：基 本 賃 金　　　¥2,200,000

割 増 賃 金　　　　 300,000

諸 手 当　　　　 650,000　　　¥3,150,000

控　　除　　額：所 得 税　　　¥ 236,000

健康保険料　　　　 93,000　　　¥ 329,000

正味支払高（小切手振り出し）　　　　　　　¥2,821,000

(2)当月予定賃金消費高　　　¥2,300,000（うち直接賃金　¥1,532,000）

(3)当月実際賃金消費高　　　¥2,400,000

(4)予定賃金消費高と実際賃金消費高の差額を賃率差異勘定に振り替えた。

(1)	賃　　　　　　金	2,500,000	所 得 税 預 り 金	236,000
	従 業 員 賞 与 手 当	650,000	健康保険料預り金	93,000
			当 座 預 金	2,821,000

(2)	仕　掛　品　　1,532,000 製 造 間 接 費　　768,000	消 費 賃 金　　2,300,000
(3)	消 費 賃 金　　2,400,000	賃　　　　　金　　2,400,000
(4)	賃 率 差 異　　100,000	消 費 賃 金　　100,000

5-5 次の連続した取引の仕訳を示しなさい。ただし，1時間につき ¥600 の予定賃率を用いている。なお，消費賃金勘定は設けていない。

(1)賃金消費高計算の作業時間票の集計は，次のとおりである。

　　製造指図書# 1　　2,200時間　　　製造指図書# 2　　　2,000時間
　　間 接 作 業　　　1,400時間

(2)実際賃金消費高は ¥3,410,000 であった。

　　よって，予定賃率による消費高と実際賃金消費高の差額を，賃率差異勘定に振り替えた。

(3)会計期末に，上記賃率差異勘定残高を売上原価勘定に振り替えた。

(1)	仕　掛　品　　2,520,000 製 造 間 接 費　　840,000	賃　　　　　金　　3,360,000
(2)	賃 率 差 異　　50,000	賃　　　　　金　　50,000
(3)	売 上 原 価　　50,000	賃 率 差 異　　50,000

5-6 ある原価計算期間の賃金の支払高および消費高についての資料は，次のとおりであった。よって，期末における仕訳と差額処理の仕訳を示しなさい。ただし，賃金勘定だけで処理する方法によっている。

(1)当月賃金支払総額：基 本 賃 金　　¥1,500,000
　　　　　　　　　　　割 増 賃 金　　　390,000
　　　　　　　　　　　諸 手 当　　　　210,000　　¥2,100,000
　　控　　除　　額：所 得 税　　¥ 162,000
　　　　　　　　　　健康保険料　　　　98,000　　¥ 260,000
　　正味支払高（小切手振り出し）　　　　　　　¥1,840,000

(2)当月の総作業時間は3,800時間であった。このうち直接作業は2,500時間であり，残りは間接作業であった。ただし，賃金消費高の計算にあたっては，直接，間接作業とも1時間あたり ¥500 の予定賃率を用いている。

(3)前月の賃金未払高は ¥280,000，当月の賃金未払高は ¥310,000 であったので，賃金の実際消費高を計上した。よって，予定賃金消費高と実際賃金消費高との差額を賃率差異勘定に振り替えた。

(1)	賃　　　　　金　　1,890,000 従業員賞与手当　　210,000	所 得 税 預 り 金　　162,000 健康保険料預り金　　98,000 当 座 預 金　　1,840,000
(2)	仕　掛　品　　1,250,000 製 造 間 接 費　　650,000	賃　　　　　金　　1,900,000
(3)	賃 率 差 異　　20,000	賃　　　　　金　　20,000

5-7 次の勘定記入から，下記の(1)〜(6)の金額を求めなさい。

賃　　　金			
諸　　　口	520,000	前 月 繰 越	70,000
		消 費 賃 金	490,000

消　費　賃　金			
賃　　　金	490,000	諸　　　口	500,000

仕　　掛　　品		
消 費 賃 金	350,000	

製　造　間　接　費		
消 費 賃 金	150,000	

(1)	当月賃金支払総額	¥	520,000	(2)	当月予定賃金消費高	¥	500,000
(3)	当月実際賃金消費高	¥	490,000	(4)	前月賃金未払高	¥	70,000
(5)	当月賃金未払高	¥	40,000	(6)	当月賃率差異	¥	10,000

5-8 次の労務費に関する資料によって，賃金勘定に記入し，締め切りなさい。また，(1)当月労務費，(2)間接労務費発生高の金額を求めなさい。

	賃　　金	給　　料
前 月 未 払 高	¥240,000	———
当月正味支払高（現金払い）	760,000	¥ 96,000
所得税その他当月控除高	109,000	14,000
当 月 未 払 高	230,000	———
消 費 高 の う ち 直 接 費	842,000	———

賃　　　金			
諸　　　口	869,000	前 月 繰 越	240,000
次 月 繰 越	230,000	諸　　　口	859,000
	1,099,000		1,099,000

(1)	当 月 労 務 費	¥	969,000
(2)	間 接 労 務 費 発 生 高	¥	127,000

5-9 次の資料によって，健康保険料についての仕訳と勘定記入を示しなさい。
(1)賃金 ¥750,000 から，所得税 ¥60,000 健康保険料 ¥35,000 を差し引いて，小切手を振り出して支払った。
(2)月末に，工場の健康保険料事業主負担分 ¥35,000 を製造間接費として計上した。
(3)翌月に，健康保険料 ¥70,000（従業員負担分を含む）を現金で支払った。

(1)	賃　　　　　　金	750,000	所 得 税 預 り 金	60,000
			健 康 保 険 料 預 り 金	35,000
			当 座 預 金	655,000
(2)	製 造 間 接 費	35,000	健 康 保 険 料	35,000
(3)	健 康 保 険 料	35,000	現　　　　　　金	70,000
	健 康 保 険 料 預 り 金	35,000		

健　康　保　険　料			
現　　　金	35,000	製 造 間 接 費	35,000

健　康　保　険　料　預　り　金			
現　　　金	35,000	賃　　　金	35,000

5-10 次の資料によって，賃金勘定および消費賃金勘定に記入し，締め切りなさい。
(1)当月賃金支払総額　¥4,950,000
　　控除額　所得税　¥495,000　健康保険料その他　¥198,500　立替金　¥173,000
(2)当月総作業時間数　5,000時間（うち，直接作業3,500時間）　予定賃率　@¥1,000
(3)未払賃金　前月分　¥890,000　当月分　¥900,000

賃		金			消		費		賃	金	
諸　　口	4,950,000	前 月 繰 越	890,000	賃　　　金	4,960,000	諸　　　口	5,000,000				
次 月 繰 越	900,000	消 費 賃 金	4,960,000	賃 率 差 異	40,000						
	5,850,000		5,850,000		5,000,000		5,000,000				

5-11 次の連続した取引の仕訳を示し，下記の勘定に転記して締め切りなさい。
(1)月末に退職給付費用として，月割額 ¥80,000 を原価に計上した。
(2)この月末は期末でもあるので，退職給付引当金 ¥960,000 を計上した。（勘定締め切り）
(3)工場従業員Aが退職し，退職金 ¥480,000 を現金で支払った。

(1)	製 造 間 接 費	80,000	退 職 給 付 費 用	80,000
(2)	退 職 給 付 費 用	960,000	退 職 給 付 引 当 金	960,000
(3)	退 職 給 付 引 当 金	480,000	現　　　　金	480,000

退 職 給 付 費 用				退 職 給 付 引 当 金			
退職給付引当金	960,000		880,000	次 期 繰 越	4,810,000	前 期 繰 越	3,850,000
		製造間接費	80,000			退職給付費用	960,000
	960,000		960,000		4,810,000		4,810,000
				現　　　金	480,000	前 期 繰 越	4,810,000

5-12 次の連続した取引の仕訳を示し，下記の勘定に転記して締め切りなさい。
(1)月末に賞与の月割額 ¥330,000 を製造間接費とした。
(2)下半期賞与 ¥2,010,000 を現金で支給した。
(3)賞与の実際支給額と予定額との差額を売上原価勘定に振り替えた。

(1)	製 造 間 接 費	330,000	従 業 員 賞 与 手 当	330,000
(2)	従 業 員 賞 与 手 当	2,010,000	現　　　　金	2,010,000
(3)	売 上 原 価	30,000	従 業 員 賞 与 手 当	30,000

従 業 員 賞 与 手 当			
現　　　金	1,980,000		3,630,000
現　　　金	2,010,000	製 造 間 接 費	330,000
		売 上 原 価	30,000
	3,990,000		3,990,000

検定問題

解答 ▶ p.13

5-13 次の取引の仕訳を示しなさい。

(1)本月分の賃金支払帳は次のとおりであった。よって，正味支払高を小切手を振り出して支払った。ただし，諸手当は賃金勘定に含めないで処理している。　　　　　　　（第91回）

賃　金　支　払　帳

番号	氏 名	支　払　高			控　除　額			正味支払高
		基本賃金	諸 手 当	合　　計	所 得 税	健康保険料	合　　計	
		1,498,000	299,000	1,797,000	147,000	64,000	211,000	1,586,000

賃　　　　　金	1,498,000	所 得 税 預 り 金	147,000
従 業 員 賞 与 手 当	299,000	健 康 保 険 料 預 り 金	64,000
		当 座 預 金	1,586,000

(2)賃金消費高を計算するために，作業時間票を集計したところ，次のとおりであった。ただし，1時間につき ¥500 の予定賃率を用い，消費賃金勘定を設けている。　　　（第34回一部修正）

製造指図書#1　900時間　製造指図書#2　700時間　間接作業　350時間

仕　掛　品	800,000	消 費 賃 金	975,000
製 造 間 接 費	175,000		

(3)7月分の予定賃金消費高と実際賃金消費高は，次のとおりであった。よって，この差額を賃率差異勘定に振り替えた。ただし，消費賃金勘定を設けていない。　　　（第27回一部修正）

予定賃金消費高　¥720,000　　　　実際賃金消費高　¥730,000

賃 率 差 異	10,000	賃　　　　金	10,000

(4)徳島産業株式会社は，会計期末にあたり，賃率差異勘定の残高を売上原価勘定に振り替えた。なお，賃率差異勘定の前月繰越高は ¥10,000（貸方）であり，当月の賃金の予定消費高 ¥1,250,000 と実際消費高 ¥1,285,000 との差額は，賃率差異勘定に振り替えられている。

（第83回）

売 上 原 価	25,000	賃 率 差 異	25,000

(5)水戸産業株式会社は，会計期末にあたり，賃率差異勘定の残高を売上原価勘定に振り替えた。なお，賃率差異勘定の前月繰越高は ¥5,000（貸方）であり，当月の賃金の実際消費高は予定消費高より少なく，この差額の ¥3,000 は賃率差異勘定に振り替えられている。

（第90回，類題第95回）

賃 率 差 異	8,000	売 上 原 価	8,000

(6)個別原価計算を採用している鹿児島製作所で，月末に，工場の従業員に対する退職給付費用の月割額 ¥760,000 を製造間接費として計上した。　　　　　　（第32回一部修正）

製 造 間 接 費	760,000	退 職 給 付 費 用	760,000

(7)個別原価計算を採用している兵庫機械製作所は，月末に工場の従業員に対する賞与の月割額を計上した。ただし，賞与の支払予定額は ¥4,680,000（半年分）である。　　（第58回）

製 造 間 接 費	780,000	従 業 員 賞 与 手 当	780,000

6　経費の計算と記帳

1 経費の分類

分類	費　目	直接経費	間接経費	分類	費　目	直接経費	間接経費	分類	費　目	直接経費	間接経費
支払経費	外注加工賃	○		月割経費	特許権使用料	○		測定経費	電　力　料		○
	厚　生　費		○		減価償却費		○		ガ　ス　代		○
	修　繕　料		○		賃　借　料		○		水　道　料		○
	旅費交通費		○		保　険　料		○				
	通　信　費		○		租税公課		○				
	保　管　料		○		棚卸減耗損		○				
	雑　　　費		○								

支払経費…実際の支払高をその月の消費高とする経費。
月割経費…1年分などで計算された総額を月割りしてその月の消費高とする経費。
測定経費…測定計器で測定した消費量に，料率を掛けて算出した額をその月の消費高とする経費。

2 経費消費高の計算と記帳

支払経費計算表

費　目	当月支払高	前月前払高(+)	前月未払高(−)	当月前払高(−)	当月未払高(+)	当月消費高
外注加工賃	100,000	15,000		20,000		95,000

月割経費計算表

費　目	金　額	月　割　高 7月	8月	9月	10月	11月	12月
減価償却費	240,000	40,000	40,000	40,000	40,000	40,000	40,000

測定経費計算表

費　目	前月指針	当月指針	当月消費量	単　価	金　額
電　力　料	3,650kWh	8,750kWh	5,100kWh	10	51,000

仕　訳

（借）仕　掛　品　　95,000
　　　製造間接費　　91,000

　　　　　（貸）外注加工賃　　95,000
　　　　　　　　減価償却費　　40,000
　　　　　　　　電　力　料　　51,000

（注）経費の消費高を特殊仕訳帳の経費仕訳帳に記入し，月末に普通仕訳帳に合計仕訳をおこなってから転記する記帳法もある。

練習問題

解答 ▶ p.14

6-1 次の経費を支払経費・月割経費・測定経費に分類し，番号を記入しなさい。また，そのうちで直接経費となるものがあれば，それを示しなさい。

1. 減価償却費　2. 通　信　費　3. 外注加工賃　4. 電　力　料　5. 厚　生　費
6. 棚卸減耗損　7. 租税公課　8. 水　道　料　9. 保　険　料　10. 賃　借　料
11. 雑　　　費　12. 修　繕　料　13. 旅費交通費　14. ガ　ス　代　15. 特許権使用料

支払経費	2, 3, 5, 11, 12, 13	月割経費	1, 6, 7, 9, 10, 15
測定経費	4, 8, 14	直接経費となるもの	3, 15

6-2 次のa，bにあてはまる勘定科目を，それぞれ記入しなさい。

外 注 加 工 賃		棚 卸 減 耗 損	
当座預金　200,000 ｜（　a　）　200,000		素　材　60,000 ｜（　b　）　60,000	

a	仕 掛 品	b	製 造 間 接 費

6-3 次の経費の当月消費高を計算しなさい。

費　　　目	当月支払高	前　　　月		当　　　月		当月消費高
		前 払 高	未 払 高	前 払 高	未 払 高	
外 注 加 工 賃	90,000		20,000	10,000		60,000
修　繕　料	38,000	14,000		11,000		41,000
旅 費 交 通 費	21,000	5,000			8,000	34,000
通　信　費	25,000		4,000		6,000	27,000

6-4 次の資料により，修繕料勘定に記入して締め切りなさい。
　　　a．前月未払修繕料　¥40,000　　　b．修繕料支払高（小切手振り出し）　¥90,000
　　　c．当月未払修繕料　¥30,000

修　　繕　　料			
当 座 預 金	90,000	前 月 繰 越	40,000
次 月 繰 越	30,000	製 造 間 接 費	80,000
	120,000		120,000

6-5 電力料に関する次の資料によって，支払と消費に関する仕訳を示し，電力料勘定に転記して締め切りなさい。また，当月未払高を求めなさい。
　　　a．当月電力料支払高（小切手振り出し）　¥420,000　　　b．前月未払電力料　¥50,000
　　　c．当月電力料測定高　¥450,000
　　　d．電力料消費高のうち5分の1は営業部関係のものである。なお，営業部関係の消費高は販売費及び一般管理費勘定で処理している。

電　　力　　料	420,000	当　座　預　金	420,000
製 造 間 接 費	360,000	電　　力　　料	450,000
販売費及び一般管理費	90,000		

電　　力　　料			
当 座 預 金	420,000	前 月 繰 越	50,000
次 月 繰 越	80,000	諸　　　　口	450,000
	500,000		500,000

電力料の当月未払高	¥	80,000

6-6 次の経費の当月消費高を計上したときの仕訳を示しなさい。
　　　外注加工賃　当月支払高　¥90,000　前月未払高　¥25,000　当月未払高　¥30,000
　　　修　繕　料　当月支払高　¥42,000　前月前払高　¥ 5,000　当月未払高　¥ 4,000
　　　旅費交通費　当月支払高　¥31,000　前月前払高　¥ 3,000　当月前払高　¥ 2,000
　　　減価償却費　当月割当高　¥35,000
　　　租 税 公 課　当会計期間（決算年1回）推定額　¥96,000
　　　棚卸減耗損　当月割当高　¥ 3,000
　　　電　力　料　当月支払高　¥55,000　当月測定高　¥60,000

仕　掛　品	95,000	外 注 加 工 賃	95,000
製 造 間 接 費	189,000	修　繕　料	51,000
		旅 費 交 通 費	32,000
		減 価 償 却 費	35,000
		租 税 公 課	8,000
		棚 卸 減 耗 損	3,000
		電　力　料	60,000

6-7 当期（決算年1回）の工場建物の減価償却費の推定額が ¥3,000,000 であるとき，毎原価計算期末と会計期末におこなわれる仕訳をそれぞれ示しなさい。ただし，減価償却高の記帳は間接法によっている。

原価計算期末の仕訳	製 造 間 接 費	250,000	減 価 償 却 費	250,000
会 計 期 末の仕訳	減 価 償 却 費	3,000,000	建物減価償却累計額	3,000,000

6-8 個別原価計算制度を採用している富山製作所の，1月中の製造に関する下記の資料によって，次の金額を求めなさい。
　　(1)当月素材消費高　　　(2)当月賃金消費高
　　(3)当月外注加工賃消費高　(4)当月製造間接費発生高

資　　料
a. 材　料　費

	素　材	工場消耗品
月 初 棚 卸 高	240,000	31,000
当 月 仕 入 高	640,000	89,000
月 末 棚 卸 高	190,000	40,000
消費高のうち直接費	470,000	——

b. 労　務　費

	賃　金	従業員賞与手当
前 月 未 払 高	30,000	——
当 月 支 払 高	310,000	——
当 月 未 払 高	60,000	——
当 月 月 割 高	——	50,000
消費高のうち直接費	220,000	——

c. 経　　費

	外注加工賃	電　力　料	減価償却費
前 月 前 払 高	10,000	——	——
当 月 支 払 高	80,000	37,000	——
当 月 前 払 高	25,000	——	——
当 月 測 定 高	——	45,000	——
当 月 月 割 高	——	——	30,000
消費高のうち直接費	全　額	——	——

(1)	当 月 素 材 消 費 高 ¥	690,000	(2)	当 月 賃 金 消 費 高 ¥	340,000
(3)	当月外注加工賃消費高 ¥	65,000	(4)	当月製造間接費発生高 ¥	545,000

6-9 常総製作所の下記の資料により，次の金額を求めなさい。
　　　　a. 当 月 材 料 消 費 高　　　b. 当 月 労 務 費 消 費 高
　　　　c. 当 月 経 費 消 費 高　　　d. 当 月 売 上 原 価

資　　料

①素　　　材　　月初棚卸高 ¥230,000　当月仕入高 ¥560,000　月末棚卸高 ¥170,000
②工場消耗品　　月初棚卸高 ¥ 52,000　当月仕入高 ¥108,000　月末棚卸高 ¥ 50,000
③賃　　　金　　前月未払高 ¥150,000　当月支払高 ¥470,000　当月未払高 ¥160,000
④給　　　料　　当月消費高 ¥150,000
⑤従業員賞与手当　当月月割高 ¥ 70,000
⑥外注加工賃　　前月前払高 ¥ 20,000　当月支払高 ¥ 80,000　当月前払高 ¥ 30,000
⑦水　道　料　　当月支払高 ¥ 48,000　当月測定高 ¥ 50,000
⑧減価償却費　　当月月割高 ¥ 30,000
⑨仕　掛　品　　月初棚卸高 ¥370,000　月末棚卸高 ¥395,000
⑩製　　　品　　月初棚卸高 ¥460,000　月末棚卸高 ¥530,000

a	当月材料消費高　¥	730,000	b	当月労務費消費高　¥	700,000
c	当月経費消費高　¥	150,000	d	当月売上原価　¥	1,485,000

検定問題

解答 ▶ p.15

6-10 次の取引の仕訳を示しなさい。

(1)個別原価計算を採用している埼玉製作所は，当月分の特許権使用料 ¥270,000 の消費高を計上した。なお，特許権使用料は製造指図書#6に対するものである。　　（第95回一部修正）

仕　　掛　　品	270,000	特 許 権 使 用 料	270,000

(2)個別原価計算を採用している長野工業株式会社は，月末に工場の建物に対する減価償却費の月割額を消費高として計上した。ただし，1年分の減価償却費は ¥480,000 である。
　　　　　　　　　　　　　　　　　　　　　　　　　　　　　　　　　（第88回）

製 造 間 接 費	40,000	減 価 償 却 費	40,000

(3)個別原価計算を採用している大阪製作所は，当月分の外注加工賃の消費高を計上した。ただし，当月支払高は ¥495,000 であり，前月前払高 ¥60,000 当月未払高 ¥80,000 がある。なお，外注加工賃は製造指図書#7の加工のために消費した。　　（第58回一部修正）

仕　　掛　　品	635,000	外 注 加 工 賃	635,000

(4)個別原価計算を採用している香川製作所は，当月分の電力料の消費高を計上した。ただし，消費高のうち20%は，販売費及び一般管理費勘定で処理する。
　　　当月支払高　¥203,000　当月測定高　¥205,000　　　　　　（第55回一部修正）

製 造 間 接 費	164,000	電　　力　　料	205,000
販売費及び一般管理費	41,000		

(5)個別原価計算を採用している大分製作所は，月末に外注加工賃 ¥250,000 および工場の水道料 ¥140,000 を消費高として計上した。ただし，外注加工賃は製造指図書#2のために消費されたものである。　　　　　　　　　　　　　　　（第73回一部修正）

仕　　掛　　品	250,000	外 注 加 工 賃	250,000
製 造 間 接 費	140,000	水　　道　　料	140,000

6-11 京都産業株式会社の下記の資料により，製造原価報告書に記載する次の金額を求めなさい。
（第93回）

　　　　　a．当期材料費　　　b．当期労務費　　　c．当期製品製造原価

資　　料

①素　　　　材　　期首棚卸高　¥277,000　当期仕入高　¥1,962,000　期末棚卸高　¥283,000

②工場消耗品　　期首棚卸高　¥ 58,000　当期仕入高　¥ 342,000　期末棚卸高　¥ 60,000

③消耗工具器具備品　当期消費高　¥192,000

④賃　　　　金　　前期未払高　¥251,000　当期支払高　¥1,723,000　当期未払高　¥247,000

⑤給　　　　料　　当期消費高　¥953,000

⑥健康保険料　　当期消費高　¥136,000

⑦水　道　料　　基　本　料　金　¥ 18,000

　　　　　　　　当期使用料　¥□□□□（当期使用量 2,100㎥　単価1㎥あたり　¥130）
　　　　　　　　水道料の計算方法は，基本料金に当期使用料を加算して求める。

⑧減価償却費　　当期消費高　¥175,000

⑨仕　掛　品　　期首棚卸高　¥594,000　期末棚卸高　¥ 608,000

a	当 期 材 料 費　¥	2,488,000	b	当 期 労 務 費　¥	2,808,000
c	当 期 製 品 製 造 原 価　¥	5,748,000			

6-12 広島製作所における当期（令和○年1月1日から令和○年12月31日まで）の勘定記録・製造原価報告書・損益計算書（一部）・貸借対照表（一部）により，（ア）から（ウ）に入る金額を求めなさい。ただし，会計期間は原価計算期間と一致しているものとする。　（第94回一部修正）

仕　　掛　　品

前 期 繰 越	(	)	製　　　品	(	)
素　　　材	1,295,000		次 期 繰 越	(	)
買 入 部 品	320,000				
賃　　　金	(ア)				
外注加工賃	618,000				
製造間接費	(	)			
	(	)		(	)

製　造　間　接　費

工場消耗品	270,000		仕 掛 品	(	)
賃　　　金	510,000				
給　　　料	430,000				
健康保険料	170,000				
減価償却費	708,000				
電　力　料	(	)			
雑　　　費	59,000				
	(	)		(	)

製　　　品

前 期 繰 越	(	)	売 上 原 価	(	)
仕 掛 品	(	)	次 期 繰 越	(	)
	6,930,000			6,930,000	

広島製作所　製 造 原 価 報 告 書　（単位：円）
令和○年1月1日から令和○年12月31日まで

Ⅰ　材 料 費	(	)
Ⅱ　労 務 費		2,480,000
Ⅲ　経　　費		1,897,000
当 期 製 造 費 用	(	)
期首仕掛品棚卸高		425,000
合　　　計	(	)
期末仕掛品棚卸高		542,000
当期製品製造原価	(イ	)

広島製作所　損 益 計 算 書（一部）　（単位：円）
令和○年1月1日から令和○年12月31日まで

Ⅰ　売 上 高		8,820,000
Ⅱ　売 上 原 価	(	)
売 上 総 利 益	(ウ	)

貸 借 対 照 表（一部）
広島製作所　令和○年12月31日　（単位：円）

製　　　品	756,000	
仕 掛 品	(	)

ア	¥	1,370,000	イ	¥	6,145,000	ウ	¥	2,646,000

6-13 島根製作所における下記の資料により，次の金額を求めなさい。なお，賃率差異は売上原価
◀頻出!!　に振り替える。

(第70回一部修正)

　　　　a．当期工場消耗品消費高　　　b．当　期　労　務　費
　　　　c．当　期　経　費　　　　　　d．売　上　原　価
資　料
　①素　　　材　　期首棚卸高　¥ 358,000　　当期仕入高　¥2,143,000
　　　　　　　　　期末棚卸高　¥ 365,000
　②工場消耗品　　期首棚卸高　¥　40,000　　当期仕入高　¥ 392,000
　　　　　　　　　期末棚卸高　¥　52,000
　③賃　　　金　　当期予定消費高　¥□□□□□　当期実際消費高　¥4,960,000
　　　　　　　　　賃率差異　¥　50,000（借方）
　④給　　　料　　当期消費高　¥1,160,000
　⑤外注加工賃　　前期前払高　¥　37,000　　当期支払高　¥ 431,000
　　　　　　　　　当期前払高　¥　25,000
　⑥電　力　料　　当期支払高　¥ 240,000　　当期測定高　¥ 280,000
　⑦減価償却費　　当期消費高　¥ 367,000
　⑧仕　掛　品　　期首棚卸高　¥ 789,000　　期末棚卸高　¥ 489,000
　⑨製　　　品　　期首棚卸高　¥ 910,000　　期末棚卸高　¥ 816,000

a	当期工場消耗品消費高 ¥	380,000	b	当　期　労　務　費 ¥	6,070,000
c	当　期　経　費 ¥	1,090,000	d	売　上　原　価 ¥	10,120,000

6-14 愛媛製作所における次の勘定記録・製造原価報告書・損益計算書（一部）により，（ア）から（ウ）に入る金額を求めなさい。ただし，会計期間は原価計算期間と一致しているものとする。

(第95回)

製　造　間　接　費

素　　　材	12,000	仕 掛 品 （　　　）
工場消耗品（　ア　）		
賃　　　金	35,000	
給　　　料	180,000	
健康保険料	67,500	
退職給付費用	103,000	
減価償却費	240,000	
電　力　料	120,000	
保　管　料	51,000	
棚卸減耗損	13,500	
（　　　）		（　　　）

仕　掛　品

前 期 繰 越（　　　）	製　　　品 （　　　）
素　　　材 3,405,000	次 期 繰 越 286,000
賃　　　金 1,135,000	
外注加工賃（　　　）	
製造間接費 886,000	
（　　　）	（　　　）

製　　　品

前 期 繰 越 350,000	売上原価（　　　）
仕 掛 品（　　　）	次 期 繰 越 341,000
（　　　）	（　　　）

愛媛製作所　製造原価報告書　（単位：円）
　　令和○年1月1日から令和○年12月31日まで
Ⅰ　材　料　費　　　　3,481,000
Ⅱ　労　務　費　　　（　　　　）
Ⅲ　経　　　費　　　（　イ　　）
　当 期 製 造 費 用　　5,706,000
　期首仕掛品棚卸高　　　256,000
　合　　　計　　　　（　　　　）
　期末仕掛品棚卸高　（　　　　）
　当期製品製造原価　（　　　　）

愛媛製作所　損　益　計　算　書（一部）　（単位：円）
　　令和○年1月1日から令和○年12月31日まで
Ⅰ　売　上　高　　　　　9,400,000
Ⅱ　売　上　原　価
　1．期首製品棚卸高　（　　　　）
　2．当期製品製造原価（　　　　）
　　合　　　計　　　（　　　　）
　3．期末製品棚卸高　（　　　　）（　　　　）
　　　売上総利益　　　　　　　（　ウ　）

ア	¥	64,000	イ	¥	704,500	ウ	¥	3,715,000

第3章　個別原価計算

個別原価計算と原価計算表と仕掛品勘定

①個別原価計算の手続き

機械製造業・造船業・家具製造業などのように，種類・規格の異なる製品を個別に製造する企業に適用される原価計算が個別原価計算である。この原価計算では，製造指図書ごとに原価計算表を作成し，各製品の製造原価を集計する。製造指図書番号があるものは製造直接費として指図書ごとに直接**賦課**し，ないものは製造間接費として一定の基準によって各指図書に**配賦**する。

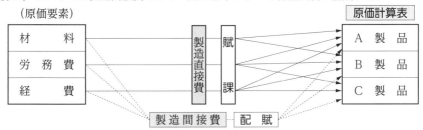

②原価計算表と仕掛品勘定

原価計算表をとじこんだ帳簿を**原価元帳**（製造元帳）という。原価元帳は，製造勘定の内訳明細を示す補助元帳で，仕掛品の繰越高や各完成品の製造原価を明らかにする。

③仕掛品勘定と原価元帳の関係

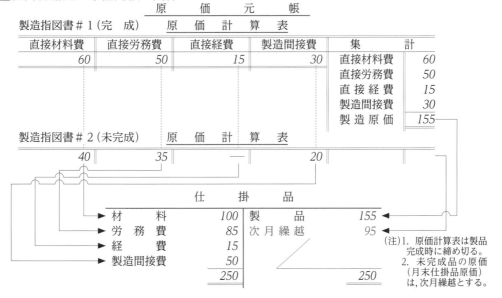

練 習 問 題　　　　　　　　　　　　　　　　　　　　　　　　　解答 ▶ p.17

7-1　次の原価計算表（製造指図書#13）を完成しなさい。なお，製造間接費の配賦額は ¥70,000である。

製造指図書#13　　　　　原　価　計　算　表

直接材料費	直接労務費	直接経費	製造間接費	集	計
150,000	160,000	30,000	70,000	直 接 材 料 費	195,000
45,000	155,000	──	──	直 接 労 務 費	315,000
195,000	315,000	30,000	70,000	直 接 経 費	30,000
				製 造 間 接 費	70,000
				製 造 原 価	610,000

7-2 次の資料によって，製造指図書＃１・＃２の原価計算表を作成しなさい。ただし，製造指図書＃１の製品は200個完成し，期首の仕掛品はなかった。

資　料

	製造指図書＃１	製造指図書＃２	合　計
直 接 材 料 費	￥330,000	￥140,000	￥470,000
直 接 労 務 費	580,000	250,000	830,000
直 接 経 費	50,000	70,000	120,000
製 造 間 接 費	340,000	115,000	455,000

製造指図書＃１　　　　　原　価　計　算　表

直接材料費	直接労務費	直接経費	製造間接費	摘　　要	金　　額
330,000	580,000	50,000	340,000	直 接 材 料 費	330,000
				直 接 労 務 費	580,000
				直 接 経 費	50,000
				製 造 間 接 費	340,000
				製 造 原 価	1,300,000
				完 成 品 数 量	200 個
				製 品 単 価	￥ 6,500

製造指図書＃２　　　　　原　価　計　算　表

直接材料費	直接労務費	直接経費	製造間接費	摘　　要	金　　額
140,000	250,000	70,000	115,000	直 接 材 料 費	

7-3 上記 **7-2** の問題について，(1)製品勘定へ振り替えるまでの仕訳を示し，(2)仕掛品勘定へ転記して締め切りなさい。

　ただし，ⅰ　製造間接費の実際発生額は，間接材料費 ￥95,000　間接労務費 ￥170,000　間接経費 ￥190,000 であった。

　　　　ⅱ　勘定記入は，日付・相手科目・金額を示し，日付は６月30日とする。

(1)

材　料消　費	仕　　掛　　品	470,000	材　　　　料	565,000
	製 造 間 接 費	95,000		
労務費消　費	仕　　掛　　品	830,000	労　　務　　費	1,000,000
	製 造 間 接 費	170,000		
経　費消　費	仕　　掛　　品	120,000	経　　　　費	310,000
	製 造 間 接 費	190,000		
間接費配　賦	仕　　掛　　品	455,000	製 造 間 接 費	455,000
製　品完　成	製　　　　品	1,300,000	仕　　掛　　品	1,300,000

(2)　　　　仕　　掛　　品

6/30 材　　料	470,000	6/30 製　　品	1,300,000
〃 労 務 費	830,000	〃 次 月 繰 越	575,000
〃 経　　費	120,000		
〃 製 造 間 接 費	455,000		
	1,875,000		1,875,000

8 製造間接費の配賦

1 製造間接費の配賦方法

製造間接費は特定の製品に直接集計できないので，一定の基準によって各製造指図書に配賦される。配賦方法には次のようなものがある。

(1) **価額法**……製品の製造のために消費された直接費を配賦基準とする。

a．直接材料費法

$$配賦率（\%）=\frac{1\ 原価計算期間の製造間接費総額}{1\ 原価計算期間の直接材料費総額}\times100$$

$$配賦額＝製造指図書別の直接材料費×配賦率$$

b．直接労務費法

$$配賦率（\%）=\frac{1\ 原価計算期間の製造間接費総額}{1\ 原価計算期間の直接労務費総額}\times100$$

$$配賦額＝製造指図書別の直接労務費×配賦率$$

c．製造直接費法

$$配賦率（\%）=\frac{1\ 原価計算期間の製造間接費総額}{1\ 原価計算期間の製造直接費総額}\times100$$

$$配賦額＝製造指図書別の製造直接費×配賦率$$

(2) **時間法**……製品の製造のために要した直接作業時間または機械運転時間を配賦基準とする。

a．直接作業時間法

$$配賦率（直接作業時間1時間あたりの金額）=\frac{1\ 原価計算期間の製造間接費総額}{1\ 原価計算期間の直接作業総時間数}$$

$$配賦額＝製造指図書別の直接作業時間数×配賦率$$

b．機械運転時間法

$$配賦率（機械運転時間1時間あたりの金額）\\ \cdots\cdots（機械率ともいう）=\frac{1\ 原価計算期間の製造間接費総額}{1\ 原価計算期間の機械運転総時間数}$$

$$配賦額＝製造指図書別の機械運転時間数×配賦率（機械率）$$

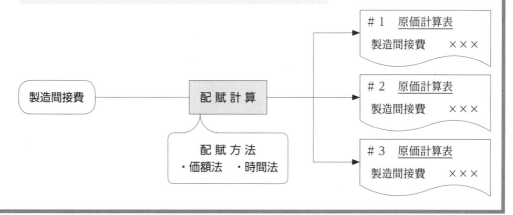

練習問題

解答 ▶ p.18

8-1 次の資料によって，下記の各問いに答えなさい。

資　料
　a．製造間接費総額　￥420,000
　b．

	直接材料費	直接労務費	直接経費	直接作業時間	機械運転時間
製造指図書#1	￥200,000	￥280,000	￥90,000	580　時間	420　時間
〃　　#2	225,000	320,000	85,000	620　〃	440　〃
〃　　#3	100,000	100,000	——	300　〃	190　〃
計	525,000	700,000	175,000	1,500　〃	1,050　〃

(1)直接材料費法によって，各製造指図書への製造間接費配賦率を求め，製造間接費配賦表を完成し，仕訳を示しなさい。

配　賦　率	〈式〉 $\frac{￥420,000}{￥525,000} \times 100 = 80\%$	〈配賦率〉 80　%

製造間接費配賦表
令和○年4月分

令和○年		製造指図書番号	配　賦　率	配賦基準（直接材料費）	配　賦　額	備　考
4	30	#1	80　%	200,000	160,000	
	〃	#2	80　%	225,000	180,000	
	〃	#3	80　%	100,000	80,000	
				525,000	420,000	

仕　　掛　　品	420,000	製　造　間　接　費	420,000

(2)直接労務費法によって，製造指図書#1と#2への製造間接費配賦額を計算しなさい。

配　賦　率	〈式〉 $\frac{￥420,000}{￥700,000} \times 100 = 60\%$	〈配賦率〉 60　%
製造指図書#1への配賦額	〈式〉 $￥280,000 \times 0.6 = ￥168,000$	〈配賦額〉 ￥ 168,000
製造指図書#2への配賦額	〈式〉 $￥320,000 \times 0.6 = ￥192,000$	〈配賦額〉 ￥ 192,000

(3)製造直接費法によって，製造指図書#2と#3への製造間接費配賦額を計算しなさい。

配　賦　率	〈式〉 $\frac{￥420,000}{￥525,000 + ￥700,000 + ￥175,000} \times 100 = 30\%$	〈配賦率〉 30　%
製造指図書#2への配賦額	〈式〉 $(￥225,000 + ￥320,000 + ￥85,000) \times 0.3 = ￥189,000$	〈配賦額〉 ￥ 189,000
製造指図書#3への配賦額	〈式〉 $(￥100,000 + ￥100,000) \times 0.3 = ￥60,000$	〈配賦額〉 ￥ 60,000

(4)直接作業時間法によって，製造指図書＃1と＃2への製造間接費配賦額を計算しなさい。

配　賦　率	〈式〉$\dfrac{¥420,000}{1,500時間}=¥280$	〈配賦率〉 ¥　　　280
製造指図書＃1 への配賦額	〈式〉580時間×¥280＝¥162,400	〈配賦額〉 ¥　162,400
製造指図書＃2 への配賦額	〈式〉620時間×¥280＝¥173,600	〈配賦額〉 ¥　173,600

(5)機械運転時間法によって，製造指図書＃1と＃3への製造間接費配賦額を計算しなさい。

配賦率(機械率)	〈式〉$\dfrac{¥420,000}{1,050時間}=¥400$	〈配賦率（機械率）〉 ¥　　　400
製造指図書＃1 への配賦額	〈式〉420時間×¥400＝¥168,000	〈配賦額〉 ¥　168,000
製造指図書＃3 への配賦額	〈式〉190時間×¥400＝¥76,000	〈配賦額〉 ¥　 76,000

8-2 上越製作所は，A製品(製造指図書＃1)およびB製品(製造指図書＃2)を製造している。下記の資料により次の金額を求めなさい。

a．当月素材消費高　b．当月賃金消費高　c．A製品(製造指図書＃1)の製造間接費配賦額
d．B製品(製造指図書＃2)の製品単価（単位原価）

ただし，ⅰ　月初仕掛品はなかった。
　　　　ⅱ　製造間接費は，直接労務費法によって配賦している。
　　　　ⅲ　A製品(製造指図書＃1)およびB製品(製造指図書＃2)は，月末に完成した。
　　　　ⅳ　B製品(製造指図書＃2)の完成品数量は，500個である。

資　料
1．材　料

		素　　　　　材	工 場 消 耗 品
月　初　棚　卸　高		¥　250,000	¥　60,000
当　月　仕　入　高		1,520,000	210,000
月　末　棚　卸　高		270,000	58,000
消 費 高 の う ち	製造指図書＃1	580,000	——
直　　　接　　　費	製造指図書＃2	690,000	——

2．賃　金

前　月　未　払　高		¥　310,000
当　月　支　払　高		1,968,000
当　月　未　払　高		230,000
消 費 高 の う ち	製 造 指 図 書 ＃ 1	810,000
直　　　　接　　　　費	製 造 指 図 書 ＃ 2	990,000

3．経　費　当月消費高　¥190,000（すべて製造間接費）

a	当 月 素 材 消 費 高	¥　1,500,000	b	当 月 賃 金 消 費 高	¥　1,888,000
c	A製品(製造指図書＃1) の製造間接費配賦額	¥　　324,000	d	B製品(製造指図書＃2) の製品単価（単位原価）	¥　　4,152

8-3　東京製作所は，個別原価計算を採用し，A製品（製造指図書＃１）とB製品（製造指図書＃２）を製造している。下記の資料によって，

(1) 6月中の取引の仕訳を示しなさい。

(2) 仕掛品勘定・製造間接費勘定に記入して締め切りなさい。

(3) A製品（製造指図書＃１）の原価計算表を完成しなさい。

(4) 当月賃金未払高を求めなさい。

　ただし，ⅰ　月初棚卸高は，次のとおりである。

　　　　　素　　　　材　1,000個　　@¥580　　¥580,000

　　　　　工場消耗品　　200個　　@¥180　　¥36,000

　　　　　仕　掛　品（製造指図書＃１）　　¥2,160,000（原価計算表に記入済み）

　　　ⅱ　素材の消費高の計算は移動平均法，工場消耗品の消費数量の計算は棚卸計算法によっている。

　　　ⅲ　賃金の前月未払高は ¥210,000 である。

　　　ⅳ　賃金の消費高の計算には，作業時間1時間につき ¥580 の予定賃率を用いている。ただし，賃金勘定だけで処理する方法によっている。

　　　ⅴ　勘定記入は，日付・相手科目・金額を示すこと。

取　　　引

　6月9日　素材および工場消耗品を次のとおり買い入れ，代金のうち ¥570,000 は小切手を振り出して支払い，残額は掛けとした。

　　　　　素　　　　材　2,000個　　@¥610　　¥1,220,000

　　　　　工場消耗品　　500個　　@¥180　　¥90,000

　　11日　素材を次のとおり消費した。

　　　　　製造指図書＃１　1,000個　　製造指図書＃２　1,500個

　　16日　経費を次のとおり小切手を振り出して支払った。

　　　　　外注加工賃　¥130,000　電　力　料　¥80,000　雑　　　費　¥75,000

　　25日　6月分の賃金を，次のとおり小切手を振り出して従業員に支払った。

　　　　　賃　金　総　額　¥975,000

　　　　　　　　うち，控除額　所　得　税　¥64,000　健康保険料　¥42,000

　　30日　①工場消耗品の月末棚卸数量は300個であった。よって，消費高を計上した。（間接材料）

　　　　　②当月の賃金予定消費高を次の作業時間によって計上した。

　　　　　　製造指図書＃１　600時間　　製造指図書＃２　900時間

　　　　　　間　接　作　業　250時間

　　　　　③健康保険料の事業主負担分 ¥42,000 を計上した。

　　　　　④当月の経費の消費高は，次のとおりであった。（外注加工賃以外はすべて間接経費）

　　　　　　外注加工賃　¥100,000（製造指図書＃２）

　　　　　　電　力　料　¥75,000　保　険　料　¥18,000

　　　　　　減価償却費　¥83,000　雑　　　費　¥45,000

　　　　　⑤製造間接費を，直接材料費法によって製造指図書＃１と製造指図書＃２に配賦した。

　　　　　⑥A製品（製造指図書＃１）3,000個が完成した。

　　　　　⑦当月の賃金実際消費高 ¥1,005,000 を計上した。よって，予定賃率による消費高と実際消費高との差額を，賃率差異勘定に振り替えた。

(1)

		借　　　　方		貸　　　　方	
6月9日	①	素　　　　　　材	1,220,000	当　座　預　金	570,000
		工　場　消　耗　品	90,000	買　　掛　　金	740,000
11日		仕　　掛　　品	1,500,000	素　　　　　材	1,500,000
16日		外　注　加　工　賃	130,000	当　座　預　金	285,000
		電　　力　　料	80,000		
		雑　　　　　費	75,000		
25日		賃　　　　金	975,000	所　得　税　預　り　金	64,000
				健　康　保　険　料　預　り　金	42,000
				当　座　預　金	869,000
30日	①	製　造　間　接　費	72,000	工　場　消　耗　品	72,000
	②	仕　　掛　　品	870,000	賃　　　　金	1,015,000
		製　造　間　接　費	145,000		
	③	製　造　間　接　費	42,000	健　康　保　険　料	42,000
	④	仕　　掛　　品	100,000	外　注　加　工　賃	100,000
		製　造　間　接　費	221,000	電　　力　　料	75,000
				保　　険　　料	18,000
				減　価　償　却　費	83,000
				雑　　　　　費	45,000
	⑤	仕　　掛　　品	480,000	製　造　間　接　費	480,000
	⑥	製　　　　品	3,300,000	仕　　掛　　品	3,300,000
	⑦	賃　　　　金	10,000	賃　率　差　異	10,000

(2)

仕　　掛　　品				製　造　間　接　費			
6/1	前月繰越	2,160,000	6/30　製　品　3,300,000	6/30	工場消耗品	72,000	6/30　仕掛品　480,000
11	素　材	1,500,000	〃　次月繰越 1,810,000	〃	賃　金	145,000	
30	賃　金	870,000		〃	健康保険料	42,000	
〃	外注加工賃	100,000		〃	諸　口	221,000	
〃	製造間接費	480,000				480,000	480,000
		5,110,000	5,110,000				

(3)製造指図書＃1

原　価　計　算　表

直接材料費	直接労務費	直接経費	製造間接費	集　　　　　計	
				摘　　　　　要	金　　　額
810,000	990,000	90,000	270,000	直　接　材　料　費	1,410,000
600,000	348,000	———	192,000	直　接　労　務　費	1,338,000
1,410,000	1,338,000	90,000	462,000	直　接　経　費	90,000
				製　造　間　接　費	462,000
				製　造　原　価	3,300,000
				完　成　品　数　量	3,000　個
				製　品　単　価	¥　　1,100

(4)

当月賃金未払高　¥	240,000

検定問題

解答 ▶ p.20

8-4 広島工業株式会社は，個別原価計算制度を採用し，製造間接費の配賦は直接材料費法によって
いる。下記の資料によって，
　　a．製造指図書＃1の製造間接費配賦額を求めなさい。
　　b．当月の製造間接費合計額を各製造指図書に配賦したときの仕訳を示しなさい。

（第28回一部修正）

　　資　　　料
　　　ⅰ　当月製造間接費合計額　　　　¥3,360,000
　　　ⅱ　当月直接材料費合計額　　　　¥6,000,000
　　　ⅲ　製造指図書＃1の直接材料費　¥1,000,000

a	製造指図書＃1の製造間接費配賦額	¥	560,000

b	仕　掛　品	3,360,000	製　造　間　接　費	3,360,000

8-5 山陽製作所は，A製品（製造指図書＃1）およびB製品（製造指図書＃2）を製造している。
1月中の下記の資料によって，次の金額を求めなさい。　　　　　　　　（第42回一部修正）
　　　　a．当月の材料消費高
　　　　b．当月の労務費消費高
　　　　c．B製品（製造指図書＃2）の製造間接費配賦額
　　　　d．A製品（製造指図書＃1）の完成品原価
　　資　　　料
　　　ⅰ　材　料　費

		素　　　　材	工 場 消 耗 品
月　初　棚　卸　高		¥　205,000	¥　45,000
当　月　仕　入　高		1,230,000	124,000
月　末　棚　卸　高		160,000	39,000
消費高のうち 直　接　費	製造指図書＃1	660,000	—
	製造指図書＃2	590,000	—

　　　ⅱ　労　務　費

		賃　　　　金	給　　　　料
前　月　未　払　高		¥　180,000	—
当　月　支　払　高		1,074,000	¥　226,000
当　月　未　払　高		170,000	—
消費高のうち 直　接　費	製造指図書＃1	480,000	—
	製造指図書＃2	440,000	—

　　　ⅲ　経　　　費　　当月消費高　¥126,000（全額間接費）
　　　ⅳ　製造間接費は製造直接費法で配賦する。
　　　ⅴ　月初仕掛品　　A製品（製造指図書＃1）　¥370,000
　　　ⅵ　A製品（製造指図書＃1）およびB製品（製造指図書＃2）とも月末に完成した。

a	当 月 の 材 料 消 費 高　¥	1,405,000	b	当 月 の 労 務 費 消 費 高　¥	1,290,000
c	B製品（製造指図書＃2） の 製 造 間 接 費 配 賦 額　¥	309,000	d	A製品（製造指図書＃1） の 完 成 品 原 価　¥	1,852,000

製造間接費の予定配賦

学習のまとめ

①製造間接費の予定配賦

製造間接費の実際額による配賦は月末におこなわれるので，完成品原価の算出が遅れることになる。さらに，操業度の違いによって配賦額が異なってしまう欠点があるので，予定配賦がおこなわれる。

$$予定配賦率＝\frac{一定期間の製造間接費予定総額}{一定期間の予定配賦基準の数値}$$

$$予定配賦額＝予定配賦率×製造指図書別の実際配賦基準の数値$$

②予定配賦による記帳

製造間接費を予定配賦するときは，製造間接費勘定の借方に実際発生額を，貸方に予定配賦額を記入し，差額を**製造間接費配賦差異勘定**に振り替える。記帳は①・②・③の順でおこなう。

(注)　1．予定配賦基準として，予定直接作業時間・予定機械運転時間などを用いる。
　　　2．上記の記入は過大配賦（有利差異）の場合であるが，過小配賦（不利差異）の場合もある。
　　　3．製造間接費配賦差異は，原則として会計期末に売上原価勘定に振り替える。

③製造間接費配賦差異の分析

製造間接費配賦差異は原価管理に活用するため，発生原因別に分析する必要がある。差異分析は**公式法変動予算**という方法で設定した製造間接費予算額をもとにおこなう。

(1)公式法変動予算

製造間接費を変動費と固定費に分け，変動費は操業度によって変動費率を測定し，固定費は操業度に対して一定とした公式を用いて，製造間接費の予算を設定する方法である。

$$変動費率＝\frac{変動費予算額}{基準操業度}\qquad 固定費率＝\frac{固定費予算額}{基準操業度}$$

(2)差異分析

差異は，**予算差異**と**操業度差異**に分けられる。予算差異は，実際操業度における予算額どおりに製造間接費が発生しなかったために生じる差異であり，操業度差異は，当初の生産計画どおりに生産できなかったために生じる差異である。

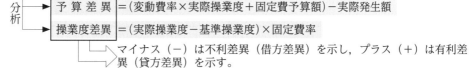

製造間接費配賦差異＝予定配賦額－実際発生額

分析
　予 算 差 異 ＝（変動費率×実際操業度＋固定費予算額）－実際発生額
　操業度差異 ＝（実際操業度－基準操業度）×固定費率

マイナス（－）は不利差異（借方差異）を示し，プラス（＋）は有利差異（貸方差異）を示す。

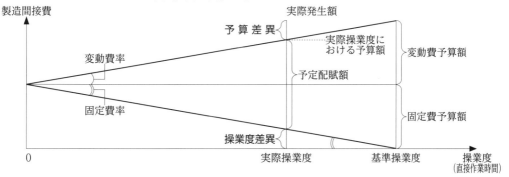

練習問題

解答 ▶ p.20

9-1 次の一連の取引の仕訳を示しなさい。

(1)製造間接費予定配賦表は次のとおりであった。

製造間接費予定配賦表
令和○年3月分

令和○年		製造指図書番号	予定配賦率	配賦基準 (直接作業時間)	予定配賦額	備　考
3	7	#101	520	90	46,800	
	15	#102	520	110	57,200	
				900	468,000	

(2)製造間接費の実際発生額は次のとおりであった。

間接材料費　¥220,000　　間接労務費　¥180,000　　間接経費　¥80,000

(3)原価計算期末に，製造間接費の実際発生額と予定配賦額との差額を処理した。

(4)会計期末に，製造間接費の上記配賦差額を売上原価勘定に振り替えた。ただし，原価計算期間と会計期間は一致しているものとする。

(1)	仕　掛　品	468,000	製　造　間　接　費	468,000
(2)	製　造　間　接　費	480,000	材　　　　料 労　　務　　費 経　　　　費	220,000 180,000 80,000
(3)	製造間接費配賦差異	12,000	製　造　間　接　費	12,000
(4)	売　上　原　価	12,000	製造間接費配賦差異	12,000

9-2 下記の資料から，仕掛品勘定と製造間接費勘定を完成しなさい。ただし，原価計算期間と会計期間は一致しているものとする。

資　料

①素　　材　期末帳簿棚卸高　500個　@¥200　　期末実地棚卸高　460個　@¥200

②工場消耗品　期首棚卸高　¥30,000　当期仕入高　¥180,000　期末棚卸高　¥40,000

③賃　　金　実際平均賃率　@¥800　直接作業時間　3,500時間　間接作業時間　500時間

④製造間接費予定配賦額　直接作業時間1時間につき　¥600の予定配賦率を用いている。

仕　掛　品			
前期繰越	260,000	製　　品	(7,030,000)
素　　材	1,850,000	次期繰越	330,000
賃　　金	(2,800,000)		
外注加工賃	350,000		
製造間接費	(2,100,000)		
	(7,360,000)		(7,360,000)

製　造　間　接　費			
工場消耗品	(170,000)	仕　掛　品	(2,100,000)
賃　　金	(400,000)	製造間接費 配賦差異	(31,000)
給　　料	990,000		
退職給付費用	115,000		
減価償却費	260,000		
電　力　料	188,000		
棚卸減耗損	(8,000)		
	(2,131,000)		(2,131,000)

9-3　下記の資料から，次の金額を求めなさい。ただし，解答欄の（　）のなかに不利差異の場合は（借方），有利差異の場合は（貸方）と記入すること。

　　　　a．変動費率　　b．固定費率　　c．製造間接費配賦差異
　　　　d．予算差異　　e．操業度差異

資　料
　(1)当月の基準操業度　2,000時間（直接作業時間）
　(2)当月の公式法変動予算による製造間接費予算
　　　変動費予算額　¥1,400,000　　固定費予算額　¥1,600,000
　(3)当月の実際操業度　1,850時間（直接作業時間）
　(4)当月の製造間接費実際発生額　¥2,950,000

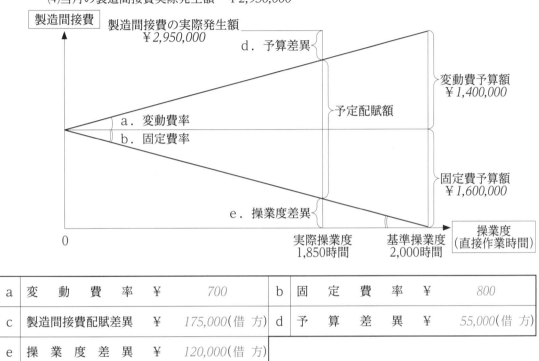

a	変 動 費 率　¥　700	b	固 定 費 率　¥　800
c	製造間接費配賦差異　¥　175,000（借 方）	d	予 算 差 異　¥　55,000（借 方）
e	操 業 度 差 異　¥　120,000（借 方）		

9-4　下記の資料から，次の金額を求めなさい。ただし，解答欄の（　）のなかに不利差異の場合は（不利），有利差異の場合は（有利）と記入すること。

　　　　a．製造間接費配賦差異　　b．予算差異　　c．操業度差異

資　料
　(1)当月の基準操業度　1,000時間（直接作業時間）
　(2)当月の公式法変動予算による製造間接費予算
　　　変動費予算額　¥650,000　　固定費予算額　¥900,000
　(3)当月の実際操業度　960時間（直接作業時間）
　(4)当月の製造間接費実際発生額　¥1,600,000

a	製造間接費配賦差異　¥　112,000（不 利）	b	予 算 差 異　¥　76,000（不 利）
c	操 業 度 差 異　¥　36,000（不 利）		

9-5 秋田製作所は，個別原価計算を採用し，A製品（製造指図書#1）およびB製品（製造指図書#2）を製造している。下記の資料によって，
(1)1月中の取引の仕訳を示しなさい。
(2)仕掛品勘定・製造間接費勘定に記入して締め切りなさい。
(3)A製品（製造指図書#1）の原価計算表を完成しなさい。
(4)製造間接費配賦差異を差異分析し，予算差異と操業度差異を求めなさい。なお，解答欄の（　）のなかに不利差異の場合は（不利），有利差異の場合は（有利）と記入すること。
　　　ただし，i 月初棚卸高は，次のとおりである。
　　　　　　　　素　　材　　1,500個　@¥550　¥825,000
　　　　　　　　工場消耗品　　450〃　〃〃120　¥ 54,000
　　　　　　　　仕　掛　品（製造指図書#1）　　　　¥486,000（原価計算表に記入済み）
　　　　　　ii　素材の消費高の計算は移動平均法，工場消耗品の消費数量の計算は棚卸計算法によっている。
　　　　　　iii　賃金の消費高の計算には，直接作業時間1時間につき ¥560 の予定賃率を用いている。
　　　　　　iv　製造間接費は，直接作業時間を基準として予定配賦している。予定配賦率は，直接作業時間1時間につき ¥350 である。なお，当月の公式法変動予算による製造間接費予算額は，変動費予算額 ¥240,000 固定費予算額 ¥320,000 であり，当月の基準操業度は1,600時間である。
　　　　　　v　勘定記入は，日付・相手科目・金額を示すこと。

<u>取　　　引</u>

1月8日　素材および工場消耗品を，次のとおり買い入れ，代金のうち ¥400,000 は小切手を振り出して支払い，残額は掛けとした。
　　　　　　　　素　　材　　3,000個　@¥580　¥1,740,000
　　　　　　　　工場消耗品　1,000〃　〃〃120　¥ 120,000
　　　11日　素材を次のとおり消費した。
　　　　　　　　製造指図書#1　　1,500個　　製造指図書#2　　2,000個
　　　16日　次の製造経費を小切手を振り出して支払った。
　　　　　　　　外注加工賃 ¥130,000　　電 力 料 ¥73,000　　雑　　費 ¥66,000
　　　20日　A製品（製造指図書#1）4,000個が完成した。
　　　　　　　A製品の当月賃金予定消費高と製造間接費の予定配賦額を，次の直接作業時間によって計算し，原価計算表に記入して締め切った。（賃金予定消費高と製造間接費予定配賦額の仕訳は，31日の②・⑤でおこなうこと。）
　　　　　　　　製造指図書#1の直接作業時間　　900時間
　　　25日　1月分の賃金を，次のとおり小切手を振り出して支払った。
　　　　　　　　賃 金 総 額　　¥962,000
　　　　　　　　うち，控除額　　所　得　税 ¥64,000　　健康保険料 ¥37,000
　　　31日　①工場消耗品の月末棚卸数量は700個であった。よって，消費高を計上した。（間接材料）
　　　　　　②当月の賃金予定消費高を次の直接作業時間によって計上した。（消費賃金勘定を設けている。）
　　　　　　　　製造指図書#1　900時間　　製造指図書#2　600時間　　間接作業　200時間
　　　　　　③健康保険料の事業主負担分 ¥37,000 を計上した。
　　　　　　④当月経費実際消費高は次のとおりであった。
　　　　　　　　外注加工賃 ¥150,000（製造指図書#2用）　　電　力　料 ¥89,000
　　　　　　　　保　険　料 ¥ 35,000　　減価償却費 ¥133,000　　雑　　費 ¥46,000
　　　　　　⑤製造間接費を次の製造間接費予定配賦表によって配賦した。

製造間接費予定配賦表
令和○年1月分

令和○年		製造指図書番号	予 定 配 賦 率	配 賦 基 準 （直接作業時間）	予 定 配 賦 額
1	20	#1	350	900	315,000
	31	#2	350	600	210,000
				1,500	525,000

⑥当月の賃金実際消費高 ¥944,000 を計上した。
⑦賃金の予定賃率による消費高と実際消費高との差額を，賃率差異勘定に振り替えた。
⑧製造間接費の予定配賦額と実際発生額との差額を，製造間接費配賦差異勘定に振り替えた。

(1)

		借　　　　　方		貸　　　　　方	
1月8日		素　　　　　　　材	1,740,000	当　座　預　金	400,000
		工　場　消　耗　品	120,000	買　　掛　　金	1,460,000
11日		仕　　　掛　　　品	1,995,000	素　　　　　　　材	1,995,000
16日		外　注　加　工　賃	130,000	当　座　預　金	269,000
		電　　力　　料	73,000		
		雑　　　　　　費	66,000		
20日		製　　　　　　　品	2,160,000	仕　　　掛　　　品	2,160,000
25日		賃　　　　　　金	962,000	所　得　税　預　り　金	64,000
				健　康　保　険　料　預　り　金	37,000
				当　座　預　金	861,000
31日	①	製　造　間　接　費	90,000	工　場　消　耗　品	90,000
	②	仕　　　掛　　　品	840,000	消　費　賃　金	952,000
		製　造　間　接　費	112,000		
	③	製　造　間　接　費	37,000	健　康　保　険　料	37,000
	④	仕　　　掛　　　品	150,000	外　注　加　工　賃	150,000
		製　造　間　接　費	303,000	電　　力　　料	89,000
				保　　険　　料	35,000
				減　価　償　却　費	133,000
				雑　　　　　費	46,000
	⑤	仕　　　掛　　　品	525,000	製　造　間　接　費	525,000
	⑥	消　費　賃　金	944,000	賃　　　　　金	944,000
	⑦	消　費　賃　金	8,000	賃　率　差　異	8,000
	⑧	製造間接費配賦差異	17,000	製　造　間　接　費	17,000

(2)

仕　掛　品

1/1　前月繰越	486,000	1/20　製　品 2,160,000
11　素　材	1,995,000	31　次月繰越 1,836,000
31　消費賃金	840,000	
〃　外注加工賃	150,000	
〃　製造間接費	525,000	
	3,996,000	3,996,000

製　造　間　接　費

1/31　工場消耗品	90,000	1/31　仕掛品 525,000
〃　消費賃金	112,000	〃　製造間接費配賦差異 17,000
〃　健康保険料	37,000	
〃　諸　口	303,000	
	542,000	542,000

(3)製造指図書#1

原　価　計　算　表

直接材料費	直接労務費	直接経費	製造間接費	集　　計	
				摘　　要	金　　額
255,000	105,000	70,000	56,000	直　接　材　料　費	1,110,000
855,000	504,000	──	315,000	直　接　労　務　費	609,000
1,110,000	609,000	70,000	371,000	直　接　経　費	70,000
				製　造　間　接　費	371,000
				製　造　原　価	2,160,000
				完　成　品　数　量	4,000　個
				製　品　単　価	¥　540

(4)

予　算　差　異　¥　3,000　（有　利）	操　業　度　差　異　¥　20,000　（不　利）

9-6 大阪製作所は，個別原価計算を採用し，A製品（製造指図書＃1）およびB製品（製造指図書＃2）を製造している。下記の資料によって，
(1) 1月中の取引の仕訳を示しなさい。
(2) 賃金勘定・仕掛品勘定に記入して締め切りなさい。
(3) A製品（製造指図書＃1）の原価計算表を完成しなさい。
(4) 製造間接費配賦差異を差異分析し，予算差異と操業度差異を求めなさい。なお，解答欄の（　）のなかに不利差異の場合は（借方），有利差異の場合は（貸方）と記入すること。

　　ただし，i　月初棚卸高は，次のとおりである。
　　　　　　　素　　　材　　1,800個　　@¥750　　　¥1,350,000
　　　　　　　工場消耗品　　　500〃　　〃〃250　　¥　125,000
　　　　　　　仕　掛　品（製造指図書＃1）　　¥　854,000（原価計算表に記入済み）
　　　ii　素材の消費高の計算は先入先出法，工場消耗品の消費数量の計算は棚卸計算法によっている。
　　　iii　賃金の前月未払高は ¥187,000 である。
　　　iv　賃金の消費高の計算には，作業時間1時間につき ¥680 の予定賃率を用いている。
　　　v　製造間接費は直接作業時間を基準として予定配賦している。なお，1年間における製造間接費予定額は ¥11,340,000（変動費 ¥5,040,000　固定費 ¥6,300,000）予定直接作業時間は21,000時間である。また，当月の基準操業度は1,750時間である。
　　　vi　勘定記入は，日付・相手科目・金額を示すこと。

<u>取　　　引</u>
　1月6日　素材1,200個を消費した。（製造指図書＃1）
　　　9日　素材および工場消耗品を次のとおり買い入れ，代金は掛けとした。
　　　　　　素　　　材　　1,500個　　@¥850　　¥1,275,000
　　　　　　工場消耗品　　1,000〃　　〃〃250　　¥　250,000
　　　16日　経費を次のとおり小切手を振り出して支払った。
　　　　　　外注加工賃 ¥80,000　　電　力　料 ¥150,000　　雑　　　費 ¥120,000
　　　20日　素材1,000個を消費した。（製造指図書＃2）
　　　22日　A製品（製造指図書＃1）1,500個が完成し，入庫した。なお，A製品の賃金予定消費高と製造間接費予定配賦額を，次の作業時間によって計算し，原価計算表に記入した。
　　　　　　　製造指図書＃1　　800時間
　　　　　　（注）賃金予定消費高と製造間接費予定配賦額を計上する仕訳は，月末におこなうことにしている。
　　　25日　上記のA製品1,500個を得意先に@¥2,200 で売り渡し，代金は掛けとした。
　　　30日　本月分の賃金を，次のとおり小切手を振り出して従業員に支払った。
　　　　　　賃 金 総 額　¥1,435,000
　　　　　　　うち，控除額　所　得　税 ¥115,000　　健康保険料 ¥60,000
　　　31日　①工場消耗品の月末棚卸数量は600個であった。よって，消費高を計上した。（間接材料）
　　　　　　②当月の賃金予定消費高を次の作業時間によって計上した。（賃金勘定で処理すること。）
　　　　　　　製造指図書＃1　800時間　製造指図書＃2　1,000時間　間接作業　300時間
　　　　　　③健康保険料の事業主負担分 ¥60,000 を計上した。
　　　　　　④当月の経費の消費高は，次のとおりであった。
　　　　　　　外注加工賃 ¥ 90,000（製造指図書＃2用）　減価償却費 ¥173,000
　　　　　　　電　力　料 ¥170,000　　　　　　　　　　　雑　　　費 ¥105,000
　　　　　　⑤製造間接費を予定配賦した。
　　　　　　　製造指図書＃1　800時間　　　製造指図書＃2　1,000時間
　　　　　　⑥当月の賃金実際消費高は ¥1,440,000 であった。よって，賃金の予定賃率による消費高と実際消費高との差額を，賃率差異勘定に振り替えた。
　　　　　　⑦製造間接費の予定配賦額と実際発生額との差額を，製造間接費配賦差異勘定に振り替えた。

(1)

		借方			貸方	
1月6日		仕 掛 品	900,000	素 材		900,000
9日		素 材	1,275,000	買 掛 金		1,525,000
		工 場 消 耗 品	250,000			
16日		外 注 加 工 賃	80,000	当 座 預 金		350,000
		電 力 料	150,000			
		雑 費	120,000			
20日		仕 掛 品	790,000	素 材		790,000
22日		製 品	2,730,000	仕 掛 品		2,730,000
25日		売 掛 金	3,300,000	売 上		3,300,000
		売 上 原 価	2,730,000	製 品		2,730,000
30日		賃 金	1,435,000	所 得 税 預 り 金		115,000
				健 康 保 険 料 預 り 金		60,000
				当 座 預 金		1,260,000
31日	①	製 造 間 接 費	225,000	工 場 消 耗 品		225,000
	②	仕 掛 品	1,224,000	賃 金		1,428,000
		製 造 間 接 費	204,000			
	③	製 造 間 接 費	60,000	健 康 保 険 料		60,000
	④	仕 掛 品	90,000	外 注 加 工 賃		90,000
		製 造 間 接 費	448,000	減 価 償 却 費		173,000
				電 力 料		170,000
				雑 費		105,000
	⑤	仕 掛 品	972,000	製 造 間 接 費		972,000
	⑥	賃 率 差 異	12,000	賃 金		12,000
	⑦	製 造 間 接 費	35,000	製造間接費配賦差異		35,000

(2)

賃 金			
1/30 諸 口 1,435,000		1/1 前月繰越 187,000
31 次月繰越 192,000		31 諸 口 1,428,000
		〃 賃率差異 12,000
1,627,000		1,627,000

仕 掛 品			
1/1 前月繰越 854,000		1/22 製 品 2,730,000
6 素 材 900,000		31 次月繰越 2,100,000
20 素 材 790,000		
31 賃 金 1,224,000		
〃 外注加工賃 90,000		
〃 製造間接費 972,000		
4,830,000		4,830,000

(3)製造指図書#1

原 価 計 算 表

直 接 材 料 費	直 接 労 務 費	製 造 間 接 費	集 計		
			摘 要	金 額	
525,000	194,000	135,000	直 接 材 料 費	1,425,000	
900,000	544,000	432,000	直 接 労 務 費	738,000	
1,425,000	738,000	567,000	製 造 間 接 費	567,000	
			製 造 原 価	2,730,000	
			完 成 品 数 量	1,500 個	
			製 品 単 価	¥ 1,820	

(4) | 予 算 差 異 ¥ 20,000 （貸 方） | 操 業 度 差 異 ¥ 15,000 （貸 方） |

検定問題

解答 ▶ p.23

9-7 次の取引の仕訳を示しなさい。

◀頻出!!(1)奈良工業株式会社は，会計期末にあたり，製造間接費配賦差異勘定の残高を売上原価勘定に振り替えた。なお，製造間接費配賦差異勘定の前月繰越高は¥10,000（貸方）であり，当月の製造間接費の実際発生額は予定配賦額より¥2,000多く，この額は製造間接費配賦差異勘定に振り替えられている。

(第86回)

◀頻出!!(2)会計期末にあたり，製造間接費配賦差異勘定の残高を売上原価勘定に振り替えた。なお，製造間接費配賦差異勘定の前月繰越高は¥64,000（貸方）であり，当月の製造間接費の予定配賦額¥2,460,000と実際発生額¥2,470,000との差額は，製造間接費配賦差異勘定に振り替えられている。

(第72回)

◀頻出!!(3)会計期末にあたり，製造間接費配賦差異勘定の残高を売上原価勘定に振り替えた。なお，製造間接費配賦差異勘定の前月繰越高は¥68,000（借方）であり，当月の製造間接費の実際発生額は予定配賦額より¥5,000多く，この額は製造間接費配賦差異勘定に振り替えられている。

(第81回)

(1)	製造間接費配賦差異	8,000	売　上　原　価	8,000
(2)	製造間接費配賦差異	54,000	売　上　原　価	54,000
(3)	売　上　原　価	73,000	製造間接費配賦差異	73,000

9-8 北海道製作所の下記の勘定記録と資料により，次の金額を求めなさい。ただし，会計期間は原価計算期間と一致しているものとする。

(第86回一部修正)

a．間接労務費の実際発生額　　b．当期製品製造原価　　c．製造間接費配賦差異

仕　掛　品			
前期繰越	410,000	製　品( )	
素　材( )		次期繰越	780,000
賃　金	3,276,000		
外注加工賃	520,000		
製造間接費( )			
( )		( )	

製　造　間　接　費			
素　材	50,000	仕　掛　品( )	
工場消耗品( )		製造間接費配賦差異( )	
賃　金( )			
給　料	1,200,000		
退職給付費用	105,000		
電　力　料	164,000		
減価償却費	280,000		
( )		( )	

資　料

①素　材　期首棚卸高　¥264,000　当期仕入高　¥3,434,000
　　　　　　期末棚卸高　¥288,000

②工場消耗品　期首棚卸高　¥80,000　当期仕入高　¥620,000
　　　　　　　期末棚卸高　¥110,000

③賃　金　実際平均賃率　作業時間1時間につき　¥780
　　　　　　直接作業時間4,200時間　間接作業時間350時間

④製造間接費配賦額は，直接作業時間1時間につき¥620の予定配賦率を用いている。

a	間接労務費の実際発生額	¥	1,578,000
b	当期製品製造原価	¥	9,390,000
c	製造間接費配賦差異	¥	58,000

9-9 北海道製作所の下記の勘定記録と資料により，次の金額を求めなさい。ただし，会計期間は原価計算期間と一致している。なお，製造間接費配賦差異は売上原価に振り替える。

(第84回一部修正)

a. 直接労務費　　b. 製造間接費の予定配賦額　　c. 売上原価

仕　　掛　　品		
前 期 繰 越　314,000	製　　品　3,024,000	
素　　　材　1,080,000	次 期 繰 越（　　　）	
賃　　　金（　　　）		
外注加工賃　179,000		
製造間接費（　　　）		
（　　　）	（　　　）	

製　造　間　接　費	
工場消耗品（　　　）	仕 掛 品（　　　）
賃　　金　145,000	製造間接費配賦差異　7,000
給　　料　178,000	
電 力 料（　　　）	
減価償却費　90,000	
（　　　）	（　　　）

資　　料

①工場消耗品　　期首棚卸高 ¥ 16,000　　当期仕入高 ¥ 156,000　　期末棚卸高 ¥ 21,000
②賃　　　金　　前期未払高 ¥158,000　　当期支払高 ¥1,260,000　　当期未払高 ¥143,000
③電 力 料　　当期支払高 ¥ 64,000　　当期測定高 ¥ 63,000
④製　　　品　　期首棚卸高 ¥456,000　　期末棚卸高 ¥ 519,000

a	直　接　労　務　費	¥	1,100,000
b	製 造 間 接 費 の 予 定 配 賦 額	¥	620,000
c	売　　上　　原　　価	¥	2,968,000

9-10 熊本製作所における下記の勘定記録と資料により，次の金額を求めなさい。ただし，会計期間は原価計算期間と一致しているものとする。

(第88回一部修正)

a. 材料の実際消費高　　b. 製造間接費配賦差異　　c. 売上原価勘定の（ア）の金額

仕　　掛　　品		
前 期 繰 越　1,090,000	製　　品　11,384,000	
素　　　材（　　　）	次 期 繰 越　760,000	
賃　　　金　4,140,000		
製造間接費（　　　）		
（　　　）	（　　　）	

売　　上　　原　　価	
製　　品（　　　）	製造間接費配賦差異（　　　）
賃 率 差 異（　　　）	損　　益（　ア　）
（　　　）	（　　　）

資　　料

①素　　　材　　期首棚卸高 ¥ 348,000　　当期仕入高 ¥3,672,000　　期末棚卸高 ¥391,000
　　　　　　　　素材の消費高はすべて製造直接費である。
②工場消耗品　　期首棚卸高 ¥ 40,000　　当期仕入高 ¥ 740,000　　期末棚卸高 ¥ 60,000
③賃　　　金　　予定平均賃率 @¥920　　直接作業時間4,500時間　　間接作業時間250時間
　　　　　　　　実際平均賃率 @¥940
④給　　　料　　当期消費高 ¥1,800,000
⑤電 力 料　　当期支払高 ¥ 170,000　　当期測定高 ¥ 173,000
⑥減価償却費　　当期消費高 ¥ 315,000
⑦製　　　品　　期首棚卸高 ¥ 80,000　　期末棚卸高 ¥ 110,000
⑧製造間接費配賦額は，直接作業時間1時間につき ¥730 の予定配賦率を用いている。

a	材 料 の 実 際 消 費 高	¥	4,349,000
b	製 造 間 接 費 配 賦 差 異	¥	47,000
c	売上原価勘定の（ア）の金額	¥	11,402,000

10 仕損品・作業くずの処理

1 仕損品と作業くず

仕 損 品	製造中または完成検査のとき，発見された不良品を仕損品といい，その補修などのために生じた費用や，代品の製造のために生じた費用を仕損費という。
作業くず	製造途中で発生した作業上のくずを作業くずという。

2 仕損費の計算

(1)**補修による場合**

　a．補修指図書が発行された場合　　　　　　　　　　　（借）仕 損 費　×××　（貸）材　　料　××
　　　→補修指図書に集計された額を仕損費とする。　　　　　　　　　　　　　　　　労 務 費　××
　b．補修指図書が発行されない場合　　　　　　　　　　　　　　　　　　　　製造間接費　××
　　　→補修に必要な原価を見積もり，その額を仕損費とする。

(2)**代品を製造する場合**

　a．新たな製造指図書が発行された場合

全部が仕損	旧製造指図書に集計された製造原価を仕損費とする
一部が仕損	新製造指図書に集計された製造原価を仕損費とする

　b．新たな製造指図書が発行されない場合
　　　→代品製造に必要な原価を見積もり，その額を仕損費とする。
　c．仕損品が売却価値または利用価値をもつときは，（借）仕 損 品　××　（貸）仕 掛 品　×××
　　　その見積額(仕損品評価額)を**仕損品勘定**に計上　　　　仕 損 費　×××
　　　し，この額を差し引いた残額を仕損費とする。

3 仕損費の処理

(1)仕損が発生した製造指図書に全額を賦課するか，　　　（借）仕 掛 品　××　（貸）仕 損 費　××
　製造間接費として各製造指図書に配賦する。　　　　　　（または製造間接費）
(2)仕損が異常であれば，営業外費用として処理する。

4 作業くずの処理

(1)発生額が製造指図書ごとに計算できる場合→仕掛品勘定から作業くず勘定へ振り替える。
(2)発生額が製造指図書ごとに計算できない場合→製造間接費勘定から作業くず勘定へ振り替える。
(3)発生額が少ない場合→評価はしないで，売却したときに**雑益勘定**で処理する。

練習問題

解答 ▶ p.24

10-1 次の取引の仕訳を示しなさい。

(1)製造指図書＃5が仕損となったので，補修指図書＃5-2を発行して補修した。補修費用は，素材 ¥25,000　賃金 ¥60,000　製造間接費配賦額 ¥7,200 である。
(2)上記の補修費用を製造指図書＃5に賦課した。
(3)製造指図書＃7の製品全部が仕損となったので，代品を製造することにした。これまでの製造原価は ¥300,000 であり，仕損品を ¥180,000 と評価し，残額は仕損費とした。
(4)上記の仕損費は製造間接費とした。

(1)	仕 損 費	92,200	素		材		25,000
			賃		金		60,000
			製 造 間 接 費				7,200
(2)	仕 掛 品	92,200	仕 損 費				92,200
(3)	仕 損 品	180,000	仕 掛 品				300,000
	仕 損 費	120,000					
(4)	製 造 間 接 費	120,000	仕 損 費				120,000

(5)製造指図書＃５の製品の一部が仕損となり，新たに製造指図書＃５－１を発行して代品を製造した。製造指図書＃５－１に集計された製造原価は ¥150,000 であり，仕損品の評価額は零（0）であった。

(6)製造指図書＃９の製造過程で作業くずが発生し，これを ¥27,000 と評価して，同指図書の製造原価から差し引いた。

(7)個別原価計算を採用している千葉製作所で，製造指図書別に区別できない作業くずが発生し，これを ¥30,000 と評価した。

(8)無評価のまま保管していた作業くずを ¥6,000 で売却し，代金は現金で受け取った。

(5)	仕 損 費	150,000	仕 掛 品	150,000
(6)	作 業 く ず	27,000	仕 掛 品	27,000
(7)	作 業 く ず	30,000	製 造 間 接 費	30,000
(8)	現 金	6,000	雑 益	6,000

検定問題
解答 ▶ p.24

10-2 次の取引の仕訳を示しなさい。

(1)個別原価計算を採用している愛媛製作所では，製造指図書＃５の製品が仕損となった。よって，補修指図書＃５－１を発行して補修をおこない，補修のために消費した素材 ¥25,000 および賃金 ¥78,000 を仕損費勘定に計上した。　　　　　（第87回一部修正）

(2)個別原価計算を採用している兵庫製作所では，製造指図書＃４の製品の一部が仕損となり，新たに製造指図書＃４－１を発行して代品を製造していたが，本日，代品が完成したので仕損費を計上した。なお，各製造指図書に集計された製造原価は次のとおりであり，仕損品の評価額は零（0）である。　　　　　（第75回一部修正）
　　　　製造指図書＃４　¥1,980,000　　製造指図書＃４－１　¥170,000

◀頻出!!(3)個別原価計算を採用している岐阜産業株式会社において，製造指図書#15の製品全部が仕損となり，新たに製造指図書#15－１を発行し代品の製造を開始したので，本日，仕損費を計上した。ただし，製造指図書#15に集計された製造原価は ¥860,000 であり，仕損品の評価額は ¥89,000 である。　　　　　（第85回一部修正，類題第81回）

◀頻出!!(4)個別原価計算を採用している奈良工業株式会社は，補修指図書#26－１に集計された製造原価 ¥112,000 を仕損費勘定に計上していたが，本日，これを製造指図書#26に賦課した。
　　　　　（第92回，類題第83・89回）

◀頻出!!(5)個別原価計算を採用している佐賀製作所では，X製品（製造指図書#１）とY製品（製造指図書#２）を製造している過程で作業くずが発生し，これを¥30,000 と評価した。なお，この作業くずは製造指図書別に発生額を区別することができない。　　　　　（第79回，類題第70回）

◀頻出!!(6)福島製作所は，発生がわずかであったため評価しないでおいた作業くずを ¥2,000 で売却し，代金は現金で受け取った。　　　　　（第84回，類題第77回）

(1)	仕 損 費	103,000	素 材	25,000
			賃 金	78,000
(2)	仕 損 費	170,000	仕 掛 品	170,000
(3)	仕 損 品	89,000	仕 掛 品	860,000
	仕 損 費	771,000		
(4)	仕 掛 品	112,000	仕 損 費	112,000
(5)	作 業 く ず	30,000	製 造 間 接 費	30,000
(6)	現 金	2,000	雑 益	2,000

第4章　部門別個別原価計算

部門別計算の意義と手続

①部門別計算の意味

大規模な製造業の場合には，製造間接費を部門別に集計し，各部門に適した配賦基準によって各製品に配賦する計算方法がとられるようになる。このように，製造間接費を部門別に計算する手続きを**部門別計算**という。また，部門別に集計された金額を**部門費**という。

②原価部門

製造間接費を各製造指図書へ正確に配賦し，各作業の原価を管理するために，原価計算上設けられる工場内の区分を**原価部門**という。

原価部門は次のように分けられる。（機械製造業の例）

製造部門…鋳造部門・鍛造部門・機械加工部門・組立部門・塗装部門など

補助部門
　補助経営部門…動力部門・修繕部門・運搬部門・工具製作部門・検査部門など
　工場管理部門…工場事務部門・材料部門・労務部門・企画部門・試験研究部門など

③部門別計算による記帳

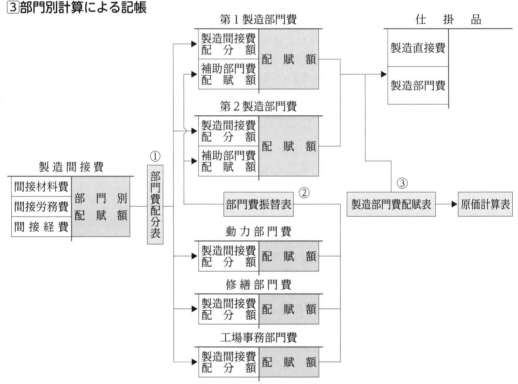

①**部門個別費**（特定部門に個別発生した費用）は，その部門に賦課し，**部門共通費**（いくつかの部門に共通して発生した費用）は，一定の配賦基準によって製造部門と補助部門に配賦する。この配賦計算をおこなうために，原価計算期末に**部門費配分表**を作成する。

②補助部門費は，製造に直接関係しないが，補助部門が製造部門に与えた用役に比例して補助部門費を各製造部門に配賦する。配賦する一般的な方法には次の2つがある。

直接配賦法	補助部門費を製造部門にだけ直接配賦する方法
相互配賦法	製造部門だけでなく補助部門相互間にも配賦する方法

この配賦計算をおこなうため，原価計算期末に**部門費振替表**を作成する。

③製造間接費はすべて各製造部門に集計されるので，**製造部門費配賦表**を用いて，前に学習した価額法・時間法などによって，各製造部門ごとに製品に配賦する。

練 習 問 題

解答 ▶ p.24

11-1 次の資料によって，部門費配分表を完成し，会計係のおこなう仕訳を示しなさい。

		第1製造部門	第2製造部門	動 力 部 門	修 繕 部 門	工場事務部門
部　門 個別費	間接材料費	¥ 240,000	¥ 160,000	¥ 80,000	¥ 60,000	——
	間 接 賃 金	¥ 180,000	¥ 150,000	¥ 60,000	¥ 40,000	¥ 90,000
配　賦 基　準	従 業 員 数	40人	35人	6人	4人	5人
	床　面　積	90m²	70m²	40m²	20m²	30m²

部門共通費　間接賃金　¥450,000　　減価償却費　¥150,000

部 門 費 配 分 表
令和○年7月分

費　　　目	配賦基準	金　　　額	製　造　部　門		補　　助　　部　　門		
			第 1 部 門	第 2 部 門	動 力 部 門	修 繕 部 門	工場事務部門
部 門 個 別 費							
間 接 材 料 費		540,000	240,000	160,000	80,000	60,000	——
間 接 賃 金		520,000	180,000	150,000	60,000	40,000	90,000
部 門 個 別 費 計		1,060,000	420,000	310,000	140,000	100,000	90,000
部 門 共 通 費							
間 接 賃 金	従業員数	450,000	200,000	175,000	30,000	20,000	25,000
減 価 償 却 費	床　面　積	150,000	54,000	42,000	24,000	12,000	18,000
部 門 共 通 費 計		600,000	254,000	217,000	54,000	32,000	43,000
部 門 費 合 計		1,660,000	674,000	527,000	194,000	132,000	133,000

第 1 製 造 部 門 費	674,000	製 造 間 接 費		1,660,000
第 2 製 造 部 門 費	527,000			
動 力 部 門 費	194,000			
修 繕 部 門 費	132,000			
工 場 事 務 部 門 費	133,000			

11-2 次の資料によって，直接配賦法による部門費振替表を完成しなさい。

補助部門費配賦基準

	配 賦 基 準	第1製造部門	第2製造部門	動力部門	修 繕 部 門	工場事務部門
動 力 部 門 費	kW数×運転時間数	5kW×200時間	2kW×500時間	——	5kW×100時間	——
修 繕 部 門 費	修 繕 回 数	9回	3回	3回	——	1回
工場事務部門費	従 業 員 数	24人	24人	8人	8人	——

部 門 費 振 替 表
直接配賦法　　　　　　　　　令和○年5月分

部 門 費	配賦基準	金　　　額	製　造　部　門		補　　助　　部　　門		
			第 1 部 門	第 2 部 門	動 力 部 門	修 繕 部 門	工場事務部門
部 門 費 合 計		2,578,000	934,000	768,000	252,000	288,000	336,000
動 力 部 門 費	kW数×運転時間数	252,000	126,000	126,000			
修 繕 部 門 費	修 繕 回 数	288,000	216,000	72,000			
工 場 事 務 部 門 費	従 業 員 数	336,000	168,000	168,000			
配 賦 額 合 計		876,000	510,000	366,000			
製 造 部 門 費 合 計		2,578,000	1,444,000	1,134,000			

11-3 次の資料によって，相互配賦法による部門費振替表を完成し，仕訳を示しなさい。

補助部門費配賦基準

	配賦基準	第1製造部門	第2製造部門	動力部門	修繕部門	工場事務部門
動力部門費	kW数×運転時間数	4kW×400時間	4kW×400時間	——	3kW×200時間	——
修繕部門費	修繕回数	9回	6回	4回	——	1回
工場事務部門費	従業員数	18人	18人	6人	3人	——

部門費振替表

相互配賦法　　　　　　　　　　　令和○年5月分

部門費	配賦基準	金額	製造部門		補助部門		
			第1部門	第2部門	動力部門	修繕部門	工場事務部門
部門費合計		2,090,000	489,000	476,000	456,000	300,000	369,000
動力部門費	kW数×運転時間数	456,000	192,000	192,000	——	72,000	——
修繕部門費	修繕回数	300,000	135,000	90,000	60,000	——	15,000
工場事務部門費	従業員数	369,000	147,600	147,600	49,200	24,600	
第1次配賦額		1,125,000	474,600	429,600	109,200	96,600	15,000
動力部門費	kW数×運転時間数	109,200	54,600	54,600			
修繕部門費	修繕回数	96,600	57,960	38,640			
工場事務部門費	従業員数	15,000	7,500	7,500			
第2次配賦額		220,800	120,060	100,740			
製造部門費合計		2,090,000	1,083,660	1,006,340			

第1製造部門費		594,660	動力部門費		456,000
第2製造部門費		530,340	修繕部門費		300,000
			工場事務部門費		369,000

11-4 上記 **11-3** の問題について，第1製造部門費 ¥1,083,660　第2製造部門費 ¥1,006,340 を各製造指図書に配賦した仕訳を示しなさい。

仕掛品		2,090,000	第1製造部門費		1,083,660
			第2製造部門費		1,006,340

検定問題

解答 ▶ p.25

11-5 個別原価計算を採用している宮崎製作所の令和○年11月分の下記の資料によって，次の各問いに答えなさい。

(1)次の仕訳を示しなさい。
　a．部門費振替表によって，補助部門費を振り替えたときの仕訳
　b．製造部門費を配賦したときの仕訳

(2)仕掛品勘定を完成しなさい。

(3)製造指図書＃11・＃12の原価計算表を作成しなさい。　　　　　　　　（第30回一部修正）

資　　料
　i　製造指図書＃11は前月に製造着手し，当月に完成した。製造指図書＃12は当月に製造着手し，当月末には未完成である。
　ii　製造指図書＃11の月初仕掛品棚卸高は ¥2,600,000（仕掛品勘定・原価計算表に記入済み）
　iii　製造直接費の当月消費高は，次のとおりである。

	素　　材	賃　　金
製造指図書#11	1,100,000	2,105,000
製造指図書#12	1,270,000	875,000
計	2,370,000	2,980,000

　iv　部門費振替表は，次のとおりである。

部　門　費　振　替　表

直接配賦法　　　　　　　　　　　令和○年11月分

部　門　費	配賦基準	金　　額	製　造　部　門		補　助　部　門	
			第 1 部門	第 2 部門	動力部門	工場事務部門
部門費合計	省	2,000,000	840,000	730,000	270,000	160,000
動力部門費		270,000	180,000	90,000		
工場事務部門費		160,000	80,000	80,000		
配賦額合計		430,000	260,000	170,000		
製造部門費合計	略	2,000,000	1,100,000	900,000		

　v　製造部門費は，実際額により，第1製造部門費 ¥1,100,000　第2製造部門費 ¥900,000
　を次の直接作業時間を基準として配賦する。

	第 1 製 造 部 門	第 2 製 造 部 門
製造指図書#11	130時間	140時間
製造指図書#12	70　〃	40　〃
計	200　〃	180　〃

(1)a．部門費振替表によって，補助部門費を振り替えたときの仕訳

第 1 製 造 部 門 費	260,000	動 力 部 門 費	270,000
第 2 製 造 部 門 費	170,000	工 場 事 務 部 門 費	160,000

　b．製造部門費を配賦したときの仕訳

仕　　掛　　品	2,000,000	第 1 製 造 部 門 費	1,100,000
		第 2 製 造 部 門 費	900,000

(2)　　　　　　　　　　　仕　　掛　　品

前 月 繰 越	2,600,000	製　　　品	(7,220,000)
素　　材	(2,370,000)	次 月 繰 越	(2,730,000)
賃　　金	(2,980,000)		
諸　　口	(2,000,000)		
	(9,950,000)		(9,950,000)

(3)製造指図書#11　　　　　原　価　計　算　表

直接材料費	直接労務費	製 造 間 接 費				集　　　　計	
		部　門	時　間	配賦率	金　額	摘　要	金　額
1,200,000	842,000	第1	60	5,300	318,000	直接材料費	2,300,000
1,100,000	2,105,000	第2	50	4,800	240,000	直接労務費	2,947,000
2,300,000	2,947,000	第1	130	5,500	715,000	製造間接費	1,973,000
		第2	140	5,000	700,000	製造原価	7,220,000
					1,973,000	完成品数量	1,000　個
						製品単価 ¥	7,220

製造指図書#12　　　　　原　価　計　算　表

直接材料費	直接労務費	製 造 間 接 費				集　　　　計	
		部　門	時　間	配賦率	金　額	摘　要	金　額
1,270,000	875,000	第1	70	5,500	385,000	直接材料費	
		第2	40	5,000	200,000	直接労務費	

12 製造部門費の予定配賦

学習のまとめ

①製造部門費の予定配賦

　製造原価を早く算出するために，製造間接費の予定配賦で学習した計算式を用いて，各製造部門ごとに予定配賦率を算出する。そして**製造部門費予定配賦表**によって，製造部門ごとに予定配賦額を算出するとともに，製造指図書別に予定額を配賦する。

②予定配賦による記帳

　製造部門費の予定配賦をおこなうときの記帳は次のようになる。なお，各製造部門費勘定の借方または貸方に差額が生じた場合，月末にこれを**製造部門費配賦差異勘定**に振り替える。記帳は①・②の順でおこなう。

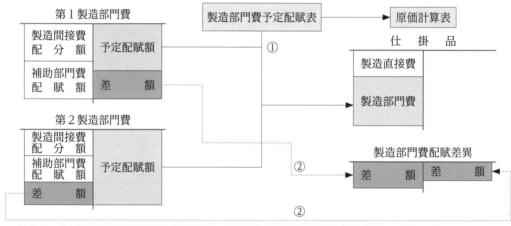

　（注）1．第1製造部門費は過小配賦（不利差異），第2製造部門費は過大配賦（有利差異）の場合である。
　　　　2．製造部門費配賦差異勘定の残高は，原則として会計期末に売上原価勘定に振り替える。

練習問題

解答 ▶ p.26

12-1　4月30日における製造指図書別の作業時間と予定配賦率は次のとおりである。

第1製造部門	製造指図書	#1	200時間	予定配賦率（1時間あたり）	¥*240*
	〃	#2	180 〃	〃	〃
第2製造部門	製造指図書	#1	220時間	予定配賦率（1時間あたり）	¥*220*
	〃	#2	170 〃	〃	〃

　よって，次の製造部門費予定配賦表を作成し，原価計算期末における仕訳を示しなさい。

製造部門費予定配賦表
令和○年4月分

令和○年		指図書番号	第 1 製 造 部 門			第 2 製 造 部 門		
			予定配賦率	配賦基準（直接作業時間）	予定配賦額	予定配賦率	配賦基準（直接作業時間）	予定配賦額
4	30	#1	*240*	*200*	*48,000*	*220*	*220*	*48,400*
	〃	#2	*240*	*180*	*43,200*	*220*	*170*	*37,400*
				380	*91,200*		*390*	*85,800*

仕 掛 品	*177,000*	第 1 製 造 部 門 費	*91,200*
		第 2 製 造 部 門 費	*85,800*

12-2 **12-1** の問題において，各製造部門費の実際発生額が次のとおりであったとき，差額処理の仕訳を示しなさい。

第1製造部門費　　¥93,000　　　第2製造部門費　　　¥84,400

製造部門費配賦差異	1,800	第 1 製 造 部 門 費	1,800
第 2 製 造 部 門 費	1,400	製造部門費配賦差異	1,400

12-3 次の原価計算期末における一連の取引の仕訳を示しなさい。
(1)製造部門費予定配賦表の合計額は次のようになった。
　　　第1製造部門　　¥196,000　　　第2製造部門　　　¥184,000
(2)部門費配分表の配分額は次のようになった。
　　　第1製造部門　　¥152,000　　　第2製造部門　　　¥144,000
　　　動 力 部 門　〃 46,000　　　工場事務部門　　〃 36,000
(3)部門費振替表の振替額は次のようになった。
　　　動 力 部 門 費　第1製造部門　　¥28,000　　　第2製造部門　　¥18,000
　　　工場事務部門費　第1製造部門　　〃12,000　　　第2製造部門　　〃24,000
(4)製造部門費の実際発生額と予定配賦額との差額を処理した。

(1)	仕 　 掛 　 品	380,000	第 1 製 造 部 門 費	196,000
			第 2 製 造 部 門 費	184,000
(2)	第 1 製 造 部 門 費	152,000	製 造 間 接 費	378,000
	第 2 製 造 部 門 費	144,000		
	動 力 部 門 費	46,000		
	工 場 事 務 部 門 費	36,000		
(3)	第 1 製 造 部 門 費	40,000	動 力 部 門 費	46,000
	第 2 製 造 部 門 費	42,000	工 場 事 務 部 門 費	36,000
(4)	第 1 製 造 部 門 費	4,000	製造部門費配賦差異	4,000
	製造部門費配賦差異	2,000	第 2 製 造 部 門 費	2,000

12-4 次の勘定の（　）のなかに，勘定科目または金額を記入して完成しなさい。

第 1 製 造 部 門 費

(製造間接費)	(116,200)	(仕 掛 品)	(135,300)
(修繕部門費)	(11,900)	(製造部門費配賦差異)	(2,900)
工場事務部門費	10,100		
	138,200		138,200

第 2 製 造 部 門 費

製造間接費	97,400	(仕 掛 品)	(118,800)
修繕部門費	8,400		
(工場事務部門費)	(7,300)		
(製造部門費配賦差異)	(5,700)		
	(118,800)		(118,800)

修 繕 部 門 費

(製造間接費)	(20,300)	第1製造部門費	11,900
		(第2製造部門費)	(8,400)
	(20,300)		(20,300)

工 場 事 務 部 門 費

(製造間接費)	(17,400)	(第1製造部門費)	(10,100)
		第2製造部門費	7,300
	(17,400)		(17,400)

製造部門費配賦差異

第1製造部門費	2,900	(第2製造部門費)	(5,700)

仕 　 掛 　 品

諸 　 　 口	254,100	

12-5 大阪製作所は個別原価計算を採用し，A製品（製造指図書＃1）とB製品（製造指図書＃2）を製造している。下記の資料によって，

(1)10月中の取引の仕訳を示しなさい。

(2)仕掛品勘定・第2製造部門費勘定に転記して締め切りなさい。

(3)A製品（製造指図書＃1）の原価計算表を完成しなさい。

　　ただし，ⅰ　月初棚卸高は次のとおりである。

　　　　　　素　　　　材　　2,000個　　　@￥480　　　￥960,000
　　　　　　工場消耗品　　　1,000〃　　　〃〃120　　　〃120,000
　　　　　　仕掛品（製造指図書＃1）　　　　　　　　　　〃741,000

　　　　　ⅱ　素材の消費高の計算は移動平均法により，工場消耗品の消費数量の計算は棚卸計算法によっている。

　　　　　ⅲ　製造間接費は部門別計算をおこない，直接作業時間を基準として予定配賦している。なお，製造間接費勘定を設けている。

　　　　　ⅳ　勘定記入は日付・相手科目・金額を示すこと。

取　　　引

10月3日　素材1,000個を消費した。（製造指図書＃1）

　　7日　素材および工場消耗品を掛けで買い入れた。

　　　　　素　　　　材　　3,000個　　　@￥500　　　￥1,500,000
　　　　　工場消耗品　　　1,200〃　　　〃〃120　　　〃　144,000

　　20日　素材2,000個を消費した。（製造指図書＃2）

　　25日　賃金￥1,340,000を現金で支払った。

　　31日　①　工場消耗品の月末棚卸数量は800個であった。よって，消費高を計上した。

　　　　　②　賃金を次のように消費した。

　　　　　　　製造指図書＃1　￥740,000　　　製造指図書＃2　￥485,000
　　　　　　　間　接　作　業　￥185,000

　　　　　③　経費を次のように消費した。

　　　　　　　電　力　料　￥152,000　　　保　険　料　￥86,000
　　　　　　　減価償却費　〃　81,000　　　雑　　　費　〃66,000

　　　　　④　製造部門費を次のように予定配賦した。

		第1製造部門	第2製造部門
予　定　配　賦　率		1時間につき￥420	1時間につき￥400
作　業　時　間	製造指図書＃1	450時間	500時間
	製造指図書＃2	550時間	280時間

　　　　　⑤　製造間接費を次のように各部門に配分した。

　　　　　　　第1製造部門　￥292,000　　　第2製造部門　￥236,000
　　　　　　　動　力　部　門　〃160,000　　　修　繕　部　門　〃　50,000

　　　　　⑥　補助部門費を次のように製造部門に配賦した。

	第1製造部門	第2製造部門
動　力　部　門　費	60%	40%
修　繕　部　門　費	50%	50%

　　　　　⑦　A製品（製造指図書＃1）500個が完成した。

　　　　　⑧　第1製造部門費および第2製造部門費の配賦差異を，それぞれ製造部門費配賦差異勘定に振り替えた。

(1)

10月3日		仕　掛　品	480,000	素　　材			480,000
7日		素　　材	1,500,000	買　掛　金			1,644,000
		工　場　消　耗　品	144,000				
20日		仕　掛　品	990,000	素　　材			990,000
25日		賃　　金	1,340,000	現　　金			1,340,000
31日	①	製　造　間　接　費	168,000	工　場　消　耗　品			168,000
	②	仕　掛　品	1,225,000	賃　　金			1,410,000
		製　造　間　接　費	185,000				
	③	製　造　間　接　費	385,000	電　力　料			152,000
				保　険　料			86,000
				減　価　償　却　費			81,000
				雑　　費			66,000
	④	仕　掛　品	732,000	第 1 製 造 部 門 費			420,000
				第 2 製 造 部 門 費			312,000
	⑤	第 1 製 造 部 門 費	292,000	製　造　間　接　費			738,000
		第 2 製 造 部 門 費	236,000				
		動　力　部　門　費	160,000				
		修　繕　部　門　費	50,000				
	⑥	第 1 製 造 部 門 費	121,000	動　力　部　門　費			160,000
		第 2 製 造 部 門 費	89,000	修　繕　部　門　費			50,000
	⑦	製　　品	2,350,000	仕　掛　品			2,350,000
	⑧	第 1 製 造 部 門 費	7,000	製造部門費配賦差異			7,000
		製造部門費配賦差異	13,000	第 2 製 造 部 門 費			13,000

(2)

仕　掛　品

10/1	前月繰越	741,000	10/31	製　品		2,350,000
3	素　材	480,000	〃	次月繰越		1,818,000
20	素　材	990,000				
31	賃　金	1,225,000				
〃	諸　口	732,000				
		4,168,000				4,168,000

第 2 製造部門費

10/31	製造間接費	236,000	10/31	仕掛品	312,000
〃	諸　口	89,000	〃	製造部門費配賦差異	13,000
		325,000			325,000

(3)

製造指図書#1

原　価　計　算　表

直接材料費	直接労務費	製　造　間　接　費				集　計	
		部　門	時　間	配賦率	金　額	摘　要	金　額
277,000	380,000	第1	200	420	84,000	直接材料費	757,000
480,000	740,000	第1	450	420	189,000	直接労務費	1,120,000
757,000	1,120,000	第2	500	400	200,000	製造間接費	473,000
					473,000	製造原価	2,350,000
						完成品数量	500　個
						製品単価	¥　4,700

12-6 茨城製作所は，個別原価計算を採用し，A製品（製造指図書#1）とB製品（製造指図書#2）を製造している。下記の資料によって，次の各問いに答えなさい。

(1)製造部門費を予定配賦したときの仕訳を示しなさい。

(2)部門費配分表を完成しなさい。

(3)部門費振替表を相互配賦法によって完成しなさい。

(4)第1製造部門費および第2製造部門費の配賦差異を，製造部門費配賦差異勘定に振り替える仕訳を示しなさい。

ただし，ⅰ　月初仕掛品はなかった。

　　　　ⅱ　製造間接費は部門別計算をおこない，直接作業時間を基準として予定配賦している。

　　　　ⅲ　製造間接費勘定を設けている。

資　　料

a．年間製造間接費予定額・年間予定直接作業時間

	第1製造部門	第2製造部門
年間製造間接費予定額	¥7,740,000	¥7,056,000
年間予定直接作業時間	10,320時間	7,200時間

b．製造部門の当月直接作業時間

		第1製造部門	第2製造部門
直接作業時間	製造指図書#1	460時間	400時間
	製造指図書#2	500時間	210時間

c．部門個別費

費　目	製　造　部　門		補　助　部　門		
	第1部門	第2部門	動力部門	修繕部門	工場事務部門
間接材料費	¥80,000	¥60,000	¥40,000	¥20,000	——
間接賃金	¥140,000	¥117,000	¥70,000	¥36,000	¥57,000

d．部門共通費

間接賃金　¥400,000　　減価償却費　¥240,000

保険料　¥60,000

e．部門共通費の配賦基準

費　目	配賦基準	製　造　部　門		補　助　部　門		
		第1部門	第2部門	動力部門	修繕部門	工場事務部門
間接賃金	従業員数	17人	15人	3人	2人	3人
減価償却費・保険料	床面積	200㎡	160㎡	60㎡	40㎡	40㎡

f．補助部門費の配賦基準

補助部門費	配賦基準	製　造　部　門		補　助　部　門		
		第1部門	第2部門	動力部門	修繕部門	工場事務部門
動力部門費	kW数×運転時間数	25kW×200時間	20kW×150時間	—	10kW×80時間	—
修繕部門費	修繕回数	22回	22回	4回	—	2回
工場事務部門費	従業員数	17人	15人	3人	2人	—

(1)	仕　掛　品	1,317,800	第 1 製造部門費	720,000
			第 2 製造部門費	597,800

(2)

部 門 費 配 分 表

費　　　目	配賦基準	金　　額	製 造 部 門		補 助 部 門		
			第 1 部 門	第 2 部 門	動 力 部 門	修 繕 部 門	工場事務部門
部門個別費							
間接材料費		200,000	80,000	60,000	40,000	20,000	――――
間接賃金		420,000	140,000	117,000	70,000	36,000	57,000
部門個別費計		620,000	220,000	177,000	110,000	56,000	57,000
部門共通費							
間接賃金	従業員数	400,000	170,000	150,000	30,000	20,000	30,000
減価償却費	床 面 積	240,000	96,000	76,800	28,800	19,200	19,200
保 険 料	床 面 積	60,000	24,000	19,200	7,200	4,800	4,800
部門共通費計		700,000	290,000	246,000	66,000	44,000	54,000
部門費合計		1,320,000	510,000	423,000	176,000	100,000	111,000

(3)

相互配賦法　　　　　　　　部 門 費 振 替 表

部 門 費	配賦基準	金　　額	製 造 部 門		補 助 部 門		
			第 1 部 門	第 2 部 門	動 力 部 門	修 繕 部 門	工場事務部門
部門費合計		1,320,000	510,000	423,000	176,000	100,000	111,000
動力部門費	kW数×運転時間数	176,000	100,000	60,000	――――	16,000	――――
修 繕 部 門 費	修 繕 回 数	100,000	44,000	44,000	8,000	――――	4,000
工場事務部門費	従 業 員 数	111,000	51,000	45,000	9,000	6,000	――――
第 1 次配賦額		387,000	195,000	149,000	17,000	22,000	4,000
動力部門費	kW数×運転時間数	17,000	10,625	6,375			
修 繕 部 門 費	修 繕 回 数	22,000	11,000	11,000			
工場事務部門費	従 業 員 数	4,000	2,125	1,875			
第 2 次配賦額		43,000	23,750	19,250			
製造部門費合計		1,320,000	728,750	591,250			

(4)	製造部門費配賦差異	8,750	第 1 製造部門費	8,750
	第 2 製造部門費	6,550	製造部門費配賦差異	6,550

検定問題

解答 ▶ p.29

12-7 愛媛製作所は，個別原価計算を採用し，A製品（製造指図書＃1）とB製品（製造指図書＃2）を製造している。下記の資料によって，次の各問いに答えなさい。 （第73回一部修正）

頻出!!

(1)製造部門費を予定配賦したときの仕訳を示しなさい。

(2)部門費振替表を直接配賦法によって完成しなさい。

(3)製造部門費配賦差異勘定を完成しなさい。

(4)A製品（製造指図書＃1）の原価計算表を完成しなさい。

　ただし， ⅰ 月初仕掛品はなかった。

　　　　　ⅱ 製造間接費は部門別計算をおこない，各製品に予定配賦している。なお，第1製造部門は機械運転時間を基準とし，第2製造部門は直接作業時間を基準としている。

資　　料

a. 年間製造間接費予定額・年間予定機械運転時間および年間予定直接作業時間

	第1製造部門	第2製造部門
年間製造間接費予定額	￥7,812,000	￥5,100,000
年間予定機械運転時間	12,600時間	——
年間予定直接作業時間	——	7,500時間

b. 製造部門の当月機械運転時間および当月直接作業時間

	第1製造部門		第2製造部門	
	機械運転時間	直接作業時間	機械運転時間	直接作業時間
製造指図書＃1	600時間	160時間	70時間	350時間
製造指図書＃2	400時間	200時間	130時間	250時間

c. 補助部門費の配賦基準

	配賦基準	第1製造部門	第2製造部門
動力部門費	kW数×運転時間数	15kW×1,000時間	10kW×200時間
修繕部門費	修繕回数	3回	2回

d. 完成品数量　A製品（製造指図書＃1）　45個

(1)	仕 掛 品	1,028,000	第 1 製造部門費	620,000
			第 2 製造部門費	408,000

(2)

直接配賦法

部 門 費 振 替 表
令和○年1月分

部 門 費	配賦基準	金　　額	製 造 部 門		補 助 部 門	
			第 1 部 門	第 2 部 門	動 力 部 門	修 繕 部 門
部門費合計		1,027,000	325,000	327,000	255,000	120,000
動力部門費	kW数×運転時間数	255,000	225,000	30,000		
修繕部門費	修 繕 回 数	120,000	72,000	48,000		
配賦額合計		375,000	297,000	78,000		
製造部門費合計		1,027,000	622,000	405,000		

(3)

製 造 部 門 費 配 賦 差 異

前 月 繰 越	9,000	(第 2 製造部門費)	(3,000)
(第 1 製造部門費)	(2,000)	次 月 繰 越	(8,000)
	(11,000)		(11,000)

(4)

製造指図書＃1

原 価 計 算 表

直接材料費	直接労務費	製 造 間 接 費				集 計	
		部 門	時 間	配賦率	金　　額	摘　要	金　　額
839,000	918,000	第1	600	620	372,000	直接材料費	839,000
		第2	350	680	238,000	直接労務費	918,000
					610,000	製造間接費	610,000
						製造原価	2,367,000
						完成品数量	45 個
						製品単価	¥ 52,600

12-8 個別原価計算を採用している沖縄製作所の下記の資料によって，次の各問いに答えなさい。

（第79回一部修正）

(1) 1月9日と31日②⑤⑧⑩の取引の仕訳を示しなさい。

(2) 第1製造部門費勘定・製造部門費配賦差異勘定に必要な記入をおこない，締め切りなさい。
なお，勘定記入は日付・相手科目・金額を示すこと。

(3) A製品（製造指図書#1）とB製品（製造指図書#2）の原価計算表を作成しなさい。
ただし，　i　前月繰越高は，次のとおりである。

素　　　材　　150個　＠¥2,560　¥384,000
工場消耗品　　440〃　　〃50　¥22,000
仕　掛　品（製造指図書#1）　¥2,930,000（原価計算表に記入済み）
製造部門費配賦差異　　¥5,000（借方）

ii　素材の消費高の計算は移動平均法，工場消耗品の消費数量の計算は棚卸計算法によっている。

iii　賃金の消費高は，作業時間1時間につき¥1,100 の予定賃率を用いて計算し，消費賃金勘定を設けて記帳している。

iv　製造間接費は部門別計算をおこない，直接作業時間を基準として予定配賦している。

	第1製造部門	第2製造部門
年間製造間接費予定額（予算額）	¥7,920,000	¥8,316,000
年間予定直接作業時間(基準操業度)	13,200時間	19,800時間

取　　引

1月6日　素材および工場消耗品を次のとおり買い入れ，代金は掛けとした。
素　　　材　　450個　＠¥3,000　¥1,350,000
工場消耗品　2,800〃　　〃50　¥140,000

9日　B製品（製造指図書#2）の注文を受け，素材500個を消費して製造を開始した。

24日　賃金を次のとおり小切手を振り出して支払った。
賃 金 総 額　¥3,475,000
うち，控除額　所　得　税　¥278,000　健康保険料　¥139,000

31日　①工場消耗品の月末棚卸数量は740個であった。よって，消費高を計上した。（間接材料）

②当月の賃金予定消費高を次の作業時間によって計上した。
製造指図書#1　1,400時間　製造指図書#2　1,200時間　間接作業　500時間

③健康保険料の事業主負担分¥139,000 を計上した。

④当月の製造経費消費高を次のとおり計上した。
電　力　料　¥176,000　保　険　料　¥23,000
減価償却費　242,000　雑　　費　15,000

⑤当月の直接作業時間は次のとおりであった。よって，製造部門費を予定配賦した。

		第1製造部門	第2製造部門
直接作業時間	製造指図書#1	100時間	1,300時間
	製造指図書#2	900時間	300時間

⑥製造間接費を次のとおり各部門に配分した。
第1製造部門　¥436,000　第2製造部門　¥574,000
動力部門　148,000　修繕部門　112,000

⑦補助部門費を次の部門費振替表によって各製造部門に配賦した。

部　門　費　振　替　表
令和○年1月分

部　門　費	配賦基準	金　　額	製　造　部　門		補　助　部　門	
			第1部門	第2部門	動力部門	修繕部門
部 門 費 合 計		1,270,000	436,000	574,000	148,000	112,000
配 賦 額 合 計			260,000	170,000	90,000	
製造部門費合計			1,270,000	606,000	664,000	

⑧A製品（製造指図書#1）40個が完成した。

⑨当月の賃金実際消費高¥*3,441,000* を計上した。
⑩賃金の予定消費高と実際消費高との差額を，賃率差異勘定に振り替えた。
⑪第1製造部門費および第2製造部門費の配賦差異を，製造部門費配賦差異勘定に振り替えた。

(1)

1月9日		仕　　掛　　品	*1,445,000*	素　　　　　　材	*1,445,000*
31日	②	仕　　掛　　品	*2,860,000*	消　費　賃　金	*3,410,000*
		製　造　間　接　費	*550,000*		
	⑤	仕　　掛　　品	*1,272,000*	第 1 製 造 部 門 費	*600,000*
				第 2 製 造 部 門 費	*672,000*
	⑧	製　　　　　　品	*5,076,000*	仕　　掛　　品	*5,076,000*
	⑩	賃　率　差　異	*31,000*	消　費　賃　金	*31,000*

(2)
第 1 製 造 部 門 費

1/31	製造間接費	*436,000*	1/31	仕　掛　品	*600,000*
〃	諸　　口	*170,000*	〃	製造部門費配賦差異	*6,000*
		606,000			*606,000*

製 造 部 門 費 配 賦 差 異

1/ 1	前 月 繰 越	*5,000*	1/31	第2製造部門費	*8,000*
31	第1製造部門費	*6,000*	〃	次 月 繰 越	*3,000*
		11,000			*11,000*

(3)
製造指図書#1

原　価　計　算　表

直接材料費	直接労務費	製 造 間 接 費				集　　計	
		部　門	時　間	配賦率	金　額	摘　要	金　額
1,536,000	*902,000*	第1	*820*	*600*	*492,000*	直接材料費	*1,536,000*
	1,540,000	第1	*100*	*600*	*60,000*	直接労務費	*2,442,000*
	2,442,000	第2	*1,300*	*420*	*546,000*	製造間接費	*1,098,000*
					1,098,000	製 造 原 価	*5,076,000*
						完成品数量	40　個
						製 品 単 価	¥　*126,900*

製造指図書#2

原　価　計　算　表

直接材料費	直接労務費	製 造 間 接 費				集　　計	
		部　門	時　間	配賦率	金　額	摘　要	金　額
1,445,000	*1,320,000*	第1	*900*	*600*	*540,000*	直接材料費	
		第2	*300*	*420*	*126,000*	直接労務費	

総合問題Ⅰ

解答 ▶ p.31

1 製品A（製造指図書#11）および製品B（製造指図書#12）を製造している千葉製作所の製造原価に関する資料は，次のとおりであった。よって，

(1)仕掛品勘定と製造間接費勘定に記入して締め切りなさい。ただし，製品Bは未完成である。

(2)製品A（製造指図書#11）の製品単価を求めなさい。なお，この製品の完成品数量は300個である。

資　料

a.

				素　材	工場消耗品
月 初 棚 卸 高				¥252,000	¥ 46,000
当 月 仕 入 高				943,000	235,000
月 末 棚 卸 高				243,000	38,000
うち	指図書#11			452,000	——
直接費	指図書#12			348,000	——

b.

			賃　金	給　料
前 月 未 払 高			¥ 465,000	——
当 月 正 味 支 払 高			1,246,000	¥364,000
所 得 税 他 控 除 高			243,000	82,000
当 月 未 払 高			482,000	——
うち	指図書#11		683,000	
直接費	指図書#12		703,000	

c.

				経　費
当 月 消 費 高				¥271,000
うち	指 図 書 # 11			32,000
直接費	指 図 書 # 12			——

d．製造間接費は直接材料費法によって配賦する。

e．前月から繰り越された仕掛品はない。

(1)

仕 掛 品			
素　　材	800,000	製　　品	1,845,000
賃　　金	1,386,000	次月繰越	1,573,000
経　　費	32,000		
製造間接費	1,200,000		
	3,418,000		3,418,000

製 造 間 接 費			
素　　材	152,000	仕 掛 品	1,200,000
工場消耗品	243,000		
賃　　金	120,000		
給　　料	446,000		
経　　費	239,000		
	1,200,000		1,200,000

(2) | 製品A（製造指図書#11）の製品単価 ¥ | 6,150 |
|---|---|

2 次の取引の仕訳を示しなさい。

(1)個別原価計算を採用している近畿製作所の月末における素材の実地棚卸数量は225個であった。よって，次の素材に関する当月の資料にもとづいて，素材勘定の残高を修正した。ただし，消費単価の計算は総平均法によっている。

前 月 繰 越 高　　800個　　@¥2,600　　¥2,080,000

当 月 仕 入 高　　3,200〃　　〃〃2,900　　¥9,280,000

当 月 消 費 数 量　　3,750〃

(2)山梨工業株式会社は，会計期末にあたり，材料消費価格差異勘定の残高を売上原価勘定に振り替えた。なお，材料消費価格差異勘定の前月繰越高は¥7,000（貸方）であり，当月の素材の予定消費高¥735,000と実際消費高¥737,000との差額は，材料消費価格差異勘定に振り替えられている。

(3)次の資料にもとづいて，機械運転時間を基準に各製造指図書に製造間接費を予定配賦した。

A 機 械　　700時間（機械率¥160）　　B 機 械　　900時間（機械率¥140）

(4)部門費配分表によって，当月の製造間接費を次のように各部門に配分した。

第1製造部門　¥329,000　　第2製造部門　¥272,000

動 力 部 門　¥165,000　　修 繕 部 門　¥140,000

(5)前間(4)の補助部門費を，次の割合によって各製造部門に配賦した。

	第1製造部門	第2製造部門
動力部門費	60%	40%
修繕部門費	55%	45%

(6)製造部門費を直接作業時間をもとにして，次のように予定配賦した。

		第1製造部門	第2製造部門
予 定 配 賦 率		¥370	¥290
直接作業時間	製造指図書#1	900時間	800時間
	製造指図書#2	400時間	600時間

(7)第1製造部門費および第2製造部門費の配賦差異を，製造部門費配賦差異勘定に振り替えた。ただし，当月の予定配賦額は上記(6)のとおりで，当月の実際発生額は(4)・(5)のとおりである。

(8)会計期末に，製造間接費配賦差異勘定の残高を売上原価勘定に振り替えた。ただし，当会計期間における製造間接費の予定配賦額の合計は ¥1,356,000 で，実際発生額は ¥1,404,000 であった。

(9)製造指図書#6の製品全部が仕損となり，新たに製造指図書を発行して，代品を製造することになった。これまでの製造原価は ¥280,000 であり，仕損品を ¥160,000 と評価し残額は仕損費とした。

(10)個別原価計算を採用している埼玉製作所では，製造指図書#7の製造中に作業くずが発生した。よって，これを ¥25,000 と評価し，製造指図書#7の製造原価から差し引いた。

(1)	棚 卸 減 耗 損	71,000	素　　　　　材	71,000
(2)	材料消費価格差異	5,000	売 上 原 価	5,000
(3)	仕 掛 品	238,000	製 造 間 接 費	238,000
(4)	第 1 製 造 部 門 費	329,000	製 造 間 接 費	906,000
	第 2 製 造 部 門 費	272,000		
	動 力 部 門 費	165,000		
	修 繕 部 門 費	140,000		
(5)	第 1 製 造 部 門 費	176,000	動 力 部 門 費	165,000
	第 2 製 造 部 門 費	129,000	修 繕 部 門 費	140,000
(6)	仕 掛 品	887,000	第 1 製 造 部 門 費	481,000
			第 2 製 造 部 門 費	406,000
(7)	製 造 部 門 費 配 賦 差 異	24,000	第 1 製 造 部 門 費	24,000
	第 2 製 造 部 門 費	5,000	製 造 部 門 費 配 賦 差 異	5,000
(8)	売 上 原 価	48,000	製造間接費配賦差異	48,000
(9)	仕 損 品	160,000	仕 掛 品	280,000
	仕 損 費	120,000		
(10)	作 業 く ず	25,000	仕 掛 品	25,000

3 個別原価計算を採用している鹿児島製作所の下記の取引によって，次の各問いに答えなさい。

（第96回一部修正）

(1)6月30日①の取引の仕訳を示しなさい。

(2)仕掛品勘定・製造間接費勘定に必要な記入をおこない，締め切りなさい。なお，勘定記入は日付・相手科目・金額を示すこと。

(3)A製品（製造指図書＃1）の原価計算表を作成しなさい。

ただし，ⅰ 前月繰越高は，次のとおりである。

素　　　材	800個	@￥1,250	￥1,000,000
工場消耗品	720 〃	〃 〃 50	￥ 36,000
仕 掛 品（製造指図書＃1）		￥3,694,000	（原価計算表に記入済み）
賃　　　金（未払高）		￥1,320,000	

ⅱ 素材の消費高の計算は先入先出法により，工場消耗品の消費数量の計算は棚卸計算法によっている。

ⅲ 賃金の消費高の計算には，作業時間1時間につき ￥1,400 の予定賃率を用いている。

ⅳ 製造間接費は直接作業時間を配賦基準として予定配賦している。

| 年間製造間接費予定額（予算額） | ￥34,320,000 |
| 年間予定直接作業時間（基準操業度） | 78,000時間 |

(4)当月の実際平均賃率を求めなさい。

(5)当月の賃率差異の金額を求めなさい。なお，解答欄の（　）のなかは借方差異の場合は借方，貸方差異の場合は貸方を○で囲むこと。

(6)製造間接費配賦差異における次の資料から，操業度差異の金額を求めなさい。なお，解答欄の（　）のなかは借方差異の場合は借方，貸方差異の場合は貸方を○で囲むこと。

資　　　料

a．製造間接費については公式法変動予算により予算を設定して予定配賦をおこなっている。

b．月間の基準操業度（直接作業時間）は6,500時間である。

c．月間の製造間接費予算は，変動費率 ￥230 固定費予算額 ￥1,365,000 である。

d．当月の実際直接作業時間は6,600時間であった。

取　　　引

6月8日 素材および工場消耗品を次のとおり買い入れ，代金は掛けとした。

| 素　　　材 | 1,500個 | @￥1,300 | ￥1,950,000 |
| 工場消耗品 | 2,700 〃 | 〃 〃 50 | ￥ 135,000 |

12日 B製品（製造指図書＃2）の注文を受け，素材1,500個を消費して製造を開始した。

25日 賃金を次のとおり小切手を振り出して支払った。

賃金総額 ￥10,398,000

うち，控除額 所 得 税 ￥632,000 健康保険料 ￥432,000

30日 ①工場消耗品の月末棚卸数量は540個であった。よって，消費高を計上した。（間接材料）

②当月の賃金予定消費高を次の作業時間によって計上した（賃金勘定で処理すること）。

製造指図書＃1 3,600時間 製造指図書＃2 3,000時間

間接作業 500時間

③直接作業時間によって，製造間接費を予定配賦した。

④健康保険料の事業主負担分 ￥432,000 を計上した。

⑤当月の直接経費消費高を計上した。

外注加工賃 ￥380,000 （製造指図書＃1）

⑥当月の間接経費消費高を計上した。

| 電 力 料 | ￥ 479,000 | 保 険 料 | ￥83,000 |
| 減価償却費 | 1,082,000 | 雑 費 | 71,000 |

⑦当月の賃金実際消費高 ¥10,153,000 を計上した。よって，賃金の予定消費高と実際消費高との差額を，賃率差異勘定に振り替えた。

⑧A製品（製造指図書＃１）600個が完成した。

⑨製造間接費の予定配賦額と実際配賦額との差異を，製造間接費配賦差異勘定に振り替えた。

(1)

	借　方		貸　方	
6月30日①	製 造 間 接 費	144,000	工 場 消 耗 品	144,000

(2)

仕　掛　品

6/ 1	前 月 繰 越	3,694,000	6/30	製　　品	10,698,000
12	素　材	1,910,000	〃	次 月 繰 越	7,430,000
30	賃　金	9,240,000			
〃	製 造 間 接 費	2,904,000			
〃	外 注 加 工 賃	380,000			
		18,128,000			18,128,000

製　造　間　接　費

6/30	工 場 消 耗 品	144,000	6/30	仕　掛　品	2,904,000
〃	賃　金	700,000	〃	製造間接費配賦差異	87,000
〃	健 康 保 険 料	432,000			
〃	諸　口	1,715,000			
		2,991,000			2,991,000

(3)

製造指図書＃１ 　　　　　原　価　計　算　表

直接材料費	直接労務費	直接経費	製造間接費	集　計 摘　要	金　額
1,500,000	1,540,000	170,000	484,000	直接材料費	1,500,000
	5,040,000	380,000	1,584,000	直接労務費	6,580,000
	6,580,000	550,000	2,068,000	直接経費	550,000
				製造間接費	2,068,000
				製造原価	10,698,000
				完成品数量	600 個
				製品単価 ¥	17,830

(4)

実 際 平 均 賃 率 ¥	1,430

(5)

賃 率 差 異 ¥	213,000 （借方・貸方）

※（借方・貸方）のいずれかを○で囲むこと

(6)

操 業 度 差 異 ¥	21,000 （借方・貸方）

※（借方・貸方）のいずれかを○で囲むこと

第5章　総合原価計算

⑬ 総合原価計算と月末仕掛品原価の計算

①総合原価計算

総合原価計算は，同種または異種の製品を連続的に大量生産する製造業に適用される原価計算方法であり，生産形態の違いによって，**単純総合原価計算・等級別総合原価計算・組別総合原価計算**に分けられる。また，このほかにも，原価を工程別（部門別）に計算する方法として**工程別総合原価計算**がある。

②総合原価計算の方法

個別原価計算では，原価を個々の製品ごとに集計して完成品原価を計算していたが，総合原価計算では，月初仕掛品原価に当月製造費用を加えた総製造費用から，月末仕掛品原価を差し引き，1原価計算期間の完成品原価を求める。よって，完成品原価を求めるには総製造費用のうちどれだけを月末仕掛品原価として配分するかを計算しなければならない。

完成品原価＝（月初仕掛品原価＋当月製造費用）－月末仕掛品原価

$$製品単価＝\frac{1原価計算期間の完成品原価}{1原価計算期間の完成品数量}$$

③月末仕掛品原価の計算

月末仕掛品原価の計算をする場合，原価を製品の製造過程における発生のちがいによって，素材費と加工費に分けて計算する。

	素材費	加工費
材料費	直接材料費	間接材料費
労務費	直接労務費	間接労務費
経費	直接経費	間接経費

(1) **平均法**による月末仕掛品原価の計算

総製造費用を，（ア）「完成品数量」と（イ）「月末仕掛品の完成品換算数量」で比例配分して，月末仕掛品原価を求める方法。

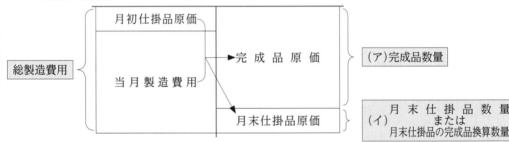

a．**素材が製造着手のときにすべて投入される場合**

月末仕掛品素材費＝（月初仕掛品素材費＋当月素材費）× $\dfrac{月末仕掛品数量}{完成品数量＋月末仕掛品数量}$

月末仕掛品加工費＝（月初仕掛品加工費＋当月加工費）× $\dfrac{月末仕掛品の完成品換算数量}{完成品数量＋月末仕掛品の完成品換算数量＊}$

　＊月末仕掛品の完成品換算数量＝月末仕掛品数量×加工進捗度

月末仕掛品原価＝月末仕掛品素材費＋月末仕掛品加工費

b．**素材が製造の進行に応じて投入される場合**

月末仕掛品素材費＝（月初仕掛品素材費＋当月素材費）× $\dfrac{月末仕掛品の完成品換算数量}{完成品数量＋月末仕掛品の完成品換算数量}$

月末仕掛品加工費はaと同じ。

月末仕掛品原価＝月末仕掛品素材費＋月末仕掛品加工費

素材が製造の進行に応じて投入され，素材費と加工費の加工進捗度が同じときは，次の式で一括して求めることもできる。

$$月末仕掛品原価＝(月初仕掛品原価＋当月製造費用)×\frac{月末仕掛品の完成品換算数量}{完成品数量＋月末仕掛品の完成品換算数量}$$

(2) **先入先出法**による月末仕掛品原価の計算

　　月初仕掛品はすべて先に加工され完成品になるものとみなし，当月製造費用を（ア）「完成品数量」から（ウ）「月初仕掛品の完成品換算数量」を差し引いた数量と，（イ）「月末仕掛品の完成品換算数量」で比例配分して，月末仕掛品原価を求める方法。

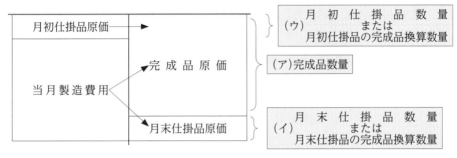

　　a．**素材が製造着手のときにすべて投入される場合**

$$月末仕掛品素材費＝当月素材費×\frac{月末仕掛品数量}{完成品数量－月初仕掛品数量＋月末仕掛品数量}$$

$$月末仕掛品加工費＝当月加工費×\frac{月末仕掛品の完成品換算数量}{完成品数量－月初仕掛品の完成品換算数量＋月末仕掛品の完成品換算数量}$$

　　b．**素材が製造の進行に応じて投入される場合**

$$月末仕掛品素材費＝当月素材費×\frac{月末仕掛品の完成品換算数量}{完成品数量－月初仕掛品の完成品換算数量＋月末仕掛品の完成品換算数量}$$

月末仕掛品加工費はaと同じ。

平均法による場合と同様に，素材が製造の進行に応じて投入され，素材費と加工費の加工進捗度が同じときは，次の式で一括して求めることもできる。

$$月末仕掛品原価＝当月製造費用×\frac{月末仕掛品の完成品換算数量}{完成品数量－月初仕掛品の完成品換算数量＋月末仕掛品の完成品換算数量}$$

練習問題

解答 ▶ p.32

13-1 次の資料から，平均法による月末仕掛品原価を求めるための図と計算式を完成しなさい。ただし，素材は製造着手のときにすべて投入されるものとする。

資　料
i　月初仕掛品　100個（加工進捗度　60%）　　素材費　￥20,000　　加工費　￥10,000
ii　当月製造費用　素材費　￥320,000　　加工費　￥150,000
iii　月末仕掛品　200個（加工進捗度　50%）　　iv　当月完成品数量　1,500個

【月末仕掛品素材費の計算】　　　　　　　　【月末仕掛品加工費の計算】

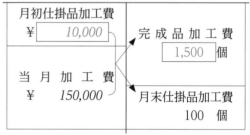

〔加工費は完成品換算数量で計算〕

＜計　算　式＞

$$素材費 = (￥20,000 + ￥\boxed{320,000}) \times \frac{\boxed{200}個}{1,500個 + 200個} = ￥\boxed{40,000}$$

$$加工費 = (￥\boxed{10,000} + ￥150,000) \times \frac{200個 \times 50\%}{1,500個 + (\boxed{200}個 \times \boxed{50}\%)} = ￥\boxed{10,000}$$

月末仕掛品原価	￥	50,000

13-2 次の資料から，先入先出法による月末仕掛品原価を求めるための図と計算式を完成しなさい。ただし，素材は製造着手のときにすべて投入されるものとする。

資　料
i　月初仕掛品　100個（加工進捗度　80%）　　素材費　￥80,000　　加工費　￥20,000
ii　当月製造費用　素材費　￥360,000　　加工費　￥98,800
iii　月末仕掛品　80個（加工進捗度　50%）　　iv　当月完成品数量　420個

【月末仕掛品素材費の計算】　　　　　　　　【月末仕掛品加工費の計算】

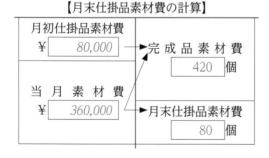
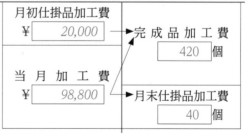

〔加工費は完成品換算数量で計算〕

＜計　算　式＞

$$素材費 = ￥360,000 \times \frac{80個}{\boxed{420}個 - \boxed{100}個 + \boxed{80}個} = ￥\boxed{72,000}$$

$$加工費 = ￥\boxed{98,800} \times \frac{\boxed{80}個 \times \boxed{50}\%}{420個 - (100個 \times 80\%) + (80個 \times 50\%)} = ￥\boxed{10,400}$$

月末仕掛品原価	￥	82,400

13-3 次の資料から，平均法による月末仕掛品原価を求めるための図と計算式を完成しなさい。ただし，素材も製造の進行に応じて投入されるものとする。

資　　　料
i　月初仕掛品　100個（加工進捗度　50%）　　素材費　¥40,000　　加工費　¥20,000
ii　当月製造費用　素材費　¥360,000　　加工費　¥180,000
iii　月末仕掛品　250個（加工進捗度　40%）　　iv　当月完成品数量　1,900個

【月末仕掛品素材費の計算】　　　　　　　　【月末仕掛品加工費の計算】

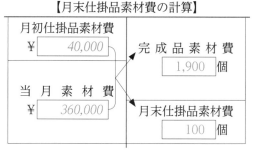 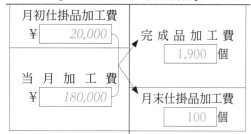

<計　算　式>

$$素材費 = (¥40,000 + ¥360,000) \times \frac{250個 \times 40\%}{1,900個 + (250個 \times 40\%)} = ¥20,000$$

$$加工費 = (¥20,000 + ¥180,000) \times \frac{250個 \times 40\%}{1,900個 + (250個 \times 40\%)} = ¥10,000$$

月末仕掛品原価　¥　　　30,000

13-4 次の資料から，先入先出法による月末仕掛品原価を求めるための図と計算式を完成しなさい。ただし，素材も製造の進行に応じて投入されるものとする。

資　　　料
i　月初仕掛品　100個（加工進捗度　40%）　　素材費　¥160,000　　加工費　¥120,000
ii　当月製造費用　素材費　¥480,000　　労務費　¥210,000　　経費　¥150,000
iii　月末仕掛品　200個（加工進捗度　50%）　　iv　当月完成品数量　900個

【月末仕掛品素材費の計算】　　　　　　　　【月末仕掛品加工費の計算】

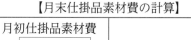 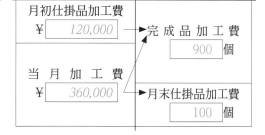

<計　算　式>

$$素材費 = ¥480,000 \times \frac{200個 \times 50\%}{900個 - (100個 \times 40\%) + (200個 \times 50\%)} = ¥50,000$$

$$加工費 = (¥210,000 + ¥150,000) \times \frac{200個 \times 50\%}{900個 - (100個 \times 40\%) + (200個 \times 50\%)} = ¥37,500$$

月末仕掛品原価　¥　　　87,500

13-5 次の資料によって，製造関係の各勘定を完成しなさい。また，製品単価を求めなさい。

　資　　料
　　i　月初仕掛品　　素材費　¥251,200　　加工費　¥24,250
　　ii　月末仕掛品　　数量　500個（加工進捗度　25％）
　　iii　当月完成品　　数量　2,700個
　　iv　素材は製造着手のときにすべて投入される。
　　v　月末仕掛品原価の計算は平均法による。

素　　材			
前 月 繰 越	55,000	(仕　掛　品)	(561,600)
買 　掛　 金	570,600	次 月 繰 越	64,000
	(625,600)		(625,600)

賃　　金			
諸　　　　口	(260,200)	前 月 繰 越	(105,200)
(次 月 繰 越)	41,000	仕　掛　品	(196,000)
	301,200		301,200

経　　費			
諸　　　　口	(113,250)	前 月 繰 越	30,000
		(仕　掛　品)	(62,250)
		次 月 繰 越	(21,000)
	113,250		113,250

仕　　掛　　品			
前 月 繰 越	(275,450)	(製　　　品)	(955,800)
素　　　　材	(561,600)	次 月 繰 越	(139,500)
(賃　　　　金)	(196,000)		
経　　　　費	62,250		
	1,095,300		1,095,300

製 品 単 価　　¥	354

（ ＝ ¥955,800÷2,700個）

13-6 次の資料によって，
(1)先入先出法による月末仕掛品原価を求めなさい。
(2)仕掛品勘定に記入して締め切りなさい。ただし，勘定には相手科目と金額を記入すること。
(3)完成品原価を製品勘定に振り替える仕訳を示しなさい。

　資　　料
　　i　月初仕掛品　400個（加工進捗度　50％）　　素材費　¥208,000　　加工費　¥160,000
　　ii　当月製造費用　素　　　　材　¥720,000　　工場消耗品　¥ 80,000
　　　　　　　　　　　賃　　　　金　¥360,000　　経　　　　費　¥120,000
　　iii　月末仕掛品　500個（加工進捗度　80％）
　　iv　当月完成品数量　3,800個
　　v　素材は製造の進行に応じて投入されるものとする。

(1)	月末仕掛品原価　¥	128,000

(2)	仕　　掛　　品			
	前 　月　 繰　 越	368,000	製　　　　　品	1,520,000
	素　　　　　　材	720,000	次 月 繰 越	128,000
	工 場 消 耗 品	80,000		
	賃　　　　　　金	360,000		
	経　　　　　　費	120,000		
		1,648,000		1,648,000

(3)	製　　　　　　品	1,520,000	仕　　掛　　品	1,520,000

13-7　次の資料から，先入先出法による月末仕掛品素材費と月末仕掛品加工費を求めなさい。また，仕掛品勘定に記入して締め切り，完成品原価を製品勘定に振り替えるための仕訳を示しなさい。ただし，ⅰ　素材は製造着手のときにすべて投入される。
　　　　　ⅱ　勘定には相手科目と金額を記入すること。

資　　料

① 生 産 デ ー タ
月初仕掛品	500個	（加工進捗度50％）
当月投入	3,200個	
合　計	3,700個	
月末仕掛品	700個	（加工進捗度70％）
完 成 品	3,000個	

② 月初仕掛品原価
素 材 費	¥150,000
加 工 費	¥90,000

③ 当月製造費用
素 材 費	¥480,000
工場消耗品	¥52,500
労 務 費	¥246,000
経　費	¥90,300

月末仕掛品素材費　　¥	105,000

月末仕掛品加工費　　¥	58,800

仕　　掛　　品

前 月 繰 越	240,000	製　　品	945,000
素　　材	480,000	次 月 繰 越	163,800
工 場 消 耗 品	52,500		
労 務 費	246,000		
経　　費	90,300		
	1,108,800		1,108,800

製　　品	945,000	仕 　 掛 　 品	945,000

検 定 問 題

解答 ▶ p.34

13-8　下記の仕掛品勘定と，次の資料によって月末仕掛品の加工費と製品の製造単価を求めなさい。また，仕掛品勘定を締め切りなさい。ただし，月末仕掛品原価の計算は平均法による。

（第11回一部修正）

資　　料

　1．前月繰越 ¥360,000 のうち ¥275,400 は素材でその他は加工費（労務費・経費）である。
　2．材料はすべて素材である。
　3．月末仕掛品の素材は ¥324,000 である。
　4．月末仕掛品の数量は1,000個で，その加工進捗度は50％である。なお，素材は製造着手のときにすべて投入され，加工費は製造の進行につれて消費するものとする。
　5．製造完成品数量は3,000個である。

月末仕掛品加工費　　¥	94,000

製 品 製 造 単 価　　¥	512

仕　　掛　　品

前 月 繰 越	360,000	製　　品	1,536,000
素　　材	1,020,600	次 月 繰 越	418,000
労 務 費	459,500		
経　　費	113,900		
	1,954,000		1,954,000

単純総合原価計算

①単純総合原価計算

セメント製造業などのように，1種類の製品を連続して大量に生産する場合に用いられる。

②完成品原価の計算

総製造費用＝月初仕掛品原価＋当月製造費用

完成品原価＝総製造費用－月末仕掛品原価　　製品単価＝$\dfrac{完成品原価}{完成品数量}$

③単純総合原価計算表

月初仕掛品原価・当月製造費用などの金額を記載し，月末仕掛品原価・完成品原価・製品単価の算出を示す計算表である。また，数量欄のある形式の計算表もある。

④記帳方法

①材料，労務費，経費の消費高を各勘定から仕掛品勘定へ振り替える。

②完成品原価を仕掛品勘定から製品勘定に振り替える。

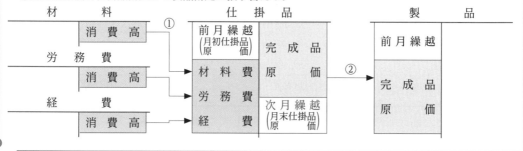

練習問題

解答 ▶ p.34

14-1 次の単純総合原価計算表を完成しなさい。ただし，月末仕掛品数量は800個（加工進捗度60%）で，素材は製造着手のときに消費される。なお，月末仕掛品原価の計算は平均法による。

単純総合原価計算表
令和○年9月分

摘　　　　要	素　材　費	加　工　費	合　　　　計
材　料　費	6,672,000	114,000	6,786,000
労　務　費	──	3,391,240	(　3,391,240)
経　費	──	602,600	(　602,600)
計	(　6,672,000)	(　4,107,840)	(　10,779,840)
月初仕掛品原価	(　570,000)	211,200	781,200
計	(　7,242,000)	(　4,319,040)	(　11,561,040)
月末仕掛品原価	(　681,600)	(　253,440)	(　935,040)
完　成　品　原　価	(　6,560,400)	(　4,065,600)	10,626,000
完　成　品　数　量	7,700個	7,700個	7,700個
製　品　単　価	(¥　852)	(¥　528)	(¥　1,380)

14-2　山梨製作所は，単純総合原価計算を採用し，A製品を製造している。下記の仕掛品勘定の記録と資料によって，単純総合原価計算表を完成しなさい。

仕　掛　品

前 月 繰 越	380,000	
素　　　材	1,480,000	
工 場 消 耗 品	160,000	
賃　　　金	1,100,000	
給　　　料	290,000	
健 康 保 険 料	30,000	
減 価 償 却 費	124,000	
電　力　料	98,000	
雑　　　費	82,000	

資　料
　a．月初仕掛品　¥380,000（素材費　¥240,000　加工費　¥140,000）
　b．月末仕掛品原価の計算は平均法による。
　c．素材は製造着手のときにすべて投入され，加工費は製造の進行に応じて消費されるものとする。
　d．月末仕掛品　500個（加工進捗度　40%）
　e．当月完成品数量　2,000個

単 純 総 合 原 価 計 算 表
令和○年7月分

摘　　要	素　材　費	加　工　費	合　計
材　料　費	1,480,000	160,000	1,640,000
労　務　費	──	1,420,000	1,420,000
経　費	──	304,000	304,000
計	1,480,000	1,884,000	3,364,000
月初仕掛品原価	240,000	140,000	380,000
計	1,720,000	2,024,000	3,744,000
月末仕掛品原価	344,000	184,000	528,000
完成品原価	1,376,000	1,840,000	3,216,000
完成品数量	2,000個	2,000個	2,000個
製品単価	¥　688	¥　920	¥　1,608

14-3 熊本製作所は，単純総合原価計算を採用し，A製品を製造している。下記の資料によって，
(1) 1月中の取引の仕訳を示しなさい。
(2) 賃金勘定と仕掛品勘定に記入して締め切りなさい。
(3) 単純総合原価計算表を完成しなさい。

ただし，i　前月繰越高は，次のとおりである。

素　　材　　1,500個　　@¥720　　¥1,080,000
工場消耗品　　350〃　　〃〃200　　¥　70,000
仕　掛　品　　¥456,000（うち，素材費¥300,000　加工費¥156,000）

ii　素材の消費高の計算は先入先出法により，工場消耗品の消費数量の計算は棚卸計算法によっている。

iii　賃金の消費高の計算は，作業時間1時間につき¥800の予定賃率を用いている。

iv　素材は製造着手のときにすべて投入され，加工費は製造の進行に応じて消費されるものとする。

v　月末仕掛品原価の計算は平均法による。

vi　賃金の前月未払高は¥121,000である。

vii　勘定記入は，日付・相手科目・金額を示すこと。

取　　　　引
1月6日　素材700個を製品の製造のために消費した。
　　10日　事業主負担分の健康保険料¥36,000と従業員から預かっている健康保険料¥36,000をともに現金で支払った。
　　14日　次の製造経費を小切手を振り出して支払った。
　　　　　　電　力　料　　¥118,000　　雑　　　費　　¥65,000
　　16日　素材および工場消耗品を次のとおり買い入れ，代金のうち¥500,000は約束手形を振り出して支払い，残額は掛けとした。
　　　　　　素　　材　　800個　　@¥750　　¥600,000
　　　　　　工場消耗品　　600〃　　〃〃200　　¥120,000
　　20日　素材1,000個を製品の製造のために消費した。
　　25日　賃金を次のとおり小切手を振り出して支払った。
　　　　　　賃　金　総　額　　¥934,000
　　　　　　　　うち，控除額　所　得　税　¥58,000　　健康保険料　¥36,000
　　31日　①　工場消耗品の月末棚卸数量は300個であった。よって，消費高を計上した。
　　　　　②　当月の作業時間は1,200時間であった。よって，賃金の予定消費高を計上した。（消費賃金勘定を設けている。）
　　　　　③　健康保険料の事業主負担分¥36,000を計上した。
　　　　　④　経費を次のとおり消費した。
　　　　　　　電　力　料　¥104,000　　減価償却費¥110,000　　雑　　　費　¥72,000
　　　　　⑤　当月の製造数量について，次の資料を得た。
　　　　　　　完　成　品　数　量　2,500個　　月末仕掛品数量　500個（加工進捗度　60%）
　　　　　⑥　当月の賃金実際消費高は¥952,000であった。
　　　　　⑦　予定賃率による消費高と実際消費高との差額を，賃率差異勘定に振り替えた。

(1)

1月6日	仕　　掛　　品	504,000	素　　　　　材	504,000
10日	健　康　保　険　料	36,000	現　　　　　金	72,000
	健康保険料預り金	36,000		
14日	電　　力　　料	118,000	当　座　預　金	183,000
	雑　　　　　費	65,000		

		借方			貸方	
1月16日		素　　　　　材	600,000	支　払　手　形		500,000
		工　場　消　耗　品	120,000	買　　掛　　金		220,000
20日		仕　　掛　　品	726,000	素　　　　　材		726,000
25日		賃　　　　　金	934,000	所　得　税　預　り　金		58,000
				健康保険料預り金		36,000
				当　座　預　金		840,000
31日	①	仕　　掛　　品	130,000	工　場　消　耗　品		130,000
	②	仕　　掛　　品	960,000	消　費　賃　金		960,000
	③	仕　　掛　　品	36,000	健　康　保　険　料		36,000
	④	仕　　掛　　品	286,000	電　　力　　料		104,000
				減　価　償　却　費		110,000
				雑　　　　　費		72,000
	⑤	製　　　　　品	2,675,000	仕　　掛　　品		2,675,000
	⑥	消　費　賃　金	952,000	賃　　　　　金		952,000
	⑦	消　費　賃　金	8,000	賃　率　差　異		8,000

(2)

賃　　金

1/25 諸　口	934,000	1/1 前月繰越	121,000
31 次月繰越	139,000	31 消費賃金	952,000
	1,073,000		1,073,000

仕　　掛　　品

1/1 前月繰越	456,000	1/31 製　品	2,675,000
6 素　材	504,000	〃 次月繰越	423,000
20 素　材	726,000		
31 工場消耗品	130,000		
〃 消費賃金	960,000		
〃 健康保険料	36,000		
〃 諸　口	286,000		
	3,098,000		3,098,000

(3)

単 純 総 合 原 価 計 算 表

令和〇年1月分

摘　　　　要	素　材　費	加　工　費	合　　計
材　　料　　費	1,230,000	130,000	1,360,000
労　　務　　費	――	996,000	996,000
経　　　　費	――	286,000	286,000
計	1,230,000	1,412,000	2,642,000
月 初 仕 掛 品 原 価	300,000	156,000	456,000
計	1,530,000	1,568,000	3,098,000
月 末 仕 掛 品 原 価	255,000	168,000	423,000
完 成 品 原 価	1,275,000	1,400,000	2,675,000
完 成 品 数 量	2,500個	2,500個	2,500個
製 品 単 価	¥　510	¥　560	¥　1,070

14-4 単純総合原価計算を採用している岡山製作所の次の資料によって,

(1)10月中の取引の仕訳を示しなさい。

(2)素材・賃金・仕掛品の諸勘定に記入して締め切りなさい。なお, 勘定記入は日付・相手科目・金額を示すこと。

(3)単純総合原価計算表を完成しなさい。

資　料

　i　素材の消費高の計算は移動平均法による。

　ii　素材は製造着手のとき, 加工費は製造の進行に応じて消費される。

　iii　月初仕掛品　数量　200個（加工進捗度　50%）

　　　　　　　　　　　¥280,000（うち, 素材費 ¥160,000　加工費 ¥120,000）

　iv　素材前月繰越高　200個　@¥1,350　¥270,000

　v　賃金前月未払高　¥700,000

　vi　月末仕掛品原価の計算は先入先出法による。

取　　引

　10月9日　山口工業株式会社より次のとおり素材を買い入れ, 代金のうち ¥1,000,000 は手持ちの約束手形を裏書譲渡し, 残額は同社あての約束手形を振り出して支払った。

　　　　　素　材　1,000個　@¥1,380　¥1,380,000

　13日　素材800個を製造のために消費した。

　15日　電力料 ¥104,000 を小切手を振り出して支払った。

　25日　賃金を次のとおり小切手を振り出して支払った。

　　　　　賃　金 ¥2,000,000（うち控除額　所得税 ¥180,000　健康保険料 ¥70,000）

　31日　当月の加工費について, 次の資料を得たので, 消費高をそれぞれ計上した。

　　　　　①　当月賃金実際消費高　　¥1,630,000

　　　　　②　健康保険料事業主負担分　　¥70,000

　　　　　③　製造経費　火災保険料月割高　　¥10,000　減価償却費月割高　¥100,000

　　　　　　　電力料消費高　　¥80,000

　〃日　当月の製造数量は次のとおりであった。

　　　　　完 成 品 数 量　　2,000個

　　　　　月末仕掛品数量　　400個（加工進捗度　50%）

(1)

10月9日	素　材	1,380,000	受 取 手 形	1,000,000
			支 払 手 形	380,000
13日	仕 掛 品	1,100,000	素　材	1,100,000
15日	電 力 料	104,000	当 座 預 金	104,000
25日	賃　金	2,000,000	所 得 税 預 り 金	180,000
			健康保険料預り金	70,000
			当 座 預 金	1,750,000
31日 ①	仕 掛 品	1,630,000	賃　金	1,630,000
②	仕 掛 品	70,000	健 康 保 険 料	70,000
③	仕 掛 品	190,000	保 険 料	10,000
			減 価 償 却 費	100,000
			電 力 料	80,000
〃日	製 品	2,890,000	仕 掛 品	2,890,000

(2)

素　材			
10/ 1 前月繰越	270,000	10/13 仕 掛 品	1,100,000
9 諸　　口	1,380,000	31 次月繰越	550,000
	1,650,000		1,650,000

賃　金			
10/25 諸　　口	2,000,000	10/ 1 前月繰越	700,000
31 次月繰越	330,000	31 仕 掛 品	1,630,000
	2,330,000		2,330,000

仕　掛　品			
10/ 1 前月繰越	280,000	10/31 製　品	2,890,000
13 素　材	1,100,000	〃 次月繰越	380,000
31 賃　金	1,630,000		
〃 健康保険料	70,000		
〃 諸　口	190,000		
	3,270,000		3,270,000

(3)

単 純 総 合 原 価 計 算 表
令和○年10月分

摘　　　　要	素　材　費	加　工　費	合　　計
材 料 費	1,100,000	——	1,100,000
労 務 費	——	1,700,000	1,700,000
経 費	——	190,000	190,000
計	1,100,000	1,890,000	2,990,000
月 初 仕 掛 品 原 価	160,000	120,000	280,000
計	1,260,000	2,010,000	3,270,000
月 末 仕 掛 品 原 価	200,000	180,000	380,000
完 成 品 原 価	1,060,000	1,830,000	2,890,000
完 成 品 数 量	2,000個	2,000個	2,000個
製 品 単 価	¥　530	¥　915	¥　1,445

検 定 問 題

解答 ▶ p.35

14-5 次の取引の仕訳を示しなさい。

(1)単純総合原価計算を採用している富山製作所では，月末に特許権使用料の月割額を計上した。ただし，1年分の特許権使用料は ¥4,800,000 である。 （第93回一部修正）

◀頻出!!(2)単純総合原価計算を採用している香川工業株式会社は，月末に工場の建物に対する保険料の月割額を消費高として計上した。ただし，1年分の保険料は ¥576,000 である。 （第79回一部修正）

(3)単純総合原価計算を採用している高知製作所は，当月分の修繕料の消費高を計上した。ただし，前月未払高は ¥4,000 であり，当月支払高は ¥72,000 当月未払高は ¥6,000 である。 （第67回一部修正）

◀頻出!!(4)単純総合原価計算を採用している岐阜製作所は，月末に工場の従業員に対する賞与の月割額を消費高として計上した。なお，半年分の賞与の支払予定額は ¥1,602,000 である。 （第96回一部修正）

(1)	仕 掛 品	400,000	特 許 権 使 用 料	400,000
(2)	仕 掛 品	48,000	保 険 料	48,000
(3)	仕 掛 品	74,000	修 繕 料	74,000
(4)	仕 掛 品	267,000	従 業 員 賞 与 手 当	267,000

14-6 鳥取製作所は，単純総合原価計算を採用し，A製品を製造している。次の資料によって，単純総合原価計算表と製品勘定を完成しなさい。　　　　　　　　　　　　（第75回一部修正）

ただし，　i　素材の消費高の計算は予定価格法による。
　　　　　ii　素材は製造着手のときにすべて投入され，加工費は製造の進行に応じて消費されるものとする。
　　　　　iii　月末仕掛品原価の計算は平均法による。
　　　　　iv　売上製品の払出単価の計算は，先入先出法による。

資　　料
　　a．当月製造費用
　　　①素　　　材　当月実際消費数量　4,800個　　　予　定　価　格　@¥1,250
　　　　　　　　　　実　際　価　格　@¥1,300
　　　②工場消耗品　月初棚卸高　¥106,000　　　当月仕入高　¥678,000
　　　　　　　　　　月末棚卸高　¥134,000
　　　③賃　　　金　前月未払高　¥402,000　　　当月支払高　¥2,425,000
　　　　　　　　　　当月未払高　¥398,000
　　　④減価償却費　年間見積高　¥6,276,000
　　　⑤電　力　料　当月支払高　¥340,000　　　当月測定高　¥326,000
　　　⑥雑　　　費　当月消費高　¥205,000
　　b．仕　掛　品　月末棚卸数量　500個（加工進捗度40%）
　　c．製　　　品　月初棚卸数量　200個　　　当月完成品数量　2,500個
　　　　　　　　　　当月販売数量　2,400個

単純総合原価計算表
令和○年1月分

摘　　　　　　要	素　　材　　費	加　　工　　費	合　　　　　計
材　　料　　費	6,000,000	650,000	6,650,000
労　　務　　費	——	2,421,000	2,421,000
経　　　　　費	——	1,054,000	1,054,000
計	6,000,000	4,125,000	10,125,000
月初仕掛品原価	1,410,000	465,000	1,875,000
計	7,410,000	4,590,000	12,000,000
月末仕掛品原価	1,235,000	340,000	1,575,000
完　成　品　原　価	6,175,000	4,250,000	10,425,000
完　成　品　数　量	2,500個	2,500個	2,500個
製　品　単　価	¥　　2,470	¥　　1,700	¥　　4,170

製　　　　品

前 月 繰 越	780,000	（売 上 原 価）（	9,954,000）
（仕　　掛　　品）（	10,425,000）	次 月 繰 越	1,251,000
（	11,205,000）	（	11,205,000）

14-7 山梨製作所は，単純総合原価計算を採用し，A製品を製造している。下記の資料と仕掛品勘定によって，

(1)単純総合原価計算表を完成しなさい。

(2)仕掛品勘定の特許権使用料（アの金額）を求めなさい。 （第91回一部修正）

ただし，i 素材は製造着手のときにすべて投入され，加工費は製造の進行に応じて消費されるものとする。

ii 月末仕掛品原価の計算は平均法による。

資　料

a．生産データ
月初仕掛品　　800個（加工進捗度50%）
当月投入　3,950個
合　計　4,750個
月末仕掛品　　750個（加工進捗度40%）
完成品　4,000個

b．月初仕掛品原価
素材費　¥1,502,000
加工費　¥　410,000

c．当月製造費用
素材費　¥6,478,000
加工費　¥4,836,000

仕　掛　品

前月繰越( )	製　品( )
素　材( )	次月繰越( )
工場消耗品 684,000	
賃　金 2,204,000	
従業員賞与手当 1,136,000	
健康保険料 260,000	
特許権使用料(ア)	
減価償却費 213,000	
電　力　料 97,000	
雑　費 56,000	
( )	( )

(1)
単純総合原価計算表
令和○年1月分

摘　要	素　材　費	加　工　費	合　計
材　料　費	6,478,000	684,000	7,162,000
労　務　費	──	3,600,000	3,600,000
経　費	──	552,000	552,000
計	6,478,000	4,836,000	11,314,000
月初仕掛品原価	1,502,000	410,000	1,912,000
計	7,980,000	5,246,000	13,226,000
月末仕掛品原価	1,260,000	366,000	1,626,000
完成品原価	6,720,000	4,880,000	11,600,000
完成品数量	4,000個	4,000個	4,000個
製品1個あたりの原価	¥ 1,680	¥ 1,220	¥ 2,900

(2)

仕掛品勘定の特許権使用料（アの金額）	¥ 186,000

15 等級別総合原価計算

①等級別総合原価計算

ゴム工業・衣料品製造業・製粉業などのように，同じ製造工程において同じ種類の製品を連続して大量に生産するが，製品の重量・長さ・品質などによって，2つ以上の等級に区別される製品（**等級製品**）を製造する企業で用いられる。

②完成品原価の計算

各等級製品について，適当な**等価係数**を定め，1原価計算期間における完成品の総合原価を，等価係数に完成品数量を掛けた数値（**積数**）で，各等級製品に振り分けて計算する。

積数＝等価係数×各等級製品の完成品数量

各等級製品の製造原価＝総合原価×$\dfrac{\text{各等級製品の積数}}{\text{積数合計}}$　　各等級製品の製品単価＝$\dfrac{\text{各等級製品の製造原価}}{\text{各等級製品の完成品数量}}$

③等価係数の基準

各等級製品の重量・長さ・面積・容積・純分度など。

④等級別総合原価計算表

等価係数・完成品数量などにより，積数を導き，等級別製造原価・製品単価の算出までを示す計算表である。

⑤記帳方法

①材料，労務費，経費の消費高を各勘定から仕掛品勘定に振り替える。
②各等級製品の製造原価を仕掛品勘定から各等級の製品勘定に振り替える。

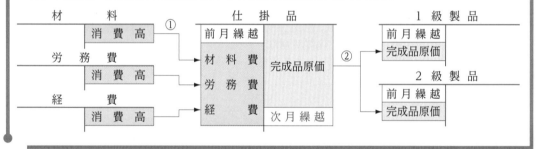

練習問題

解答 ▶ p.37

15-1 次の資料により，等級別総合原価計算表を完成し，製品が完成したときの仕訳を示しなさい。なお，総合原価は ¥324,000 であり，等価係数は各等級製品1個あたりの容積を基準とする。

(1)当期完成品数量　　1級製品　500個　　2級製品　400個　　3級製品　200個
(2)各等級製品1個あたりの容積　　1級製品　160㎥　　2級製品　120㎥　　3級製品　80㎥

等級別総合原価計算表

等級別製品	容　　積	等価係数	完成品数量	積　　数	等級別製造原価	製品単価
1 級 製 品	160 ㎥	4	500 個	2,000	180,000	¥ 360
2 級 製 品	120 ㎥	3	400 個	1,200	108,000	¥ 270
3 級 製 品	80 ㎥	2	200 個	400	36,000	¥ 180
				3,600	324,000	

1 　級 　製 　品	180,000	仕 　　掛 　　品	324,000
2 　級 　製 　品	108,000		
3 　級 　製 　品	36,000		

15-2 次の資料によって，等級別総合原価計算表を作成し，製品が完成したときの仕訳を示しなさい。また，仕掛品勘定と1級製品勘定に記入して，締め切りなさい。ただし，勘定には相手科目と金額を記入すること。

資　　　料
- a．当月製造費用　材料費 ¥560,000　　労務費 ¥920,000　　経費 ¥480,000
- b．仕掛品評価額　月初仕掛品 ¥420,000　　月末仕掛品 ¥460,000
- c．完成品数量　　1級製品　800個　　2級製品　600個
- d．各等級製品の単位重量　1級製品　500 g　　2級製品　400 g
- e．月末製品棚卸数量　1級製品　150個　　2級製品　130個

（月初の製品棚卸はなかった）

等 級 別 総 合 原 価 計 算 表
令和○年9月分

等級別製品	重　　量	等 価 係 数	完成品数量	積　　数	等級別製造原価	製品単価
1 級 製 品	500　g	5	800　個	4,000	1,200,000	¥　1,500
2 級 製 品	400　g	4	600　個	2,400	720,000	¥　1,200
				6,400	1,920,000	

1 　 級 　 製 　 品	1,200,000	仕 　 掛 　 品	1,920,000
2 　 級 　 製 　 品	720,000		

仕　　掛　　品			
前 月 繰 越	420,000	諸　　　口	1,920,000
材　　　料	560,000	次 月 繰 越	460,000
労　務　費	920,000		
経　　　費	480,000		
	2,380,000		2,380,000

1　級　製　品			
仕 掛 品	1,200,000	売 上 原 価	975,000
		次 月 繰 越	225,000
	1,200,000		1,200,000

15-3 尾道製作所は，等級別総合原価計算を採用し，1級製品・2級製品・3級製品の3種類の製品を製造している。下記の資料によって，次の金額を求めなさい。

- a．1級製品の製造原価　　　b．2級製品の製品単価
- c．1級製品の売上原価　　　d．3級製品の月末棚卸高

資　　　料
- i　当月完成品総合原価　¥2,880,000
- ii　等価係数は，各等級製品の重量によること。
- iii　売上製品の払出単価の計算は，先入先出法による。
- iv　月初棚卸製品の単価は，1級製品 ¥250　2級製品 ¥160　3級製品 ¥80 である。
- v

製品	1個あたりの重量	当月完成品数量	月初棚卸数量	月末棚卸数量
1級製品	600 g	6,000個	600個	550個
2級製品	400 g	5,000個	640個	690個
3級製品	200 g	4,000個	500個	650個

a	1級製品の製造原価	¥	1,620,000	b	2級製品の製品単価　¥	180
c	1級製品の売上原価	¥	1,621,500	d	3級製品の月末棚卸高　¥	58,500

15-4 関東工業株式会社は，等級別総合原価計算を採用し，1級製品・2級製品・3級製品を製造している。なお，同社では，単純総合原価計算によって総合原価を計算した後，等級別製品の原価を計算している。下記の資料によって，次の各問いに答えなさい。

(1) 1月中の取引の仕訳を示しなさい。

(2) 賃金勘定・仕掛品勘定に記入して締め切りなさい。

(3) 単純総合原価計算表および等級別総合原価計算表を完成しなさい。

　　ただし，i　前月繰越高は次のとおりである。

素　　　材	800kg	@¥680	¥544,000
工場消耗品	260個	〃〃320	¥ 83,200
賃　　　金（未払高）			¥514,000
仕　掛　品	¥808,400（うち，素材費 ¥278,000　加工費 ¥530,400）		

　　　　　　ii　素材の消費高の計算は移動平均法により，工場消耗品の消費数量の計算は棚卸計算法によっている。

　　　　　　iii　賃金の消費高の計算には，作業時間1時間につき¥780の予定賃率を用いている。

　　　　　　iv　素材は製造着手のときにすべて投入され，加工費は製造の進行に応じて消費されるものとする。

　　　　　　v　月末仕掛品原価の計算は平均法による。

　　　　　　vi　等価係数は，各製品の容量（ℓ）による。

　　　　　　vii　製品に関する勘定は，1級製品勘定・2級製品勘定・3級製品勘定を設けている。

　　　　　　viii　勘定には，日付・相手科目・金額を示すこと。

　　取　　　引

1月8日　素材および工場消耗品を次のとおり買い入れ，代金のうち ¥1,256,000 は小切手を振り出して支払い，残額は掛けとした。

素　　　材	4,800kg	@¥715	¥3,432,000
工場消耗品	700個	〃〃320	¥ 224,000

　　11日　素材5,000kgを消費した。

　　17日　次の製造経費を小切手を振り出して支払った。

　　　　　電 力 料 ¥574,000　保 険 料 ¥330,000　雑　　　費 ¥80,000

　　25日　賃金を次のとおり小切手を振り出して支払った。

　　　　　賃 金 総 額　　¥3,448,000

　　　　　　　うち，控除額　所 得 税 額 ¥206,000　　健 康 保 険 料 ¥124,000

　　31日　①工場消耗品の月末棚卸数量は280個であった。よって，消費高を計上した。

　　　　　②当月の作業時間は4,200時間であった。よって，賃金の予定消費高を計上した。（消費賃金勘定を設けている。）

　　　　　③健康保険料の事業主負担額 ¥124,000 を計上した。

　　　　　④当月の製造経費消費高を計上した。

　　　　　電 力 料 ¥628,000　保 険 料 ¥55,000　減価償却費 ¥594,000

　　　　　雑　　　費 ¥ 69,500

　　　　　⑤当月の製造数量および等級別製品について，次の資料を得た。

　　　　　完 成 品 数 量　2,400個

　　　　　月末仕掛品数量　　500〃（加工進捗度60%）

　　　　　各製品の容量と等級別完成品数量

製　　　品	容　　　量	完成品数量
1 級 製 品	60ℓ	800個
2 級 製 品	50ℓ	1,000個
3 級 製 品	40ℓ	600個

　　　　　⑥当月の賃金実際消費高 ¥3,304,000 を計上した。

　　　　　⑦予定賃率による消費高と実際消費高との差額を，賃率差異勘定に振り替えた。

(1)

1月8日		素　　　　　材	3,432,000		当　座　預　金	1,256,000
		工　場　消　耗　品	224,000		買　　掛　　金	2,400,000
11日		仕　　掛　　品	3,550,000		素　　　　　材	3,550,000
17日		電　　力　　料	574,000		当　座　預　金	984,000
		保　　険　　料	330,000			
		雑　　　　　費	80,000			
25日		賃　　　　　金	3,448,000		所　得　税　預　り　金	206,000
					健康保険料預り金	124,000
					当　座　預　金	3,118,000
31日	①	仕　　掛　　品	217,600		工　場　消　耗　品	217,600
	②	仕　　掛　　品	3,276,000		消　費　賃　金	3,276,000
	③	仕　　掛　　品	124,000		健　康　保　険　料	124,000
	④	仕　　掛　　品	1,346,500		電　　力　　料	628,000
					保　　険　　料	55,000
					減　価　償　却　費	594,000
					雑　　　　　費	69,500
	⑤	1　級　製　品	3,168,000		仕　　掛　　品	8,052,000
		2　級　製　品	3,300,000			
		3　級　製　品	1,584,000			
	⑥	消　費　賃　金	3,304,000		賃　　　　　金	3,304,000
	⑦	賃　率　差　異	28,000		消　費　賃　金	28,000

(2)

賃　　　　　金						
1/25 諸　口	3,448,000	1/1 前月繰越	514,000
31 次月繰越	370,000	31 消費賃金	3,304,000
	3,818,000		3,818,000

仕　　掛　　品						
1/1 前月繰越	808,400	1/31 諸　口	8,052,000
11 素　材	3,550,000	〃 次月繰越	1,270,500
31 工場消耗品	217,600		
〃 消費賃金	3,276,000		
〃 健康保険料	124,000		
〃 諸　口	1,346,500		
	9,322,500		9,322,500

(3)

単 純 総 合 原 価 計 算 表
令和○年1月分

摘　　　　要	素　　材　　費	加　　工　　費	合　　　　計
材　　料　　費	3,550,000	217,600	3,767,600
労　　務　　費	――	3,400,000	3,400,000
経　　　　費	――	1,346,500	1,346,500
計	3,550,000	4,964,100	8,514,100
月 初 仕 掛 品 原 価	278,000	530,400	808,400
計	3,828,000	5,494,500	9,322,500
月 末 仕 掛 品 原 価	660,000	610,500	1,270,500
完 成 品 原 価	3,168,000	4,884,000	8,052,000

等 級 別 総 合 原 価 計 算 表
令和○年1月分

等級別製品	容　　量	等 価 係 数	完成品数量	積　　　数	等級別製造原価	製 品 単 価
1 級製品	60 ℓ	6	800 個	4,800	3,168,000	¥　3,960
2 級製品	50 ℓ	5	1,000 個	5,000	3,300,000	¥　3,300
3 級製品	40 ℓ	4	600 個	2,400	1,584,000	¥　2,640
				12,200	8,052,000	

検定問題

解答 ▶ p.39

15-5 次の文の□□□□にあてはまるもっとも適当な語を，下記の語群のなかから選び，その番号を記入しなさい。 (第77回)

等級別総合原価計算では，製品の重量や大きさ・品質など，原価の発生と関係のある製品の性質にもとづいて□□□□を決定する。これは各等級製品の単位原価の比率になる。

語群　1．積　　数　　2．原価標準　　3．等価係数　　　　　　　　　　3

15-6 次の取引の仕訳を示しなさい。

(1)等級別総合原価計算を採用している青森製作所は，工場の従業員に対する退職給付費用について，月末に当月分の消費高 ¥380,000 を計上した。 (第80回一部修正)

(2)等級別総合原価計算を採用している奈良製作所は，当月分の修繕料の消費高を計上した。ただし，前月未払高は ¥2,000 であり，当月支払高は ¥68,000　当月未払高は ¥4,000 である。 (第62回一部修正)

(3)等級別総合原価計算を採用している徳島製作所は，かねて，香川商店に次の1級製品2,000個と2級製品5,000個を掛け売りしていたが，本日，1級製品のうち100個が品違いのため返品され，2級製品については ¥60,000 の値引きを承諾した。よって，売上高および売上原価を修正した。 (第73回)

	販売単価	払出単価(原価)
1級製品	¥900	¥630
2級製品	¥600	¥420

(4)等級別総合原価計算を採用している愛知製作所において，1級製品1,500個と2級製品2,000個が完成した。ただし，完成品の総合原価は ¥2,550,000 であり，等価係数は製品1個あたりの重量を基準としている。 (第96回一部修正)

1級製品　400g　　2級製品　　200g

(1)	仕 掛 品	380,000	退 職 給 付 費 用	380,000
(2)	仕 掛 品	70,000	修 繕 料	70,000
(3)	売 上	150,000	売 掛 金	150,000
	1 級 製 品	63,000	売 上 原 価	63,000
(4)	1 級 製 品	1,530,000	仕 掛 品	2,550,000
	2 級 製 品	1,020,000		

15-7 香川製作所は，等級別総合原価計算を採用し，1級製品・2級製品・3級製品を製造している。下記の資料によって，次の金額を求めなさい。ただし，等価係数は，各製品の1個あたりの重量を基準としている。 (第87回)

　　a．当月の1級製品の製造原価　　b．当月の3級製品の製品単価（単位原価）

資　　料
　①月初仕掛品原価　　　¥　683,000
　②当月製造費用　　　　¥7,268,000
　③月末仕掛品原価　　　¥　715,000
　④製品1個あたりの重量
　　　1級製品　　750g　　2級製品　　600g　　3級製品　　300g
　⑤当月完成品数量
　　　1級製品　1,500個　　2級製品　2,300個　　3級製品　1,700個

a	当月の1級製品の製造原価	¥ 2,700,000	b	当月の3級製品の製品単価（単位原価）	¥	720

16 組別総合原価計算

①組別総合原価計算

食品工業・化学工業・自動車工業などのように，異なる種類の製品を組別に連続して製造する企業で用いられる。

②完成品原価の計算

製品の規格，品質ごとに組を設け，１原価計算期間の製造費用を**組直接費**と**組間接費**に分ける。

組直接費は各組に直接賦課し，組間接費は製造間接費の配賦基準によって各組に配賦する。

> 組別完成品原価＝（組別月初仕掛品原価＋当月組直接費＋当月組間接費配賦額）−組別月末仕掛品原価

> 組別製品単価＝ $\dfrac{組別完成品原価}{組別完成品数量}$

③組別総合原価計算表

組ごとの完成品原価・製品単価の算出を示す計算表である。

④記帳方法

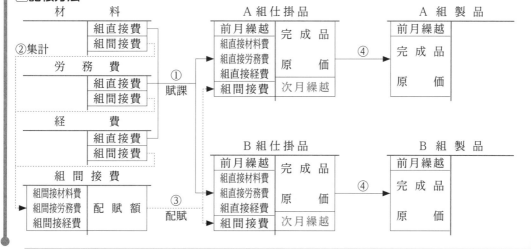

解答 ▶ p.39

練習問題

16-1 A組，B組製品の組別総合原価計算をおこなっているとき，次の取引の仕訳を示しなさい。

(1) 素材 ¥800,000 のうち，A組に ¥420,000　B組に ¥380,000 を賦課した。
(2) 間接賃金 ¥130,000 を消費した。
(3) 組間接費 ¥390,000 のうち，A組に ¥180,000　B組に ¥210,000 を配賦した。
(4) A組製品 ¥1,300,000　B組製品 ¥780,000 が完成した。

(1)	A 組 仕 掛 品	420,000	素　　　　　材		800,000
	B 組 仕 掛 品	380,000			
(2)	組 間 接 費	130,000	賃　　　　　金		130,000
(3)	A 組 仕 掛 品	180,000	組 間 接 費		390,000
	B 組 仕 掛 品	210,000			
(4)	A 組 製 品	1,300,000	A 組 仕 掛 品		1,300,000
	B 組 製 品	780,000	B 組 仕 掛 品		780,000

16-2 組別総合原価計算を採用しているとき，次の取引の仕訳を示しなさい。

(1)A組の製造工程から仕損品が発生した。この評価額は ¥80,000 である。

(2)A組製品の仕損品 ¥80,000 を売却して小切手 ¥80,000 を受け取り，ただちに当座預金とした。

(3)B組の製造工程から作業くずが発生した。この評価額は ¥20,000 である。

(4)A組製品を500個　@¥500 で掛けで売り渡した。なお，この製造単価は ¥400 である。

(5)掛けで売り渡したB組製品30個　@¥1,500 が返品された。なお，この製造単価は ¥1,300 である。

	借方		貸方	
(1)	仕　損　品	80,000	A 組 仕 掛 品	80,000
(2)	当 座 預 金	80,000	仕　損　品	80,000
(3)	作 業 く ず	20,000	B 組 仕 掛 品	20,000
(4)	売 掛 金	250,000	売　上	250,000
	売 上 原 価	200,000	A 組 製 品	200,000
(5)	売　上	45,000	売 掛 金	45,000
	B 組 製 品	39,000	売 上 原 価	39,000

16-3 組別総合原価計算を採用している島根製作所の次の資料から，月末仕掛品原価の計算をおこない，組別総合原価計算表を完成しなさい（月末仕掛品原価の計算過程も示すこと）。また，この表にもとづき，各勘定に記入して，A組仕掛品・B組仕掛品・組間接費勘定は締め切りなさい。

ただし， i　素材は製造着手のときにすべて投入され，加工費は製造の進行に応じて消費されるものとする。

ii　月末仕掛品原価の計算は平均法による。

資　料

i　当月完成品数量　　A組　2,000個　　B組　1,000個

ii　月末仕掛品数量　　A組　200個（加工進捗度　40%）

B組　100個（加工進捗度　60%）

組 別 総 合 原 価 計 算 表

摘　要		A 組	B 組
組 直 接 費	素 材 費	240,000	350,000
	加 工 費	94,000	105,000
組 間 接 費	加 工 費	31,600	20,000
当 月 製 造 費 用		365,600	475,000
月初仕掛品原価	素 材 費	68,000	90,000
	加 工 費	20,000	34,000
計		453,600	599,000
月末仕掛品原価	素 材 費	(28,000)	(40,000)
	加 工 費	(5,600)	(9,000)
完 成 品 原 価		(420,000)	(550,000)
完 成 品 数 量		2,000個	1,000個
製 品 単 価		(¥ 210)	(¥ 550)

〈月末仕掛品原価の計算過程〉

A組
$$素材費 = (￥68,000 + ￥240,000) \times \frac{200個}{2,000個 + 200個} = ￥28,000$$

$$加工費 = (￥20,000 + ￥94,000 + ￥31,600) \times \frac{200個 \times 40\%}{2,000個 + (200個 \times 40\%)} = ￥5,600$$

B組
$$素材費 = (￥90,000 + ￥350,000) \times \frac{100個}{1,000個 + 100個} = ￥40,000$$

$$加工費 = (￥34,000 + ￥105,000 + ￥20,000) \times \frac{100個 \times 60\%}{1,000個 + (100個 \times 60\%)} = ￥9,000$$

A　組　仕　掛　品

前 月 繰 越	88,000	A 組 製 品	420,000
素　　　材	240,000	次 月 繰 越	33,600
諸　　　口	94,000		
組 間 接 費	31,600		
	453,600		453,600

B　組　仕　掛　品

前 月 繰 越	124,000	B 組 製 品	550,000
素　　　材	350,000	次 月 繰 越	49,000
諸　　　口	105,000		
組 間 接 費	20,000		
	599,000		599,000

組　間　接　費

諸　　　口	51,600	諸　　　口	51,600

A　組　製　品

A組仕掛品	420,000

B　組　製　品

B組仕掛品	550,000

16-4　次の資料によって，組別総合原価計算表を完成しなさい。
(1)組間接費 ￥400,000 は素材費を基準として配賦するものとする。
(2)月初仕掛品数量　　　A組　450個（加工進捗度　20%）
　　　　　　　　　　　　B組　250個（加工進捗度　20%）
(3)月末仕掛品数量　　　A組　400個（加工進捗度　25%）
　　　　　　　　　　　　B組　200個（加工進捗度　25%）
(4)素材・加工費とも，製造の進行に応じて消費する。
(5)月末仕掛品原価の計算は先入先出法による。

組 別 総 合 原 価 計 算 表
令和○年3月分

摘　　　　　要	A　　　組	B　　　組
組 直 接 費　素 材 費	1,500,000	1,000,000
加 工 費	1,230,000	965,000
組 間 接 費　加 工 費	(240,000)	(160,000)
当 月 製 造 費 用	(2,970,000)	(2,125,000)
月初仕掛品原価　素 材 費	150,000	90,000
加 工 費	58,000	120,000
計	(3,178,000)	(2,335,000)
月末仕掛品原価　素 材 費	(100,000)	(40,000)
加 工 費	(98,000)	(45,000)
完 成 品 原 価	(2,980,000)	(2,250,000)
完 成 品 数 量	1,490個	1,250個
製 品 単 価	(￥ 2,000)	(￥ 1,800)

16-5 次の資料によって，組別総合原価計算表を完成しなさい。

　　　　ただし，ⅰ　素材は製造着手のときにすべて投入され，加工費は製造の進行に応じて消費されるものとする。

　　　　　　　　ⅱ　月末仕掛品原価の計算は平均法による。

　　資　　料

　　　a．当月完成品数量　　A組　1,000個　　B組　1,500個

　　　b．月末仕掛品数量　　A組　　500個（加工進捗度50%）

　　　　　　　　　　　　　　B組　1,000個（加工進捗度40%）

　　　c．組間接費 ¥540,000 を次の割合によって配賦した。

　　　　　　　A組　40%　　　B組　60%

組 別 総 合 原 価 計 算 表

摘　　　　要	A　　組	B　　組
組 直 接 費　素 材 費	1,254,000	950,000
加 工 費	225,000	646,000
組 間 接 費　加 工 費	(216,000)	(324,000)
当 月 製 造 費 用	(1,695,000)	(1,920,000)
月初仕掛品原価　素 材 費	246,000	600,000
加 工 費	154,000	588,000
計	(2,095,000)	(3,108,000)
月末仕掛品原価　素 材 費	(500,000)	(620,000)
加 工 費	(119,000)	(328,000)
完 成 品 原 価	(1,476,000)	(2,160,000)
完 成 品 数 量	1,000個	1,500個
製 品 単 価	(¥ 1,476)	(¥ 1,440)

16-6 東北工業株式会社は，組別総合原価計算を採用し，A組製品およびB組製品を製造している。次の資料によって，組別総合原価計算表とA組仕掛品勘定および組間接費勘定を完成しなさい。

　　　　ただし，ⅰ　組間接費は機械運転時間を基準として配賦する。

　　　　　　　　ⅱ　素材は製造着手のときにすべて投入され，加工費は製造の進行に応じて消費されるものとする。

　　　　　　　　ⅲ　月末仕掛品原価の計算は平均法による。

　　資　　料

　　　a．月初仕掛品原価

　　　A組　¥ 724,000（素材費　¥455,000　　加工費　¥269,000）

　　　B組　¥1,146,500（素材費　¥694,000　　加工費　¥452,500）

　　　b．当月製造費用

　　　①材料費

　　　　素材の消費高は，1個あたり ¥950 の予定価格を用いて計算している。

　　　　素　　材　　A組 3,200個　　B組 2,600個

　　　　工場消耗品　¥ 425,000（組間接費）

　　　②労務費

　　　　賃金の消費高は作業時間1時間につき ¥1,200 の予定賃率を用いて計算している。

　　　　A組 1,350時間　　B組 1,150時間　　間接作業 300時間

　　　　健康保険料　¥253,000

③経費
外注加工賃　　A組　¥*326,000*　　B組　¥*156,000*
電　力　料　¥*687,000*　保　険　料　¥*398,000*　減価償却費　¥*957,000*
④組間接費　¥*3,080,000* を，次の機械運転時間を基準に配賦する。
A組　1,600時間　　B組　1,200時間
ｃ．生産データ

	A 組	B 組
月初仕掛品	200個（加工進捗度40％）	300個（加工進捗度60％）
当月投入	1,300個	1,100個
合計	1,500個	1,400個
月末仕掛品	500個（加工進捗度50％）	200個（加工進捗度50％）
完成品	1,000個	1,200個

組 別 総 合 原 価 計 算 表
令和○年6月分

摘　　　要	A　　組	B　　組
組 直 接 費　素 材 費	*3,040,000*	*2,470,000*
加 工 費	*1,946,000*	*1,536,000*
組 間 接 費　加 工 費	*1,760,000*	*1,320,000*
当 月 製 造 費 用	*6,746,000*	*5,326,000*
月初仕掛品原価　素 材 費	455,000	694,000
加 工 費	269,000	452,500
計	*7,470,000*	*6,472,500*
月末仕掛品原価　素 材 費	*1,165,000*	452,000
加 工 費	795,000	*254,500*
完 成 品 原 価	*5,510,000*	5,766,000
完 成 品 数 量	1,000個	1,200個
製 品 単 価	¥　　5,510	¥　　4,805

A 組 仕 掛 品

前 月 繰 越	724,000	(A 組 製 品)	(*5,510,000*)
素　　　材	(*3,040,000*)	次 月 繰 越	(*1,960,000*)
賃　　　金	(*1,620,000*)		
外 注 加 工 賃	(*326,000*)		
(組 間 接 費)	(*1,760,000*)		
	(*7,470,000*)		(*7,470,000*)

組 間 接 費

工 場 消 耗 品	(*425,000*)	諸　　　　口	(*3,080,000*)
賃　　　金	(*360,000*)		
健 康 保 険 料	(*253,000*)		
諸　　　　口	(*2,042,000*)		
	(*3,080,000*)		(*3,080,000*)

検 定 問 題

解答 ▶ p.41

16- 7　次の取引の仕訳を示しなさい。

(1)組別総合原価計算を採用している愛媛工業株式会社は，組間接費 ¥540,000 を次の製造直接費を基準にA組とB組に配賦した。　　　　　　　　　　　　　　　（第83回一部修正）

	A 組	B 組
直接材料費	¥320,000	¥280,000
直接労務費	¥157,000	¥113,000
直接経費	¥ 18,000	¥ 12,000

(2)組別総合原価計算を採用している大阪製作所は，当月分の外注加工賃の消費高を計上した。ただし，外注加工賃はA組製品を製造するために消費したものであり，前月前払高は ¥15,000　当月支払高は ¥490,000　当月前払高は ¥12,000 である。　（第75回一部修正）

(3)組別総合原価計算を採用している京都製作所は，当月分の製造経費の消費高を次のとおり計上した。なお，外注加工賃はA組製品に対するものである。　　　　　（第82回一部修正）

　　組直接費　　外注加工賃　¥180,000
　　組間接費　　修　繕　料　¥ 95,000　　電 力 料　¥22,000

(4)組別総合原価計算を採用している京都工業株式会社における6月分の原価計算表の金額は，次のとおりであった。よって，各組の完成品原価を計上した。　　　　（第86回一部修正）

	A 組	B 組
当月製造費用	¥7,640,000	¥4,059,000
月初仕掛品原価	¥ 525,000	¥ 417,000
月末仕掛品原価	¥ 665,000	¥ 564,000

(5)組別総合原価計算を採用している青森工業株式会社における6月分の製品の販売に関する資料は，次のとおりであった。よって，売上高および売上原価を計上した。　　（第84回）

	A 組	B 組
売上高（掛け）	¥420,000	¥750,000
売上製品製造原価	¥294,000	¥525,000

(1)	A 組 仕 掛 品	297,000	組 間 接 費	540,000
	B 組 仕 掛 品	243,000		
(2)	A 組 仕 掛 品	493,000	外 注 加 工 賃	493,000
(3)	A 組 仕 掛 品	180,000	外 注 加 工 賃	180,000
	組 間 接 費	117,000	修 繕 料	95,000
			電 力 料	22,000
(4)	A 組 製 品	7,500,000	A 組 仕 掛 品	7,500,000
	B 組 製 品	3,912,000	B 組 仕 掛 品	3,912,000
(5)	売 掛 金	1,170,000	売 上	1,170,000
	売 上 原 価	819,000	A 組 製 品	294,000
			B 組 製 品	525,000

16-8 神奈川製作所は，組別総合原価計算を採用し，A組製品とB組製品を製造している。下記の資料によって，

(1)組間接費をA組とB組に配賦する仕訳を示しなさい。

(2)組別総合原価計算表を完成しなさい。

(3)A組仕掛品勘定を完成しなさい。　　　　　　　　　　　　　　（第87回一部修正）

　　ただし，ⅰ　組間接費は直接労務費を基準として配賦しており，組間接費勘定を設けて記帳している。

　　　　　　ⅱ　素材は製造着手のときにすべて投入され，加工費は製造の進行に応じて消費されるものとする。

　　　　　　ⅲ　月末仕掛品原価の計算は平均法による。

資　　料

　a.生産データ

	A 組	B 組
月初仕掛品	600個（加工進捗度50%）	1,000個（加工進捗度60%）
当月投入	2,850個	3,800個
合　計	3,450個	4,800個
月末仕掛品	450個（加工進捗度40%）	800個（加工進捗度50%）
完成品	3,000個	4,000個

　b.月初仕掛品原価

	A 組	B 組
素材費	¥ 450,000	¥ 710,000
加工費	¥ 372,000	¥ 489,000

　c.当月製造費用

	A組直接費	B組直接費	組間接費
素材費	¥2,172,000	¥2,746,000	¥ 524,000
労務費	¥1,925,000	¥1,575,000	¥1,645,000
経費	¥ 138,000	¥ 284,000	¥ 631,000

(1)

A 組 仕 掛 品	1,540,000	組 間 接 費	2,800,000
B 組 仕 掛 品	1,260,000		

(2)
組 別 総 合 原 価 計 算 表
令和○年1月分

摘　　　要	A 組	B 組
組直接費　素材費	2,172,000	2,746,000
加工費	2,063,000	1,859,000
組間接費　加工費	1,540,000	1,260,000
当月製造費用	5,775,000	5,865,000
月初仕掛品原価　素材費	450,000	710,000
加工費	372,000	489,000
計	6,597,000	7,064,000
月末仕掛品原価　素材費	342,000	576,000
加工費	225,000	328,000
完成品原価	6,030,000	6,160,000
完成品数量	3,000個	4,000個
製品単価	¥ 2,010	¥ 1,540

(3)
A 組 仕 掛 品

前月繰越	822,000	（A 組 製 品）（ 6,030,000）	
素材	2,172,000	次月繰越（ 567,000）	
労務費	1,925,000		
経費	138,000		
（組間接費）（ 1,540,000）			
（ 6,597,000）		（ 6,597,000）	

16-9 長崎製作所は，組別総合原価計算を採用し，A組製品とB組製品を製造している。次の資料
◀頻出!!によって，組別総合原価計算表とB組仕掛品勘定を完成しなさい。　　　（第79回一部修正）

ただし，ⅰ　組間接費は直接労務費を基準として配賦する。
　　　　ⅱ　素材は製造着手のときにすべて投入され，加工費は製造の進行に応じて消費されるものとする。
　　　　ⅲ　月末仕掛品原価の計算は先入先出法による。

資　　料
a. 当月製造費用

	A　組	B　組	組間接費
素　材　費	¥ 1,957,000	¥ 2,460,000	——
労　務　費	¥ 800,000	¥ 1,700,000	¥ 680,000
経　　　費	¥ 640,000	¥ 574,000	¥ 820,000

b. 生産データ

	A　組	B　組
月初仕掛品	400個（加工進捗度50%）	500個（加工進捗度50%）
当月投入	1,900個	3,000個
合　　計	2,300個	3,500個
月末仕掛品	300個（加工進捗度40%）	500個（加工進捗度60%）
完成品	2,000個	3,000個

組 別 総 合 原 価 計 算 表
令和○年1月分

摘　　　　要	A　　組	B　　組
組 直 接 費　素 材 費	1,957,000	2,460,000
加 工 費	1,440,000	2,274,000
組 間 接 費　加 工 費	480,000	1,020,000
当 月 製 造 費 用	3,877,000	5,754,000
月初仕掛品原価　素 材 費	432,000	440,000
加 工 費	220,000	300,000
計	4,529,000	6,494,000
月末仕掛品原価　素 材 費	309,000	410,000
加 工 費	120,000	324,000
完 成 品 原 価	4,100,000	5,760,000
完 成 品 数 量	2,000個	3,000個
製 品 単 価	¥ 2,050	¥ 1,920

B 組 仕 掛 品

前 月 繰 越	740,000	（B 組 製 品）（	5,760,000）
素　　　　材	2,460,000	次 月 繰 越（	734,000）
労　　務　　費	1,700,000		
経　　　　費	574,000		
（組 間 接 費）（	1,020,000）		
（	6,494,000）	（	6,494,000）

工程別総合原価計算

①工程別総合原価計算

単純総合原価計算・等級別総合原価計算・組別総合原価計算を用いている企業において，**製造工程が2つ以上の連続する工程に分かれ，製造原価を工程ごとに集計する場合**に用いられる。

②完成品原価の計算

1原価計算期間の製造費用を，**工程個別費・補助部門個別費・部門共通費**に分け，各工程に賦課・配賦をし，完成品原価を計算する。なお，次の工程に振り替えられた前の工程の完成品原価を，**前工程費**という。

製造費用
- 工程個別費 ── 各工程に賦課
- 補助部門個別費 ── 各補助部門に賦課
- 部門共通費 ── 適当な配賦基準により各工程および各補助部門に配賦

完成品原価＝月初仕掛品原価＋当月工程費＋前工程費振替額－月末仕掛品原価

$$製品単価 = \frac{完成品原価}{完成品数量}$$

③工程別総合原価計算表

各工程別に完成品原価と工程単価の算出をするための計算表であり，製品の原価がより正確に計算できる。

④記帳方法

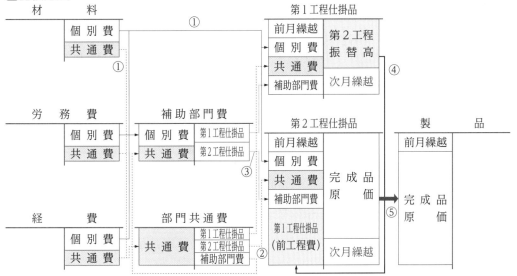

⑤半製品

最終工程以外の工程を完了したものを**半製品**という。たとえば第1工程を完了し，ただちに次の第2工程に引き渡さないで，その一部または全部を倉庫に一時保管する場合には，**第1工程半製品勘定**に振り替える。

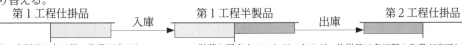

(注) 半製品は各工程の作業が完了しているので，貯蔵や販売することができるが，仕掛品は各工程の作業が完了していないため，販売することができない。

練習問題

解答 ▶ p.42

17-1 第3工程まである工程別総合原価計算を採用している兵庫製作所における次の取引の仕訳を示しなさい。

(1)素材 ¥980,000 を次のとおり消費した。
第1工程 ¥700,000　　第2工程 ¥200,000　　修繕部門 ¥80,000

(1)	第 1 工 程 仕 掛 品	700,000	素　　　　材	980,000
	第 2 工 程 仕 掛 品	200,000		
	修 繕 部 門 費	80,000		

(2)労務費 ¥120,000　経費 ¥150,000 を部門共通費として消費したので，次のとおり配賦した。
　　第1工程 ¥105,000　第2工程 ¥90,000　第3工程 ¥50,000　修繕部門 ¥25,000
(3)第1工程完成品800個 ¥1,040,000 を第2工程に引き渡した。
(4)第2工程完成品500個@¥1,500 のうち，400個は第3工程に引き渡し，100個は倉庫に保管した。
(5)第2工程完成品200個 ¥300,000 を倉庫から第3工程に引き渡した。
(6)第3工程（最終工程）完成品500個 ¥825,000 を倉庫に保管した。

(2)	第 1 工 程 仕 掛 品	105,000	労　　務　　費	120,000
	第 2 工 程 仕 掛 品	90,000	経　　　　　費	150,000
	第 3 工 程 仕 掛 品	50,000		
	修 繕 部 門 費	25,000		
(3)	第 2 工 程 仕 掛 品	1,040,000	第 1 工 程 仕 掛 品	1,040,000
(4)	第 3 工 程 仕 掛 品	600,000	第 2 工 程 仕 掛 品	750,000
	第 2 工 程 半 製 品	150,000		
(5)	第 3 工 程 仕 掛 品	300,000	第 2 工 程 半 製 品	300,000
(6)	製　　　　　　品	825,000	第 3 工 程 仕 掛 品	825,000

17-2 次の資料によって，工程別総合原価計算表を完成し，完成品原価と製品単価を求めなさい。なお，第1工程の完成品は，すべて第2工程に引き渡される。また，素材・加工費とも製造の進行に応じて消費される。ただし，月末仕掛品原価の計算は平均法による。

資　　料
　a．補助部門費配賦額　　第1工程　¥　18,000　　第2工程　¥　8,000
　b．月初仕掛品原価　　　〃　　〃　10,000　　　〃　　〃　12,000
　c．完成品数量　　　　　〃　　2,000個　　　　〃　　1,800個
　d．月末仕掛品数量　　　〃　　200個　　　　　〃　　400個
　　　　　　　　　　　　（加工進捗度50%）　　（加工進捗度50%）

工 程 別 総 合 原 価 計 算 表

摘　　　要	第 1 工 程	第 2 工 程	合　　計
工程個別費　素 材 費	40,000	20,000	(60,000)
前 工 程 費	──	(120,000)	(120,000)
労 務 費	31,000	15,000	(46,000)
経 費	10,000	13,000	(23,000)
部 門 共 通 費 配 賦 額	17,000	12,000	(29,000)
補 助 部 門 費 配 賦 額	(18,000)	(8,000)	(26,000)
当 月 製 造 費 用	(116,000)	(188,000)	(304,000)
月 初 仕 掛 品 原 価	(10,000)	(12,000)	(22,000)
計	(126,000)	(200,000)	(326,000)
月 末 仕 掛 品 原 価	(6,000)	20,000	(26,000)
工 程 完 成 品 原 価	(120,000)	(180,000)	(300,000)
工 程 完 成 品 数 量	2,000個	1,800個	
工 程 単 価	(¥ 60)	(¥ 100)	

完 成 品 原 価　　¥　180,000　　　　　製 品 単 価　　¥　100

検定問題

解答 ▶ p.42

17-3 次の取引の仕訳を示しなさい。

(1)工程別総合原価計算を採用している香川工業株式会社は，次のとおり素材を消費した。ただし，＠¥530 の予定価格を用い，消費材料勘定を設けている。　　　（第44回一部修正）

　　第1工程　　1,800個　　　　　　第2工程　　400個

(2)工程別総合原価計算を採用している香川製作所は，月末にあたり，倉庫に保管してあった第1工程完成品の製造原価が ＠¥2,700 と算出された。よって，当月中に倉庫から第2工程に引き渡した1,600個についての振替仕訳をおこなった。　　　（第67回一部修正）

◀頻出!!(3)工程別総合原価計算を採用している大阪製作所は，月末に工程別総合原価計算表を次のとおり作成し，各工程の完成品原価を計上した。なお，第1工程の完成品はすべて第2工程（最終工程）に引き渡している。　　　（第92回一部修正）

工程別総合原価計算表（一部）
令和○年8月分

適　　　用	第 1 工 程	第 2 工 程
工程個別費 素 材 費	1,827,000	———
前 工 程 費	———	3,500,000
〰〰〰〰〰〰〰	〰〰〰〰〰	〰〰〰〰〰
工 程 完 成 品 原 価	3,500,000	5,200,000
工 程 完 成 品 数 量	2,500個	2,000個
工 　程 　単 　価	¥　　1,400	¥　　2,600

◀頻出!!(4)工程別総合原価計算を採用している秋田工業株式会社は，月末に工程別総合原価計算表を作成し，各工程の完成品原価を次のとおり計上した。ただし，各工程の完成品はすべていったん倉庫に保管しており，当月中に倉庫から第2工程（最終工程）に投入した第1工程の完成品原価は ¥1,945,000 である。なお，当社では第1工程の完成品原価をすべて第1工程半製品勘定に振り替えている。　　　（第94回一部修正）

　　第 1 工 程 ¥2,670,000　　第 2 工 程 ¥3,180,000

(5)工程別総合原価計算を採用している徳島工業株式会社では，第2工程（最終工程）において当月中に完成した製品400個の単価が ¥1,800 であることが判明したので，完成品原価を製品勘定に振り替えた。また，この製品はいったん倉庫に保管していたが，うち300個はすでに販売されているので，売上原価の計上もおこなった。ただし，月初に製品の在庫はなく，売上高の計上は済んでいる。　　　（第55回一部修正）

(1)	第 1 工 程 仕 掛 品	954,000	消 　費 　材 　料	1,166,000
	第 2 工 程 仕 掛 品	212,000		
(2)	第 2 工 程 仕 掛 品	4,320,000	第 1 工 程 半 製 品	4,320,000
(3)	第 2 工 程 仕 掛 品	3,500,000	第 1 工 程 仕 掛 品	3,500,000
	製 　　　　 品	5,200,000	第 2 工 程 仕 掛 品	5,200,000
(4)	第 1 工 程 半 製 品	2,670,000	第 1 工 程 仕 掛 品	2,670,000
	第 2 工 程 仕 掛 品	1,945,000	第 1 工 程 半 製 品	1,945,000
	製 　　　　 品	3,180,000	第 2 工 程 仕 掛 品	3,180,000
(5)	製 　　　　 品	720,000	第 2 工 程 仕 掛 品	720,000
	売 　上 　原 　価	540,000	製 　　　　 品	540,000

17-4 兵庫工業株式会社の下記の資料によって，

(1)工程別総合原価計算表を完成しなさい。

(2)第2工程の月末仕掛品原価に含まれる前工程費を答えなさい。

(3)第1工程半製品勘定を完成しなさい。　　　　　　　　　　　　　　（第78回一部修正）

ただし，ⅰ　第1工程の完成品原価は，すべて第1工程半製品勘定に振り替えている。

ⅱ　素材は製造着手のときにすべて投入され，第1工程の完成品は第2工程の始点で投入されるものとする。

ⅲ　加工費は第1工程・第2工程ともに製造の進行に応じて消費されるものとする。

ⅳ　月末仕掛品原価の計算は平均法による。

資　　料

a．当月製造費用

①工程個別費および補助部門個別費

費　　目	第1工程	第2工程	補助部門
素　材　費	¥ 2,200,000	——	——
労　務　費	¥ 1,536,000	¥ 1,387,000	¥ 135,000
経　　費	¥ 640,000	¥ 380,000	¥ 310,000

②部門共通費を次のとおり配賦する。

第1工程　¥442,000　　第2工程　¥161,000　　補助部門　¥115,000

③補助部門費を第1工程に65%，第2工程に35%の割合で配賦する。

b．月初仕掛品原価　第1工程　¥ 850,000（素材費　¥ 500,000　加工費　¥350,000）

第2工程　¥1,260,000（前工程費　¥1,044,000　加工費　¥216,000）

c．月末仕掛品数量　第1工程　　600個（加工進捗度60%）

第2工程　1,200個（加工進捗度40%）

d．当月中に第2工程に投入した第1工程の完成品原価は　¥5,544,000　である。

(1)
工 程 別 総 合 原 価 計 算 表
令和○年6月分

摘　　　　　要	第　1　工　程	第　2　工　程	合　　　　　計
工 程 個 別 費　素 材 費	2,200,000	——	2,200,000
前 工 程 費	——	5,544,000	5,544,000
労　務　費	1,536,000	1,387,000	2,923,000
経　　費	640,000	380,000	1,020,000
部 門 共 通 費 配 賦 額	442,000	161,000	603,000
補 助 部 門 費 配 賦 額	364,000	196,000	560,000
当 月 製 造 費 用	5,182,000	7,668,000	12,850,000
月 初 仕 掛 品 原 価	850,000	1,260,000	2,110,000
計	6,032,000	8,928,000	14,960,000
月 末 仕 掛 品 原 価	576,000	1,704,000	2,280,000
工 程 完 成 品 原 価	5,456,000	7,224,000	12,680,000
工 程 完 成 品 数 量	4,400個	4,200個	
工　　程　　単　　価	¥　1,240	¥　1,720	

(2)

第2工程の月末仕掛品原価に含まれる前工程費	¥ 1,464,000

(3)
第 1 工 程 半 製 品

前 月 繰 越	1,320,000	第2工程仕掛品	(5,544,000)
（第1工程仕掛品）	(5,456,000)	次 月 繰 越	(1,232,000)
	(6,776,000)		(6,776,000)

⑱ 総合原価計算における減損および仕損

①減損と仕損

製造工程において，原材料などの投入量に対し，製品として実際に活用されない分量が生じる場合がある。これは，製造中に**減損**や**仕損**などが生じていることが原因である。この減損と仕損は製造工程のどの時点で発生したかによって，

①完成品のみに負担させるか

②完成品と月末仕掛品の両者に負担させるか

を判断して処理をおこなう。

仕　　掛　　品	
月初仕掛品原価	完　成　品　原　価
当月製造費用	減　損・仕　損
	月末仕掛品原価

②減損

製造工程の途中で，原材料の一部が蒸発・ガス化・粉散・煙化などの原因により減少することを減損といい，減損が発生するまでにかかった原価を集計したものを**減損費**という。

　減損費の処理

　①完成品のみに負担させる場合（減損が月末仕掛品の加工進捗度より後に発生した場合）

　　a．平均法による月末仕掛品原価の計算

$$月末仕掛品素材費＝（月初仕掛品素材費＋当月素材費）×\frac{月末仕掛品数量}{完成品数量＋正常減損数量＋月末仕掛品数量}$$

$$月末仕掛品加工費＝（月初仕掛品加工費＋当月加工費）×\frac{月末仕掛品の完成品換算数量}{完成品数量＋正常減損の完成品換算数量＋月末仕掛品の完成品換算数量}$$

　　b．先入先出法による月末仕掛品原価の計算

$$月末仕掛品素材費＝当月素材費×\frac{月末仕掛品数量}{完成品数量－月初仕掛品数量＋正常減損数量＋月末仕掛品数量}$$

$$月末仕掛品加工費＝当月加工費×\frac{月末仕掛品の完成品換算数量}{完成品数量－月初仕掛品の完成品換算数量＋正常減損の完成品換算数量＋月末仕掛品の完成品換算数量}$$

　②完成品と月末仕掛品の両者に負担させる場合（減損が月末仕掛品の加工進捗度より前に発生した場合）

　　a．平均法による月末仕掛品原価の計算

$$月末仕掛品素材費＝（月初仕掛品素材費＋当月素材費）×\frac{月末仕掛品数量}{完成品数量＋月末仕掛品数量}$$

$$月末仕掛品加工費＝（月初仕掛品加工費＋当月加工費）×\frac{月末仕掛品の完成品換算数量}{完成品数量＋月末仕掛品の完成品換算数量}$$

　　b．先入先出法による月末仕掛品原価の計算

$$月末仕掛品素材費＝当月素材費×\frac{月末仕掛品数量}{完成品数量－月初仕掛品数量＋月末仕掛品数量}$$

$$月末仕掛品加工費＝当月加工費×\frac{月末仕掛品の完成品換算数量}{完成品数量－月初仕掛品の完成品換算数量＋月末仕掛品の完成品換算数量}$$

（注）　上記の減損は，その発生を避けることができない減損であるため正常減損という。また正常減損とは異なり，通常生じる程度をこえて発生した減損を異常減損といい，非原価項目として処理する。

③仕損

　製造工程の途中で，材料の不良や機械装置の故障などの原因で加工に失敗し，一定の品質や規格にあわない不合格品となったものを**仕損品**といい，仕損品が生じることを仕損という。また，仕損が発生するまでにかかった原価を集計したものを**仕損費**という。仕損は減損と異なり，仕損品が売却価値をもつ場合がある。この場合は，売却できる価額（**仕損品評価額**）を控除した額を仕損費とする。

　　仕損費＝仕損が発生するまでにかかった原価－仕損品評価額

仕損費の処理

　①完成品のみに負担させる場合（仕損が月末仕掛品の加工進捗度より後に発生した場合）
　 a．平均法による月末仕掛品原価の計算

$$月末仕掛品素材費＝（月初仕掛品素材費＋当月素材費）× \frac{月末仕掛品数量}{完成品数量＋正常仕損数量＋月末仕掛品数量}$$

$$月末仕掛品加工費＝（月初仕掛品加工費＋当月加工費）× \frac{月末仕掛品の完成品換算数量}{完成品数量＋正常仕損の完成品換算数量＋月末仕掛品の完成品換算数量}$$

　完成品原価＝月初仕掛品原価＋当月製造費用－月末仕掛品原価－仕損品評価額

　 b．先入先出法による月末仕掛品原価の計算

$$月末仕掛品素材費＝当月素材費× \frac{月末仕掛品数量}{完成品数量－月初仕掛品数量＋正常仕損数量＋月末仕掛品数量}$$

$$月末仕掛品加工費＝当月加工費× \frac{月末仕掛品の完成品換算数量}{完成品数量－月初仕掛品の完成品換算数量＋正常仕損の完成品換算数量＋月末仕掛品の完成品換算数量}$$

　完成品原価＝月初仕掛品原価＋当月製造費用－月末仕掛品原価－仕損品評価額

　②完成品と月末仕掛品の両者に負担させる場合（仕損が月末仕掛品の加工進捗度より前に発生した場合）
　 a．平均法による月末仕掛品原価の計算

$$月末仕掛品素材費＝（月初仕掛品素材費＋当月素材費－仕損品評価額）× \frac{月末仕掛品数量}{完成品数量＋月末仕掛品数量}$$

$$月末仕掛品加工費＝（月初仕掛品加工費＋当月加工費）× \frac{月末仕掛品の完成品換算数量}{完成品数量＋月末仕掛品の完成品換算数量}$$

　完成品原価＝月初仕掛品原価＋当月製造費用－仕損品評価額－月末仕掛品原価

　 b．先入先出法による月末仕掛品原価の計算

$$月末仕掛品素材費＝（当月素材費－仕損品評価額）× \frac{月末仕掛品数量}{完成品数量－月初仕掛品数量＋月末仕掛品数量}$$

$$月末仕掛品加工費＝当月加工費× \frac{月末仕掛品の完成品換算数量}{完成品数量－月初仕掛品の完成品換算数量＋月末仕掛品の完成品換算数量}$$

　完成品原価＝月初仕掛品原価＋当月製造費用－仕損品評価額－月末仕掛品原価

（注）　上記の仕損は，その発生を避けることができない仕損であるため正常仕損という。また正常仕損とは異なり，通常生じる程度をこえて発生した仕損を異常仕損といい，非原価項目として処理する。

練習問題

解答 ▶ p.43

18-1　次の資料から，平均法による月末仕掛品原価を求めるための計算式を完成しなさい。ただし，素材は製造着手のときにすべて投入されるものとする。

資　　料
　ⅰ　月初仕掛品　素材費　￥100,000　　加工費　￥170,000
　ⅱ　当月製造費用　素材費　￥400,000　　加工費　￥520,000
　ⅲ　月末仕掛品　800kg（加工進捗度　50％）
　ⅳ　正常減損　200kg　　ⅴ　当月完成品数量　4,000kg
　ⅵ　正常減損は工程の終点で発生している。

【月末仕掛品素材費の計算】　　　　　　　　【月末仕掛品加工費の計算】

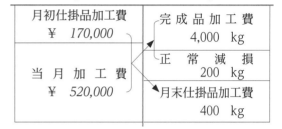

＜計　算　式＞

月末仕掛品素材費＝（￥100,000＋￥ 400,000 ）× $\dfrac{800\text{kg}}{4,000\text{kg}+ \boxed{200}\text{kg}+800\text{kg}}$ ＝￥ 80,000

月末仕掛品加工費＝（￥170,000＋￥ 520,000 ）× $\dfrac{800\text{kg}× \boxed{50}\%}{4,000\text{kg}+(\boxed{200}\text{kg}×100\%)+(800\text{kg}× \boxed{50}\%)}$ ＝￥ 60,000

月末仕掛品原価　　￥　　140,000

18-2　次の資料から，平均法による月末仕掛品原価と完成品原価を求めるための図と計算式を完成しなさい。ただし，素材は製造着手のときにすべて投入されるものとする。

資　　料
　ⅰ　月初仕掛品　素材費　￥120,000　　加工費　￥164,000
　ⅱ　当月製造費用　素材費　￥456,000　　加工費　￥540,000
　ⅲ　月末仕掛品　800kg（加工進捗度　50％）
　ⅳ　正常減損　200kg　　ⅴ　当月完成品数量　4,000kg
　ⅵ　正常減損は工程の始点で発生している。

【月末仕掛品素材費の計算】　　　　　　　　【月末仕掛品加工費の計算】

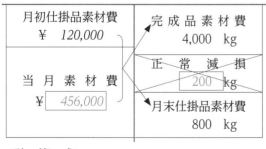
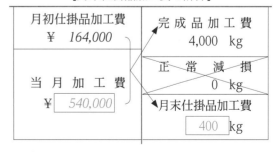

＜計　算　式＞

月末仕掛品素材費＝（￥120,000＋￥ 456,000 ）× $\dfrac{\boxed{800}\text{kg}}{4,000\text{kg}+ \boxed{800}\text{kg}}$ ＝￥ 96,000

月末仕掛品加工費＝（￥164,000＋￥ 540,000 ）× $\dfrac{800\text{kg}× \boxed{50}\%}{4,000\text{kg}+(\boxed{800}\text{kg}× \boxed{50}\%)}$ ＝￥ 64,000

月末仕掛品原価　　￥　160,000　　　完成品原価　　￥　1,120,000

18-3 次の資料から，先入先出法による月末仕掛品原価を求めるための図と計算式を完成しなさい。
ただし，素材は製造着手のときにすべて投入されるものとする。

　資　　料
　　ⅰ　月 初 仕 掛 品　500kg（加工進捗度　40%）　素材費　￥100,000　加工費　￥170,000
　　ⅱ　当月製造費用　素材費　￥450,000　加工費　￥616,000
　　ⅲ　月 末 仕 掛 品　800kg（加工進捗度　50%）
　　ⅳ　正 常 減 損　200kg　　ⅴ　当月完成品数量　4,000kg
　　ⅵ　正常減損は工程の終点で発生している。

【月末仕掛品素材費の計算】　　　　　　　　　【月末仕掛品加工費の計算】

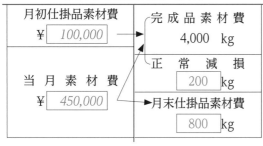
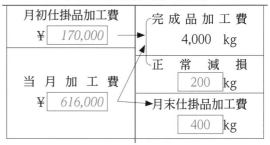

<計　算　式>

月末仕掛品素材費＝￥ 450,000 ×　800 kg / （4,000kg－500kg＋ 200 kg＋ 800 kg）　＝￥ 80,000

月末仕掛品加工費＝￥ 616,000 ×　800 kg× 50 % / （4,000kg－（500kg×40%）＋（ 200 kg×100%）＋（ 800 kg× 50 %））　＝￥ 56,000

月末仕掛品原価	￥	136,000

18-4 次の資料から，先入先出法による月末仕掛品原価と完成品原価を求めるための図と計算式を
完成しなさい。ただし，素材は製造着手のときにすべて投入されるものとする。

　資　　料
　　ⅰ　月 初 仕 掛 品　500kg（加工進捗度　40%）　素材費　￥100,000　加工費　￥170,000
　　ⅱ　当月製造費用　素材費　￥473,000　加工費　￥630,000
　　ⅲ　月 末 仕 掛 品　800kg（加工進捗度　50%）
　　ⅳ　正 常 減 損　200kg　　ⅴ　当月完成品数量　4,000kg
　　ⅵ　正常減損は工程の始点で発生している。

【月末仕掛品素材費の計算】　　　　　　　　　【月末仕掛品加工費の計算】

<計　算　式>

月末仕掛品素材費＝￥ 473,000 ×　800 kg / （ 4,000 kg－ 500 kg＋ 800 kg）　＝￥ 88,000

月末仕掛品加工費＝￥ 630,000 ×　800 kg× 50 % / （ 4,000 kg－（ 500 kg× 40 %）＋（ 800 kg× 50 %））　＝￥ 60,000

月末仕掛品原価	￥ 148,000	完 成 品 原 価	￥ 1,225,000

18-5 次の資料から，平均法による月末仕掛品原価と完成品原価を求めるための計算式を完成しなさい。ただし，素材は製造着手のときにすべて投入されるものとする。

資　料
- i　月初仕掛品　素材費　¥*100,000*　加工費　¥*170,000*
- ii　当月製造費用　素材費　¥*400,000*　加工費　¥*520,000*
- iii　月末仕掛品　800個（加工進捗度　50％）
- iv　正常仕損　200個　　v　当月完成品数量　4,000個
- vi　正常仕損は工程の終点で発生し，その評価額は ¥*20,000* であった。なお，仕損品の評価額は素材費から控除する。

【月末仕掛品素材費の計算】　　　　　　　　　【月末仕掛品加工費の計算】

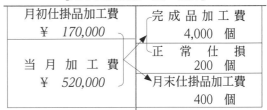

＜計　算　式＞

$$月末仕掛品素材費 = (¥100,000 + ¥\boxed{400,000}) \times \frac{800個}{4,000個 + \boxed{200}個 + 800個} = ¥\boxed{80,000}$$

$$月末仕掛品加工費 = (¥170,000 + ¥\boxed{520,000}) \times \frac{800個 \times \boxed{50}\%}{4,000個 + (\boxed{200}個 \times 100\%) + (800個 \times \boxed{50}\%)} = ¥\boxed{60,000}$$

$$完成品原価 = ¥\boxed{270,000} + ¥\boxed{920,000} - ¥\boxed{140,000} - ¥\boxed{20,000} = ¥\boxed{1,030,000}$$

月末仕掛品原価	¥ *140,000*	完成品原価	¥ *1,030,000*

18-6 次の資料から，平均法による月末仕掛品原価と完成品原価を求めるための図と計算式を完成しなさい。ただし，素材は製造着手のときにすべて投入されるものとする。

資　料
- i　月初仕掛品　素材費　¥*120,000*　加工費　¥*164,000*
- ii　当月製造費用　素材費　¥*456,000*　加工費　¥*540,000*
- iii　月末仕掛品　800個（加工進捗度　50％）
- iv　正常仕損　200個　　v　当月完成品数量　4,000個
- vi　正常仕損は工程の始点で発生し，その評価額は ¥*24,000* であった。なお，仕損品の評価額は素材費から控除する。

【月末仕掛品素材費の計算】　　　　　　　　　【月末仕掛品加工費の計算】

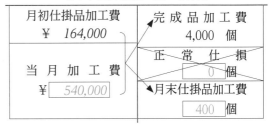

＜計　算　式＞

$$月末仕掛品素材費 = (¥120,000 + ¥\boxed{456,000} - ¥\boxed{24,000}) \times \frac{\boxed{800}個}{4,000個 + \boxed{800}個} = ¥\boxed{92,000}$$

$$月末仕掛品加工費 = (¥164,000 + ¥\boxed{540,000}) \times \frac{\boxed{800}個 \times 50\%}{4,000個 + (\boxed{800}個 \times \boxed{50}\%)} = ¥\boxed{64,000}$$

$$完成品原価 = ¥\boxed{284,000} + ¥\boxed{996,000} - ¥\boxed{24,000} - ¥\boxed{156,000} = ¥\boxed{1,100,000}$$

月末仕掛品原価	¥ *156,000*	完成品原価	¥ *1,100,000*

18-7 次の資料から，先入先出法による月末仕掛品原価と完成品原価を求めるための図と計算式を完成しなさい。ただし，素材は製造着手のときにすべて投入されるものとする。

資　　料
i　月初仕掛品　500個（加工進捗度　40%）　素材費　¥100,000　加工費　¥170,000
ii　当月製造費用　素材費　¥450,000　加工費　¥616,000
iii　月末仕掛品　800個（加工進捗度　50%）
iv　正常仕損　200個　　v　当月完成品数量　4,000個
vi　正常仕損は工程の終点で発生し，その評価額は ¥20,000 であった。なお，仕損品の評価額は素材費から控除する。

【月末仕掛品素材費の計算】　　　　　　　【月末仕掛品加工費の計算】

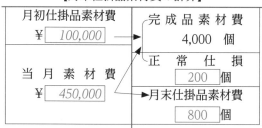
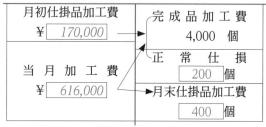

<計　算　式>

$$月末仕掛品素材費 = ¥450,000 × \frac{800個}{4,000個 - 500個 + 200個 + 800個} = ¥80,000$$

$$月末仕掛品加工費 = ¥616,000 × \frac{800個 × 50\%}{4,000個 - (500個 × 40\%) + (200個 × 100\%) + (800個 × 50\%)} = ¥56,000$$

完　成　品　原　価 = ¥270,000 + ¥1,066,000 - ¥136,000 - ¥20,000 = ¥1,180,000

月末仕掛品原価　　¥ 136,000	完成品原価　　¥ 1,180,000

18-8 次の資料から，先入先出法による月末仕掛品原価と完成品原価を求めるための図と計算式を完成しなさい。ただし，素材は製造着手のときにすべて投入されるものとする。

資　　料
i　月初仕掛品　500個（加工進捗度　40%）　素材費　¥100,000　加工費　¥170,000
ii　当月製造費用　素材費　¥473,000　加工費　¥630,000
iii　月末仕掛品　800個（加工進捗度　50%）
iv　正常仕損　200個　　v　当月完成品数量　4,000個
vi　正常仕損は工程の始点で発生し，その評価額は ¥43,000 であった。なお，仕損品の評価額は素材費から控除する。

【月末仕掛品素材費の計算】　　　　　　　【月末仕掛品加工費の計算】

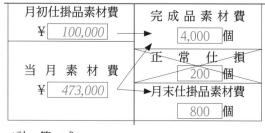

<計　算　式>

$$月末仕掛品素材費 = (¥473,000 - ¥43,000) × \frac{800個}{4,000個 - 500個 + 800個} = ¥80,000$$

$$月末仕掛品加工費 = ¥630,000 × \frac{800個 × 50\%}{4,000個 - (500個 × 40\%) + (800個 × 50\%)} = ¥60,000$$

完　成　品　原　価 = ¥270,000 + ¥1,103,000 - ¥43,000 - ¥140,000 = ¥1,190,000

月末仕掛品原価　　¥ 140,000	完成品原価　　¥ 1,190,000

18-9 次の資料により，月末仕掛品原価を求めなさい。

ただし，ⅰ　素材は製造着手のときにすべて投入され，加工費は製造の進行に応じて消費されるものとする。

ⅱ　月末仕掛品原価の計算は平均法による。

ⅲ　正常減損は製造工程の終点で発生している。

<u>資　　料</u>

a．月 初 仕 掛 品　数　　量　　500kg（加工進捗度40%）

（素材費　¥200,000　　加工費　¥340,000）

b．当月製造費用　素 材 費　¥800,000　　加 工 費　¥1,040,000

c．月 末 仕 掛 品　数　　量　　800kg（加工進捗度50%）

d．正 常 減 損　数　　量　　200kg

e．当 月 完 成 品　数　　量　　4,000kg

月 末 仕 掛 品 原 価　¥　　　　280,000

18-10 次の資料により，単純総合原価計算表を完成しなさい。

ただし，ⅰ　素材は製造着手のときにすべて投入され，加工費は製造の進行に応じて消費されるものとする。

ⅱ　月末仕掛品原価の計算は平均法による。

ⅲ　正常減損は製造工程の終点で発生している。

<u>資　　料</u>

① 生 産 デ ー タ　　　　　　　　　　② 月初仕掛品原価

月初仕掛品　　500kg（加工進捗度40%）　　素 材 費　¥　400,000

当 月 投 入　2,000kg　　　　　　　　　加 工 費　¥　680,000

合　　計　2,500kg　　　　　　　　③ 当月製造費用

月末仕掛品　　400kg（加工進捗度50%）　　素 材 費　¥1,600,000

正 常 減 損　　100kg　　　　　　　　　工場消耗品　¥　180,000

完 成 品　2,000kg　　　　　　　　　労 務 費　¥1,240,000

経　　費　¥　660,000

単 純 総 合 原 価 計 算 表

令和○年5月分

摘　　　　要	素　材　費	加　工　費	合　　　計
材　料　費	1,600,000	180,000	1,780,000
労　務　費	——	1,240,000	1,240,000
経　費	——	660,000	660,000
計	1,600,000	2,080,000	3,680,000
月 初 仕 掛 品 原 価	400,000	680,000	1,080,000
計	2,000,000	2,760,000	4,760,000
月 末 仕 掛 品 原 価	320,000	240,000	560,000
完 成 品 原 価	1,680,000	2,520,000	4,200,000
完 成 品 数 量	2,000kg	2,000kg	2,000kg
製品1kgあたりの原価	¥　　840	¥　1,260	¥　2,100

18-11 下記の資料により，次の各問いに答えなさい。

(1)単純総合原価計算表を完成しなさい。

(2)平均法で計算した場合の月末仕掛品原価を求めなさい。

ただし，i 素材は製造着手のときにすべて投入され，加工費は製造の進行に応じて消費されるものとする。

ii 月末仕掛品原価の計算は先入先出法による。

iii 正常減損は製造工程の始点で発生している。

資　料

月初仕掛品　数　量　　500kg（加工進捗度40%）

　　　　　　　　　　　（素材費 ¥206,000　加工費 ¥96,000）

当月製造費用　素材費 ¥1,950,000　工場消耗品 ¥260,000

　　　　　　　労務費 〃2,400,000　経費 〃940,000

月末仕掛品　数　量　　400kg（加工進捗度50%）

正常減損　数　量　　100kg

当月完成品　数　量　　4,000kg

(1)
単純総合原価計算表
令和○年10月分

摘　　要	素　材　費	加　工　費	合　　計
材　料　費	1,950,000	260,000	2,210,000
労　務　費	——	2,400,000	2,400,000
経　費	——	940,000	940,000
計	1,950,000	3,600,000	5,550,000
月初仕掛品原価	206,000	96,000	302,000
計	2,156,000	3,696,000	5,852,000
月末仕掛品原価	200,000	180,000	380,000
完成品原価	1,956,000	3,516,000	5,472,000
完成品数量	4,000kg	4,000kg	4,000kg
製品1kgあたりの原価	¥ 489	¥ 879	¥ 1,368

(2)

平均法で計算した場合の月末仕掛品原価	¥ 372,000

18-12 単純総合原価計算を採用している長野製作所の次の資料から，月末仕掛品原価と完成品原価を求めなさい。

ただし，i 素材は製造着手のときにすべて投入され，加工費は製造の進行に応じて消費されるものとする。

ii 月末仕掛品原価の計算は先入先出法による。

iii 正常減損は製造工程の終点で発生している。

資　料

① 生産データ

月初仕掛品　1,000kg（加工進捗度50%）

当月投入　8,200kg

合　計　9,200kg

月末仕掛品　800kg（加工進捗度50%）

正常減損　400kg

完成品　8,000kg

② 月初仕掛品原価

素材費 ¥152,000

加工費 ¥95,000

③ 当月製造費用

素材費 ¥984,000

加工費 ¥1,245,000

月末仕掛品原価	¥ 156,000	完成品原価	¥ 2,320,000

18-13 次の資料により，単純総合原価計算表を完成しなさい。また，製品が完成したときの仕訳を示し，仕掛品勘定を完成しなさい。

ただし，i 素材は製造着手のときにすべて投入され，加工費は製造の進行に応じて消費されるものとする。

ii 月末仕掛品原価の計算は平均法による。

iii 正常仕損は製造工程の始点で発生し，その評価額は ¥20,000 であった。なお，仕損品の評価額は素材費から控除すること。

資　料

① 生産データ

月初仕掛品	400個 （加工進捗度50%）
当月投入	4,200個
合計	4,600個
月末仕掛品	500個 （加工進捗度40%）
正常仕損	100個
完成品	4,000個

② 月初仕掛品原価

素材費	¥	470,000
加工費	¥	540,000

③ 当月製造費用

素材費	¥	1,440,000
工場消耗品	¥	180,000
労務費	¥	1,260,000
経費	¥	204,000

単純総合原価計算表
令和○年3月分

摘要	素材費	加工費	合計
材料費	1,440,000	180,000	1,620,000
労務費	――	1,260,000	1,260,000
経費	――	204,000	204,000
計	1,440,000	1,644,000	3,084,000
月初仕掛品原価	470,000	540,000	1,010,000
計	1,910,000	2,184,000	4,094,000
仕損品評価額	20,000	――	20,000
差引	1,890,000	2,184,000	4,074,000
月末仕掛品原価	210,000	104,000	314,000
完成品原価	1,680,000	2,080,000	3,760,000
完成品数量	4,000個	4,000個	4,000個
製品単価	¥ 420	¥ 520	¥ 940

製品	3,760,000	仕掛品	3,780,000
仕損品	20,000		

仕掛品

前月繰越	1,010,000	製品	3,760,000
材料費	1,620,000	仕損品	20,000
労務費	1,260,000	次月繰越	314,000
経費	204,000		
	4,094,000		4,094,000

18-14 古河製作所は，組別総合原価計算を採用し，A組製品とB組製品を製造している。次の資料によって，組別総合原価計算表とA組仕掛品勘定を完成しなさい。

　　ただし，　ⅰ　組間接費は直接作業時間を基準として配賦する。
　　　　　　　ⅱ　素材は製造着手のときにすべて投入され，加工費は製造の進行に応じて消費されるものとする。
　　　　　　　ⅲ　月末仕掛品原価の計算は平均法による。
　　　　　　　ⅳ　A組の正常仕損は製造工程の終点で発生しており，正常仕損費は完成品のみに負担させる。なお，仕損品の評価額は零（0）である。
　　　　　　　ⅴ　B組の正常減損は製造工程の終点で発生しており，正常減損費は完成品のみに負担させる。

資　　　料
　a．当月製造費用

	A組直接費	B組直接費	組 間 接 費
素 材 費	¥ 2,800,000	¥ 4,750,000	――
労 務 費	¥ 1,329,000	¥ 2,846,000	¥ 135,000
経 費	¥ 582,000	¥ 280,000	¥ 229,000

　b．生産データ

A 組		B 組	
月初仕掛品	500個（加工進捗度50%）	月初仕掛品	500個（加工進捗度40%）
当 月 投 入	3,500個	当 月 投 入	3,950個
合 計	4,000個	合 計	4,450個
月末仕掛品	1,000個（加工進捗度55%）	月末仕掛品	400個（加工進捗度50%）
正 常 仕 損	100個	正 常 減 損	50個
完 成 品	2,900個	完 成 品	4,000個

　c．当月の直接作業時間
　　　　　　A 組　225時間　　　B 組　125時間

組 別 総 合 原 価 計 算 表
令和○年 6 月分

摘　　　　　　要	A　　　組	B　　　組
組 直 接 費　素 材 費	2,800,000	4,750,000
加 工 費	1,911,000	3,126,000
組 間 接 費　加 工 費	234,000	130,000
当 月 製 造 費 用	4,945,000	8,006,000
月初仕掛品原価　素 材 費	400,000	590,000
加 工 費	162,500	144,000
計	5,507,500	8,740,000
月末仕掛品原価　素 材 費	800,000	480,000
加 工 費	357,500	160,000
完 成 品 原 価	4,350,000	8,100,000
完 成 品 数 量	2,900個	4,000個
製 品 1 個 あ た り の 原 価	¥　1,500	¥　2,025

A 組 仕 掛 品

前 月 繰 越	562,500	（A 組 製 品）（	4,350,000 ）
素 材	2,800,000	次 月 繰 越 （	1,157,500 ）
労 務 費	1,329,000		
経 費	582,000		
（組 間 接 費）（	234,000 ）		
（	5,507,500 ）	（	5,507,500 ）

⑲ 副産物の評価

１ 副　産　物
主産物（製品）の製造工程から必然的に発生する二次的産物を**副産物**という。

２ 副産物の評価と処理
次の方法で副産物の評価額を計算し、これを主産物の総合原価から控除し**副産物勘定**の借方に記入する。

(1)	そのまま売却できる場合──見積売却価額−（販売費及び一般管理費＋通常の利益見積額）
(2)	加工して売却できる場合──見積売却価額−（販売費及び一般管理費＋通常の利益見積額＋加工費見積額）
(3)	そのまま自家消費する場合──これにより購入しなくてよい物品の見積購入価額
(4)	加工して自家消費する場合──これにより購入しなくてよい物品の見積購入価額−加工費見積額

副産物の価額がわずかなときは、上の手続きによらないで、売却したときに雑益とすることができる。

練習問題

解答 ▶ p.47

19-1 次の取引の仕訳を示しなさい。

(1)a．工程別総合原価計算を採用している工場で、第１工程から副産物が発生した。この評価額は ¥200,000 である。

b．上記の副産物を ¥200,000 で売却し、代金は小切手で受け取り、ただちに当座預金とした。

(1)	a	副　産　物	200,000	第１工程仕掛品	200,000
	b	当座預金	200,000	副　産　物	200,000

(2)a．単純総合原価計算を採用している工場で、見積売却価額 ¥580,000 の副産物が発生した。販売費などの見積額は20%である。

b．上記の副産物を ¥464,000 で売却し、代金は現金で受け取った。

(2)	a	副　産　物	464,000	仕　掛　品	464,000
	b	現　金	464,000	副　産　物	464,000

検定問題

解答 ▶ p.47

19-2 次の取引の仕訳を示しなさい。

◀頻出!!(1)等級別総合原価計算を採用している富山工業株式会社において、１級製品400個と２級製品500個が完成するとともに副産物が発生した。ただし、総合原価は ¥4,780,000 であり、そのうち副産物の評価額は ¥380,000 であった。なお、等価係数は次の各製品１個あたりの重量を基準としている。　　　　　　　　　　　（第92回一部修正）

　　　１級製品 150g　２級製品 100g

(2)工程別総合原価計算を採用している福井工業製作所は、第１工程完成品をすべて第２工程（最終工程）に投入し、第２工程において製品の完成とともに副産物が発生した。ただし、第１工程の完成品は ¥3,900,000 第２工程の総合原価は ¥6,800,000 であり、そのうち副産物の評価額は ¥750,000 であった。　　　　　　　　　　　（第65回一部修正）

(1)	１級製品	2,400,000	仕　掛　品	4,780,000
	２級製品	2,000,000		
	副　産　物	380,000		
(2)	第２工程仕掛品	3,900,000	第１工程仕掛品	3,900,000
	製　品	6,050,000	第２工程仕掛品	6,800,000
	副　産　物	750,000		

第6章　内部会計

20 製品の完成と販売

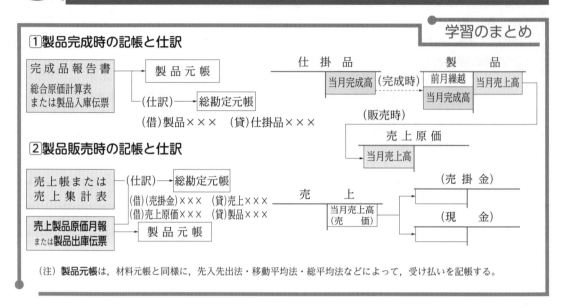

解答 ▶ p.47

練習問題

20-1 次の取引の仕訳を示しなさい。

(1)P品2,500個@￥120 と，Q品1,500個@￥160 が完成し入庫した。

(2)上記P品800個，Q品600個をそれぞれP品@￥140，Q品@￥180 で掛け売りした。

(3)上記の掛け売りした製品のうち，P品25個が返品された。

(4)組別総合原価計算を採用している工場で，A組製品を次のように掛け売りした。

　　A組製品　　700個　　製造原価　@￥720　　売価　@￥800

(1)	製　　　　　品		540,000	仕　　掛　　品		540,000
(2)	売　　掛　　金		220,000	売　　　　　上		220,000
	売　上　原　価		192,000	製　　　　　品		192,000
(3)	売　　　　　上		3,500	売　　掛　　金		3,500
	製　　　　　品		3,000	売　上　原　価		3,000
(4)	売　　掛　　金		560,000	売　　　　　上		560,000
	売　上　原　価		504,000	A　組　製　品		504,000

20-2 1月中のA製品の受け入れ・払い出しの記録は次のとおりであった。

1月1日	繰越	110個	@￥600	￥	66,000		
8日	販売	50〃	〃〃700	〃	35,000		
16日	完成	180〃	〃〃640	〃	115,200		
20日	販売	90〃	〃〃720	〃	64,800		

(1)先入先出法によってA製品の製品元帳の記入を示しなさい(製品元帳は締め切らなくてよい)。

(2)売上製品原価月報によっておこなわれる仕訳を示しなさい。

(1)

製　品　元　帳

先入先出法　　　　　　　　　　品名　A　製　品

令和 ○年		摘　　要	受　　入			払　　出			残　　高		
			数量	単価	金　額	数量	単価	金　額	数量	単価	金　額
1	1	前月繰越	110	600	66,000				110	600	66,000
	8	販　売				50	600	30,000	60	600	36,000
	16	完　成	180	640	115,200				60	600	36,000
									180	640	115,200
	20	販　売				60	600	36,000			
						30	640	19,200	150	640	96,000

(2)	売　上　原　価			85,200	製			品	85,200

検 定 問 題

解答 ▶ p.47

20-3 次の取引の仕訳を示しなさい。

◀頻出!!(1)個別原価計算を採用している埼玉製作所における1月分の製品の販売に関する資料は，次のとおりであった。よって，売上高および売上原価を計上した。　　　　　　　(第87回)

	A製品（製造指図書＃11）	B製品（製造指図書＃12）
売 上 高（掛 け）	¥763,000	¥628,000
製 造 原 価	¥452,000	¥391,000

(2)単純総合原価計算を採用している大阪工業株式会社は，かねて，兵庫商店に製品3,000個を1個あたり¥600で掛け売りしていたが，本日，そのうち50個が返品されたので，売上高および売上原価を修正した。なお，この製品の払出単価は¥420であった。
(第82回一部修正)

(3)等級別総合原価計算を採用している奈良製作所は，右の売上製品原価月報により1月分の売上製品の原価を計上した。　　(第75回)

売 上 製 品 原 価 月 報

令和○年1月分　　　　　No.1

製品名	摘要	数　量	単価	金　　額
1級製品	省	2,400個	250	600,000
2級製品	略	5,000個	150	750,000
		合　　計		1,350,000

(4)工程別総合原価計算を採用している宮城製作所は，当月に販売された製品500個について，売上原価を計上した。ただし，当月中に完成した製品600個の完成品原価は¥1,260,000であり，月初に製品の在庫はなく，完成品原価と売上高の計上は済んでいる。　(第68回)

◀頻出!!(5)組別総合原価計算を採用している長野製作所における1月分の製品の販売に関する資料は，右のとおりであった。よって，売上高および売上原価を計上した。(第77回)

	A　組	B　組
売 上 高（掛 け）	¥2,480,000	¥2,340,000
売上製品製造原価	¥1,736,000	¥1,521,000

(1)	売　掛　金 売 上 原 価	1,391,000 843,000	売　　　上 製　　　品	1,391,000 843,000
(2)	売　　　上 製　　　品	30,000 21,000	売　掛　金 売 上 原 価	30,000 21,000
(3)	売 上 原 価	1,350,000	1 級 製 品 2 級 製 品	600,000 750,000
(4)	売 上 原 価	1,050,000	製　　　品	1,050,000
(5)	売　掛　金 売 上 原 価	4,820,000 3,257,000	売　　　上 A 組 製 品 B 組 製 品	4,820,000 1,736,000 1,521,000

本社・工場会計

学習のまとめ

①工場会計の独立

工場の会計を本社の会計から独立させ，おもに製造活動に関する記録・計算を工場でおこなわせる。これを**工場会計の独立**という。

②工場会計を独立させた場合の記帳

(1)本社だけに関係のある取引は，本社で**一般仕訳帳・一般元帳**[*]に記帳する。

(2)工場だけに関係のある取引は，工場で**工場仕訳帳・工場元帳**に記帳する。

(3)両方に関係のある取引は，それぞれの仕訳帳・元帳に記帳する。その場合の相手勘定は，本社では**工場勘定**，工場では**本社勘定**である。

(4)工場勘定・本社勘定の残高は貸借反対で一致する。

（本社の一般元帳）

工　　　場	
工場に対する債　権	工場に対する債　　　務
	残　　　高

（工場の工場元帳）

本　　　社	
本社に対する債　権	本社に対する債　　　務
残　　　高	

一致

*本社の仕訳帳と元帳については，本社仕訳帳・本社元帳ともいう。

練習問題

解答 ▶ p.48

21-1 工場会計が独立している場合，次の取引について，本社と工場の仕訳を示しなさい。ただし，仕訳が不要のときは「仕訳なし」と記入すること。

(1)本社は素材 ¥400,000 を掛けで購入し，工場に送付した。工場はこれを受け取った。

(2)工場で素材を次のとおり消費した。直接材料費 ¥600,000　間接材料費 ¥200,000

(3)本社は，工場で支払う本月分の賃金は ¥4,200,000（うち，所得税控除額 ¥400,000 健康保険料控除額 ¥300,000）との報告を受けたので，工場に差引支給額を現金で送った。工場はこれを受け取り，従業員に支払った。

(4)本社は，建物の火災保険料 ¥120,000（うち，工場分 ¥70,000）を，小切手を振り出して支払った。工場はこの通知を受けた。

(5)当月の電力料消費高 ¥360,000 のうち，3分の2は工場分，残りは本社分である。なお，本社での消費高は全額販売費及び一般管理費として処理し，工場での消費高は全額間接費として処理した。

	本　　　　　社				工　　　　　場			
(1)	工　　　場	400,000	買　掛　金	400,000	素　　　材	400,000	本　　　社	400,000
(2)	仕　　訳　　な　　し				仕　掛　品 製造間接費	600,000 200,000	素　　　材	800,000
(3)	工　　　場	4,200,000	所得税預り金 健康保険料預り金 現　　　金	400,000 300,000 3,500,000	賃　　　金	4,200,000	本　　　社	4,200,000
(4)	保　険　料 工　　　場	50,000 70,000	当　座　預　金	120,000	保　険　料	70,000	本　　　社	70,000
(5)	販売費及び 一般管理費	120,000	電　力　料	120,000	製造間接費	240,000	電　力　料	240,000

21-2 工場会計が独立している場合，次の取引について，本社と工場の仕訳を示しなさい。ただし，仕訳が不要のときは「仕訳なし」と記入すること。

(1)本社は，工場の電力料 ¥230,000 を小切手を振り出して支払った。工場はこの通知を受けた。

(2)本社は，固定資産税 ¥120,000 を小切手を振り出して支払った。ただし，そのうち ¥80,000 は工場負担分である。

(3)工場で製品が完成した。その製造原価は ¥8,000,000 である。

(4)工場は本社からの命令で製品 ¥480,000（原価）を仙台商店へ発送し，本社は掛け売上 ¥600,000 を計上した。

(5)上記の掛け売りした製品のうち ¥100,000（製造原価 ¥80,000）が返品された。

(6)決算にあたり，次のように減価償却費を計上した。（間接法）

　　　本　社………建　物　¥300,000　　　工　場………建　物　¥250,000
　　　　　　　　　　　　　　　　　　　　　　　　　　　　　　機械装置　¥450,000

	本　　　社			工　　　場		
(1)	工　　場	230,000 当座預金 230,000		電　力　料	230,000 本　　社	230,000
(2)	租税公課 40,000 当座預金 120,000 （または固定資産税） 工　　場 80,000			租税公課 80,000 本　　社 80,000 （または固定資産税）		
(3)	仕　訳　な　し			製　　品 8,000,000 仕　掛　品 8,000,000		
(4)	売　掛　金 600,000 売　　上 600,000 売上原価 480,000 工　　場 480,000			本　　社 480,000 製　　品 480,000		
(5)	売　　上 100,000 売　掛　金 100,000 工　　場 80,000 売上原価 80,000			製　　品 80,000 本　　社 80,000		
(6)	減価償却費 300,000 建物減価償却累計額 550,000 工　　場 700,000 機械装置減価償却累計額 450,000			減価償却費 700,000 本　　社 700,000		

検定問題　　　　　　　　　　　　　解答 ▶ p.48

21-3 次の取引の仕訳を示しなさい。

(1)工場会計が本社会計から独立している岩手製作所の工場では，素材 ¥1,000,000 を盛岡商店から買い入れた。ただし，この代金は本社が支払うことになっている。（工場の仕訳）（第48回）

素　　材	1,000,000	本　　社	1,000,000

(2)工場会計が独立している福岡工業株式会社の本社は，工場から燃料 ¥131,000 を買い入れたとの報告を受けた。ただし，この代金は本社が月末に支払う契約であり，製造活動に関する勘定は工場のみに設けている。（本社の仕訳）（第76回）

工　　場	131,000	買　掛　金	131,000

(3)工場会計が独立している香川工業株式会社の本社は，掛けで仕入れた素材を工場に送付していたが，本日，工場から不良品15個 @¥14,000 を直接本社の仕入先に返品したとの通知を受けた。（本社の仕訳）（第63回）

買　掛　金	210,000	工　　場	210,000

(4)工場会計が独立している新潟製造株式会社の本社は，本社の従業員に対する賞与手当 ¥2,800,000 と工場の従業員に対する賞与手当 ¥5,900,000 をともに小切手を振り出して支払った。（本社の仕訳）　　　　　　　　　　　　　　　　　　　　　　　　　　　（第65回）

| 従 業 員 賞 与 手 当 | 2,800,000 | 当 座 預 金 | 8,700,000 |
| 工 　 　 　 　 場 | 5,900,000 | | |

(5)工場会計が独立している栃木製作所の本社は，工場の従業員の賃金 ¥1,690,000 について，所得税額 ¥102,000 および健康保険料 ¥58,000 を控除した正味支払額を小切手を振り出して支払った。ただし，所得税預り金勘定および健康保険料預り金勘定は本社のみに設けてある。（本社の仕訳）　　　　　　　　　　　　　　　　　　　（第95回，類題第85回）

工 　 　 　 　 場	1,690,000	所 得 税 預 り 金	102,000
		健 康 保 険 料 預 り 金	58,000
		当 座 預 金	1,530,000

(6)工場会計が独立している東京工業株式会社の工場は，本社から工場の従業員に対する本月分の賃金 ¥2,120,000 を小切手を振り出して支払ったとの報告を受けた。ただし，この支払額は，所得税額 ¥174,000 と健康保険料 ¥86,000 が差し引かれており，これらの預り金に関する勘定は本社のみに設けてある。（工場の仕訳）　　　　　　　　　　　　　　（第87回）

| 賃 　 　 　 　 金 | 2,380,000 | 本 　 　 　 　 社 | 2,380,000 |

(7)工場会計が独立している秋田製作所の本社は，さきに得意先山形商店に売り渡した製品について，月末に製造原価は ¥1,300,000 であったと工場から報告を受け，売上製品の原価を計上した。ただし，売上原価勘定は本社に，製品に関する勘定は工場に設けてある。（本社の仕訳）　　　　　　　　　　　　　　　　　　　　　　　　　　　（第89回）

| 売 　 上 　 原 　 価 | 1,300,000 | 工 　 　 　 　 場 | 1,300,000 |

(8)工場会計が独立している長崎製作所の本社は，工場から製品 ¥3,675,000（製造原価）を得意先熊本商店に引き渡したとの通知を受けたので，売上高（掛け）¥5,250,000 および売上原価を計上した。ただし，売上勘定と売上原価勘定は本社に，製品に関する勘定は工場に設けてある。（本社の仕訳）　　　　　　　　　　　　　　　　　　　　　　（第91回）

| 売 　 掛 　 金 | 5,250,000 | 売 　 　 　 　 上 | 5,250,000 |
| 売 　 上 　 原 　 価 | 3,675,000 | 工 　 　 　 　 場 | 3,675,000 |

(9)組別総合原価計算を採用している富山産業株式会社の工場は，本社の指示により製造原価 ¥150,000 のA組製品と製造原価 ¥90,000 のB組製品を得意先新潟商店に発送した。ただし，工場会計は本社会計から独立しており，売上勘定と売上原価勘定は本社に，製品に関する勘定は工場に設けてある。（工場の仕訳）　　　　　　　　　　　　　　（第69回）

| 本 　 　 　 　 社 | 240,000 | A 　 組 　 製 　 品 | 150,000 |
| | | B 　 組 　 製 　 品 | 90,000 |

◀頻出‼(10)工場会計が独立している福井産業株式会社の本社は，決算にさいし，建物の減価償却費 ¥2,300,000 を計上した。ただし，このうち ¥1,260,000 は工場の建物に対するものであり，建物減価償却累計額勘定は，本社のみに設けてある。（本社の仕訳）（第93回，類題第80・86回）

| 減 　 価 　 償 　 却 　 費 | 1,040,000 | 建物減価償却累計額 | 2,300,000 |
| 工 　 　 　 　 場 | 1,260,000 | | |

22 決　　算

1 月次決算の手続き

毎月末（原価計算期末）に営業損益を計算するために**月次損益勘定**を設けて月次計算をおこなう。

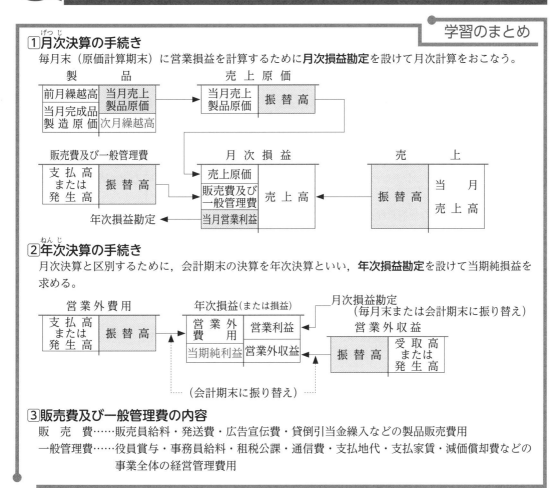

2 年次決算の手続き

月次決算と区別するために，会計期末の決算を年次決算といい，**年次損益勘定**を設けて当期純損益を求める。

3 販売費及び一般管理費の内容

販　売　費……販売員給料・発送費・広告宣伝費・貸倒引当金繰入などの製品販売費用

一般管理費……役員賞与・事務員給料・租税公課・通信費・支払地代・支払家賃・減価償却費などの事業全体の経営管理費用

練 習 問 題

解答 ▶ p.49

22-1 月次決算における次の取引の仕訳を示しなさい。

(1) 7 月中の売上高（掛け売り）は ¥5,600,000 であり，同月の売上原価の合計額は ¥4,000,000 であったので，各勘定に計上した。

(2) 上記の売上原価のほか，当月の販売費及び一般管理費 ¥350,000 を月次損益勘定に振り替えた。

(3) 上記(1)の売上高を月次損益勘定に振り替えた。

(1)	売　掛　金	5,600,000	売　　　　上	5,600,000
	売　上　原　価	4,000,000	製　　　　品	4,000,000
(2)	月　次　損　益	4,350,000	売　上　原　価	4,000,000
			販売費及び一般管理費	350,000
(3)	売　　　　　上	5,600,000	月　次　損　益	5,600,000

22-2 下記の各勘定は1月末の残高を示している。よって，次の各問いに答えなさい。

(1)月次損益勘定で営業損益を計算するために必要な1月31日の振り替え仕訳を示しなさい。ただし，販売費及び一般管理費は，月次損益勘定に振り替える。

(2)上記の仕訳を各勘定に記入し，年次損益勘定以外は締め切りなさい。なお，勘定記入は，日付・相手科目・金額を示すこと。

(1)	月 次 損 益	480,000	売 上 原 価	400,000
			販売費及び一般管理費	80,000
	売 上	640,000	月 次 損 益	640,000
	月 次 損 益	160,000	年 次 損 益	160,000

(2)

売 上 原 価	
400,000	1/31 月次損益 400,000

販売費及び一般管理費	
80,000	1/31 月次損益 80,000

売 上	
1/31 月次損益 640,000	640,000

月 次 損 益	
1/31 売上原価 400,000	1/31 売 上 640,000
〃 販売費及び一般管理費 80,000	
〃 年次損益 160,000	
640,000	640,000

年 次 損 益	
	1/31 月次損益 160,000

22-3 伊勢工業株式会社（決算は年1回　3月31日）の次の資料によって，年次損益勘定に記入し，締め切りなさい。ただし，勘定記入は日付・相手科目・金額を示すこと。

資　　料

営業外収益…受 取 利 息　¥ 35,000
営業外費用…支 払 利 息　¥ 28,000　　有価証券売却損　¥110,000

年 次 損 益	
3/31 支 払 利 息 28,000	月次損益(4月～3月) 3,700,000
〃 有価証券売却損 110,000	3/31 受 取 利 息 35,000
〃 繰越利益剰余金 3,597,000	
3,735,000	3,735,000

検 定 問 題

解答 ▶ p.49

22-4 次の取引の仕訳を示しなさい。

(1)製品100個を完成した。その製造単価は ¥350 であった。　　　　　　（第1回一部修正）

(2)上記製品50個を ¥27,000 で掛け売りした。

(1)	製 品	35,000	仕 掛 品	35,000
(2)	売 掛 金	27,000	売 上	27,000
	売 上 原 価	17,500	製 品	17,500

(3)組別総合原価計算を採用している山梨製作所では，A組製品300個を@¥2,500 で掛け売りした。なお，この売上製品の原価は@¥2,000 である。よって，売上高および売上原価を計上した。　　　　　　　　　　　　　　　　　　　　　　　　　　　　　　　　（第38回）

(3)	売 掛 金	750,000	売 上	750,000
	売 上 原 価	600,000	A 組 製 品	600,000

23 財務諸表の作成

①財務諸表の内容（製造業の場合）

会計期末に，損益計算書・貸借対照表などの財務諸表を作成するが，製造業ではこれらの財務諸表の
ほかに**製造原価報告書**を作成する。

②製造原価報告書の作成

製造原価報告書は，損益計算書の当期製品製造原価の内訳明細書である。

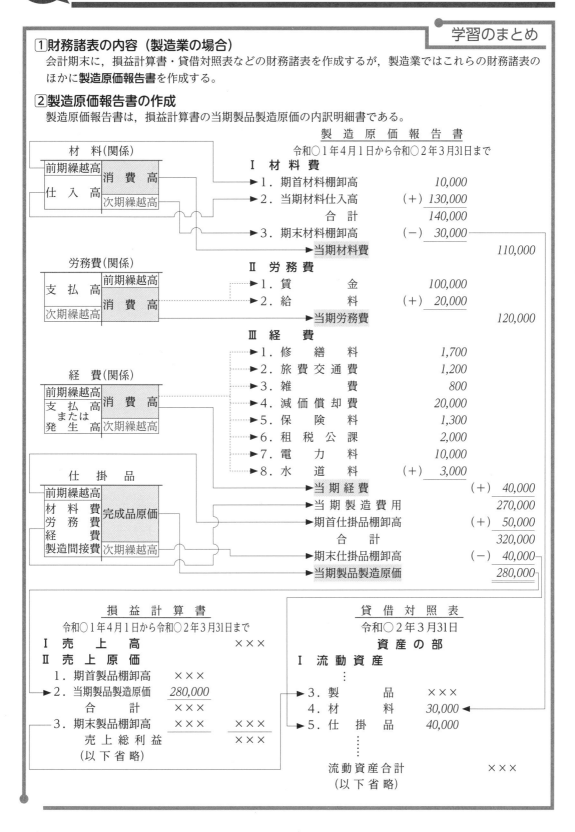

練習問題

解答 ▶ p.49

23-1 次の資料により，製造原価報告書を完成しなさい。

資　料
(1)材　料
　　期首棚卸高　¥400,000　　当期仕入高　¥2,700,000　　期末棚卸高　¥500,000
(2)労務費
　　a．賃　　　金　当期消費高　¥2,500,000
　　b．給　　　料　当期消費高　¥1,500,000
　　c．法定福利費　当期消費高　¥400,000
(3)経　費
　　a．修　繕　料　¥100,000　　　b．減価償却費　¥340,000
　　c．保　険　料　¥70,000　　　d．電　力　料　¥200,000
(4)仕掛品
　　期首棚卸高　¥1,000,000　　　期末棚卸高　¥1,210,000

製　造　原　価　報　告　書

令和○1年4月1日から令和○2年3月31日まで

Ⅰ　材　料　費
　1．期首材料棚卸高　（　　　400,000　）
　2．当期材料仕入高　（　　2,700,000　）
　　　合　　　計　　　（　　3,100,000　）
　3．期末材料棚卸高　（　　　500,000　）
　　　当期材料費　　　　　　　　　　　（　　2,600,000　）
Ⅱ　労　務　費
　1．基　本　給　　　（　　4,000,000　）
　2．諸手当・福利費　（　　　400,000　）
　　　当期労務費　　　　　　　　　　　（　　4,400,000　）
Ⅲ　経　　費
　1．修　繕　料　　　（　　　100,000　）
　2．減価償却費　　　（　　　340,000　）
　3．保　険　料　　　（　　　70,000　）
　4．電　力　料　　　（　　　200,000　）
　　　当期経費　　　　　　　　　　　　（　　　710,000　）
　　　当期製造費用　　　　　　　　　　　　　　　　　　（　　7,710,000　）
　　　期首仕掛品棚卸高　　　　　　　　　　　　　　　　（　　1,000,000　）
　　　合　　　計　　　　　　　　　　　　　　　　　　　（　　8,710,000　）
　　　期末仕掛品棚卸高　　　　　　　　　　　　　　　　（　　1,210,000　）
　　　当期製品製造原価　　　　　　　　　　　　　　　　（　　7,500,000　）

23-2 仙台製作所のある会計期間における製造原価に関する下記の資料によって，製造原価報告書に記載する次の金額を求めなさい。

　　(1)当期材料費　　(2)当期労務費　　(3)外注加工賃
　　(4)電　力　料　　(5)当期経費　　(6)当期製品製造原価

資　料
　a．素　　　材　期首棚卸高¥　800,000　　b．工場消耗品　期首棚卸高¥　150,000
　　　　　　　　　当期仕入高　4,000,000　　　　　　　　　　当期仕入高　350,000
　　　　　　　　　期末棚卸高　400,000　　　　　　　　　　　期末棚卸高　150,000
　c．賃　　　金　前期未払高¥　400,000　　d．給　　　料　当期消費高¥　950,000
　　　　　　　　　当期支払高　2,800,000　　e．健康保険料　当期事業主負担額¥　50,000
　　　　　　　　　当期未払高　500,000

f．外注加工賃　前期前払高　¥　120,000　　g．雑　　　費　当期支払高　¥　80,000
　　　　　　　当期支払高　　250,000　　h．減価償却費　当期消費高　¥　240,000
　　　　　　　当期未払高　　80,000
i．電　力　料　当期支払高　¥　150,000　　j．仕　掛　品　期首棚卸高　¥ 1,200,000
　　　　　　　当期測定高　　180,000　　　　　　　　　　期末棚卸高　¥ 1,500,000

| (1) | 当期材料費 ¥ 4,750,000 | (2) | 当期労務費 ¥ 3,900,000 | (3) | 外注加工賃 ¥ 450,000 |
| (4) | 電　力　料 ¥ 180,000 | (5) | 当期経費 ¥ 950,000 | (6) | 当期製品製造原価 ¥ 9,300,000 |

23-3 横浜製作所の次の資料によって，製造原価報告書を完成しなさい。
　　資　　料
　(1)材　料
　　　期首棚卸高　¥550,000　　当期仕入高　¥3,500,000　　期末棚卸高　¥450,000
　(2)労務費
　　a．賃　　　金　当期消費高　¥2,500,000
　　b．諸手当・福利費　当期消費高　¥ 500,000
　(3)経　費
　　a．修　繕　料　当期消費高　¥ 100,000（営業部10%　製造部90%）
　　b．減価償却費　当期消費高　¥ 250,000（営業部30%　製造部70%）
　　c．保　険　料　当期消費高　¥ 50,000（営業部30%　製造部70%）
　　d．電　力　料 { 当期支払高　¥ 120,000（営業部20%　製造部80%）
　　　　　　　　　 当期測定高　¥ 150,000（営業部20%　製造部80%）
　(4)仕掛品
　　　期首棚卸高　¥480,000　　　期末棚卸高　¥500,000

製　造　原　価　報　告　書

横浜製作所　　　　　令和○1年4月1日から令和○2年3月31日まで
I　材　料　費
　1．期首材料棚卸高　（　550,000　）
　2．(当期材料仕入高)（　3,500,000　）
　　　合　　計　（　4,050,000　）
　3．期末材料棚卸高　（　450,000　）
　　　当期材料費　　　　　　（　3,600,000　）
II　労　務　費
　1．基　本　給　（　2,500,000　）
　2．諸手当・福利費　（　500,000　）
　　　当期労務費　　　　　　（　3,000,000　）
III　経　費
　1．修　繕　料　（　90,000　）
　2．(減価償却費)　（　175,000　）
　3．保　険　料　（　35,000　）
　4．電　力　料　（　120,000　）
　　　当期経費　　　　　　（　420,000　）
　　　当期製造費用　　　　　　　　　（　7,020,000　）
　　　(期首仕掛品棚卸高)　　　　　　　（　480,000　）
　　　合　　計　　　　　　　　　　（　7,500,000　）
　　　(期末仕掛品棚卸高)　　　　　　　（　500,000　）
　　　当期製品製造原価　　　　　　　（　7,000,000　）

23-4 青森製作所の次の勘定記録と資料から製造原価報告書を完成しなさい。ただし，会計期間は
1か月とし，原価計算期間と一致しているものとする。

素　　　　材			
前 月 繰 越	400,000	仕 掛 品	3,580,000
諸　　　　口	3,600,000	次 月 繰 越	420,000
	4,000,000		4,000,000

工 場 消 耗 品			
前 月 繰 越	120,000	製造間接費	380,000
諸　　　　口	350,000	次 月 繰 越	90,000
	470,000		470,000

仕　　　掛　　　品			
前 月 繰 越	670,000	製　　　品	7,940,400
素　　　材	(　　　　)	次 月 繰 越	650,000
賃　　　金	2,300,000		
外注加工賃	(　　　　)		
製造間接費	1,860,400		
	8,590,400		8,590,400

資　　料

a. 労 務 費　　賃　金（基本給）　当月消費高　¥2,300,000
　　　　　　　　給　料　　　　　　当月消費高　¥　880,000

b. 経　　費

費　　目	当月支払高	前　　　　月		当　　　　月		当月消費高
		前払高	未払高	前払高	未払高	
外注加工賃	150,000	60,000		30,000		各自計算

減 価 償 却 費　当月消費高　¥420,000
保　険　料　当月消費高　¥　60,000
電　力　料　当月消費高　¥110,400

製 造 原 価 報 告 書

青森製作所　　　　　　令和○年4月1日から令和○年4月30日まで

Ⅰ 直 接 材 料 費			(	3,580,000)
Ⅱ 直 接 労 務 費			(	2,300,000)
Ⅲ 直 接 経 費			(	180,000)
Ⅳ 製 造 間 接 費				
1. 間 接 材 料 費	(	380,000)		
2. 給　　　　　料	(	880,000)		
3. 減 価 償 却 費	(	420,000)		
4. 保　　険　　料	(	60,000)		
5. 電　　力　　料	(	110,400)		
実 際 発 生 額	(	1,850,400)		
製造間接費配賦差異	(+)(	10,000)	(	1,860,400)
当 期 製 造 費 用			(	7,920,400)
期 首 仕 掛 品 原 価			(	670,000)
合　　　　計			(	8,590,400)
期 末 仕 掛 品 原 価			(	650,000)
当 期 製 品 製 造 原 価			(	7,940,400)

検定問題

解答 ▶ p.51

23-5 次の貸借対照表（一部）と資料から，製造原価報告書ならびに損益計算書（一部）の（ア）
～（エ）に入る金額を求めなさい。
（第61回一部修正）

貸 借 対 照 表 （一部）
令和○年12月31日

製 品	1,059,000	未 払 賃 金	121,000
材 料	780,000		
仕 掛 品	1,336,000		

資 料

①素　　　材　期首棚卸高¥ 640,000
　　　　　　　当期仕入高¥3,091,000
②工場消耗品　期首棚卸高 208,000
　　　　　　　当期仕入高 793,000
③賃　　　金　前期未払高¥ 129,000
　　　　　　　当期支払高¥3,314,000
④給　　　料　当期消費高 722,000
⑤仕　掛　品　期首棚卸高¥□□□
⑥製　　　品　期首棚卸高¥1,264,000

製 造 原 価 報 告 書
令和○年1月1日から令和○年12月31日まで

Ⅰ　材　料　費	（　　ア　　）
Ⅱ　労　務　費	（　　イ　　）
Ⅲ　経　　　費	1,096,000
当 期 製 造 費 用	（　　　　）
期首仕掛品棚卸高	（　　　　）
合　　　計	10,151,000
期末仕掛品棚卸高	（　　　　）
当期製品製造原価	（　　ウ　　）

損 益 計 算 書 （一部）
令和○年1月1日から令和○年12月31日まで

Ⅰ　売　上　高	12,700,000
Ⅱ　売　上　原　価	（　　　　）
売 上 総 利 益	（　　エ　　）

ア	¥ 3,952,000	イ	¥ 4,028,000	ウ	¥ 8,815,000	エ	¥ 3,680,000

23-6 徳島製作所における下記の貸借対照表（一部）と資料により，製造原価報告書に記載する次
の金額を求めなさい。
（第87回一部修正）

　　a．当期材料費　　　b．当期労務費　　　c．当期製品製造原価

貸 借 対 照 表 （一部）
令和○年12月31日

副 産 物	251,000	未 払 賃 金	265,000
材 料	356,000		
仕 掛 品	671,000		

資 料

①素　　　材	期首棚卸高¥ 289,000	当期仕入高¥1,762,000	期末棚卸高¥ 302,000
②工場消耗品	期首棚卸高 49,000	当期仕入高 386,000	期末棚卸高 54,000
③賃　　　金	前期未払高¥ 249,000	当期支払高¥1,527,000	当期未払高¥□□□
④従業員賞与手当	当期消費高¥ 215,000		
⑤退職給付費用	当期消費高 68,000		
⑥外注加工賃	前期未払高¥ 18,000	当期支払高¥ 213,000	当期前払高¥ 24,000
⑦電　力　料	当期支払高¥ 123,000	当期測定高¥ 143,000	
⑧減価償却費	当期消費高¥ 172,000		
⑨仕　掛　品	期首棚卸高 578,000	期末棚卸高¥□□□	

⑩当期中に副産物が発生し，その評価額は¥251,000 である。

a	当 期 材 料 費　¥ 2,130,000	b	当 期 労 務 費　¥ 1,826,000
c	当期製品製造原価　¥ 4,098,000		

総合問題Ⅱ

解答 ▶ p.52

1 次の取引の仕訳を示しなさい。

(1)単純総合原価計算を採用している茨城製作所は，月末に機械装置に対する減価償却費の月割額を消費高として計上した。ただし，1年分の減価償却高は ¥2,196,000 である。

(第95回一部修正)

(2)上記の製作所で，かねて製品6,000個を@¥5,000 で掛け売りしていたが，本日，そのうち50個が返品されたので，売上高および売上原価を修正した。なお，この製品の払出単価は ¥3,700 であった。

(3)等級別総合原価計算を採用している広島工業株式会社では，次の売上製品原価月報により7月分の売上製品の原価を計上した。

売 上 製 品 原 価 月 報				No. 4
令和○年7月分				
製 品 名	摘 要	数 量	単 価	金 額
1 級 製 品		4,000個	480	1,920,000
2 級 製 品	（省 略）	6,000個	375	2,250,000
3 級 製 品		8,000個	300	2,400,000
		合 計		6,570,000

(4)組別総合原価計算を採用している香川製作所では，A組製品400個を@¥4,200 で掛け売りした。なお，この売上製品の原価は，@¥2,400 である。よって，売上高および売上原価を計上した。

(5)工程別総合原価計算を採用している沖縄製作所では，賃金 ¥3,000,000 を，第1工程に ¥840,000 第2工程に ¥600,000 補助部門に ¥240,000 を配賦し，残りは部門共通費とした。

(6)上記の製作所で，部門共通費 ¥1,320,000 を第1工程に ¥650,000 第2工程に ¥450,000 補助部門に ¥220,000 を配賦した。

(7)工場は本社の指示により製品 ¥4,500,000 （製造原価）を得意先熊本商店に発送した。ただし，工場会計は本社会計から独立しており本社には製品勘定は設けていない。（工場の仕訳）

(1)	仕 掛 品	183,000	減 価 償 却 費	183,000
(2)	売 上	250,000	売 掛 金	250,000
	製 品	185,000	売 上 原 価	185,000
(3)	売 上 原 価	6,570,000	1 級 製 品	1,920,000
			2 級 製 品	2,250,000
			3 級 製 品	2,400,000
(4)	売 掛 金	1,680,000	売 上	1,680,000
	売 上 原 価	960,000	A 組 製 品	960,000
(5)	第 1 工 程 仕 掛 品	840,000	賃 金	3,000,000
	第 2 工 程 仕 掛 品	600,000		
	補 助 部 門 費	240,000		
	部 門 共 通 費	1,320,000		
(6)	第 1 工 程 仕 掛 品	650,000	部 門 共 通 費	1,320,000
	第 2 工 程 仕 掛 品	450,000		
	補 助 部 門 費	220,000		
(7)	本 社	4,500,000	製 品	4,500,000

2 次の取引の仕訳を示しなさい。

(1)組別総合原価計算を採用している山梨製作所は，組間接費 ¥1,320,000 を機械運転時間を基準にA組とB組に配賦した。なお，当月の機械運転時間はA組が2,050時間　B組が1,250時間であった。 (第96回一部修正)

(2)工程別総合原価計算を採用している岩手工業株式会社は，月末に工程別総合原価計算表を次のとおり作成し，各工程の完成品原価を計上した。 (第80回一部修正)

工程別総合原価計算表 （一部）
令和○年6月分

摘　　要		第1工程	第2工程	合　計
工程個別費	素材費	1,870,000	——	1,870,000
	前工程費	——	3,150,000	3,150,000
工程完成品原価		3,150,000	4,200,000	7,350,000
工程完成品数量		2,500個	2,000個	
工程単価		¥　1,260	¥　2,100	

(1)	A 組 仕 掛 品	820,000	組 間 接 費	1,320,000
	B 組 仕 掛 品	500,000		
(2)	第 2 工 程 仕 掛 品	3,150,000	第 1 工 程 仕 掛 品	3,150,000
	製　　　　品	4,200,000	第 2 工 程 仕 掛 品	4,200,000

3 高知製作所における次の等級別総合原価計算表の（ア）と（イ）に入る金額を求めなさい。ただし，等価係数は，各製品の1個あたりの重量を基準としている。 (第79回一部修正)

等級別総合原価計算表
令和○年1月分

等級別製品	重量	等価係数	完成品数量	積　数	等級別製造原価	製品単価
1級製品	300 g	（　）	300 個	（　）	（ ア ）	¥（　）
2級製品	240〃	4	（　）〃	（　）	（　）	〃 1,120
3級製品	180〃	3	（　）〃	（　）	168,000	〃（ イ ）
				3,700	1,036,000	

ア	¥	420,000	イ	¥	840

4 単純総合原価計算を採用している三重製作所の次の資料から，月末仕掛品原価を求めなさい。
ただし，ⅰ　素材は製造着手のときにすべて投入され，加工費は製造の進行に応じて消費されるものとする。

ⅱ　月末仕掛品原価の計算は平均法による。

ⅲ　正常減損は製造工程の始点で発生しており，正常減損費は完成品と月末仕掛品の両方に負担させる。 (第81回)

資　料
① 生産データ
　月初仕掛品　　400kg（加工進捗度50%）
　当月投入　　3,240kg
　　合　計　　3,640kg
　月末仕掛品　　600kg（加工進捗度60%）
　正常減損　　　40kg
　完成品　　3,000kg

② 月初仕掛品原価
　素材費 ¥ 356,000
　加工費 ¥ 164,000
③ 当月製造費用
　素材費 ¥ 2,920,000
　加工費 ¥ 2,692,000

月末仕掛品原価 ¥ 852,000

5 長崎製作所は，単純総合原価計算を採用し，Ｃ製品を製造している。下記の資料によって，
(1)仕掛品勘定を完成しなさい。
(2)単純総合原価計算表を完成しなさい。

資　料
　i　月初仕掛品数量　600kg（加工進捗度　60％）
　ii　当月の製造数量は，次のとおりである。

完成品数量	月末仕掛品数量	正常減損量
2,000kg	300kg（加工進捗度　40％）	200kg

　iii　素材は製造着手のときにすべて投入され，加工費は製造の進行に応じて消費されるものとする。
　iv　月末仕掛品原価の計算は先入先出法による。
　v　正常減損は製造工程の終点で発生している。

(1)
仕　　掛　　品

前 月 繰 越	420,000	製　　　　品	(3,700,000)
素　　　　材	1,710,000	次 月 繰 越	(390,000)
工 場 消 耗 品	280,000		
賃　　　　金	1,040,000		
給　　　　料	300,000		
雑　　　　費	90,000		
減 価 償 却 費	100,000		
電　力　料	150,000		
	(4,090,000)		(4,090,000)

(2)
単 純 総 合 原 価 計 算 表
長崎製作所　　　　　　　　　　令和○年3月分

摘　　　　要	素　材　費	加　工　費	合　　　計
材　料　費	(1,710,000)	(280,000)	(1,990,000)
労　務　費	———	(1,340,000)	(1,340,000)
経　　　費	———	(340,000)	(340,000)
計	(1,710,000)	(1,960,000)	(3,670,000)
月初仕掛品原価	220,000	200,000	(420,000)
計	(1,930,000)	(2,160,000)	(4,090,000)
月末仕掛品原価	(270,000)	(120,000)	(390,000)
完成品原価	(1,660,000)	(2,040,000)	(3,700,000)
完成品数量	2,000kg	2,000kg	2,000kg
製品1kgあたりの原価	(¥ 830)	(¥ 1,020)	(¥ 1,850)

6 岐阜製作所における，ある会計期間の製造に関する下記の資料によって，製造原価報告書を完成しなさい。

資　　料

i　期首繰越高

材 料 棚 卸 高　¥740,000　　賃 金 未 払 高　¥308,000

保険料前払高　　56,000　　仕掛品棚卸高　　624,000

ii　期間中の取引（材料の仕入高および労務費・経費の支払高）

材　料　¥2,900,000　賃　金　¥1,726,000　従業員賞与手当　¥174,000

雑　費　¥ 276,000　保険料　¥ 180,000

ガ ス 代　¥ 530,000（ただし，測定高は ¥554,000 である。）

iii　決算整理事項

①期末材料棚卸高　¥790,000

②期末仕掛品棚卸高　¥562,000

③賃 金 未 払 高　¥318,000

④減 価 償 却 高　¥ 75,000

⑤保 険 料 前 払 高　¥ 60,000

製 造 原 価 報 告 書

岐阜製作所　　　　　令和○1年4月1日から令和○2年3月31日まで

Ⅰ　材　料　費

1．期 首 材 料 棚 卸 高　（　　　740,000　）

2．(当 期 材 料 仕 入 高)　（　　2,900,000　）

　　　合　　　　計　（　　3,640,000　）

3．(期 末 材 料 棚 卸 高)　（　　　790,000　）

　　　当 期 材 料 費　　　　　　（　　2,850,000　）

Ⅱ　労　務　費

1．基　　本　　給　（　　1,736,000　）

2．諸 手 当 ・ 福 利 費　　　174,000

　　　当 期 労 務 費　　　　　　（　　1,910,000　）

Ⅲ　経　　費

1．雑　　　　　費　（　　　276,000　）

2．減 価 償 却 費　（　　　 75,000　）

3．保　　険　　料　（　　　176,000　）

4．ガ　　ス　　代　（　　　554,000　）

　　　当 期 経 費　　　　　　（　　1,081,000　）

　　　当 期 製 造 費 用　　　　　　　　　　（　　5,841,000　）

　　　(期首仕掛品棚卸高)　　　　　　　　　　（　　　624,000　）

　　　　合　　　　計　　　　　　　　　　　（　　6,465,000　）

　　　(期末仕掛品棚卸高)　　　　　　　　　　（　　　562,000　）

　　　(当期製品製造原価)　　　　　　　　　　（　　5,903,000　）

第7章　標準原価計算

㉔ 標準原価計算の目的と手続

学習のまとめ

①原価管理と標準原価計算の意味と目的

　今日(こんにち)の製造業では，製品の品質や製造方法を変更せずに，原価の発生をできるだけ低く抑えていこうとする管理活動（**原価管理**）や，これに役立つ資料を提供する**標準原価計算**が不可欠となっている。標準原価計算とは，あらかじめ，科学的・統計的な分析・調査にもとづいて定めた**原価標準**に，実際生産量を乗じた**標準原価**によって計算する方法である。このむだのない標準原価と実際原価を比較し，その差額（**原価差異**）を分析することによって，原価管理を有効におこなうことができる。

┌───標準原価計算の目的───
①原価管理目的　②棚卸資産価額算定目的　③予算編成目的　④記帳簡略化目的

②原価標準の設定

　標準原価計算をおこなうためには，製品１単位あたりの目標原価を設定しておく。この製品１単位あたりの目標原価を**原価標準**という。この原価標準はふつう，標準直接材料費・標準直接労務費・標準製造間接費に分けて算定され，**標準原価カード**に記載される。

A製品

標 準 原 価 カ ー ド

	標準消費数量	標準単価	金　額
直接材料費	4 kg	¥ 10	¥ 40
	標準直接作業時間	標準賃率	
直接労務費	2時間	¥ 30	¥ 60
	標準直接作業時間	標準配賦率	
製造間接費	2時間	¥ 10	¥ 20
	製品１単位あたりの標準原価		¥ 120

③標準原価の計算

（1）完成品と月末仕掛品の標準原価の計算
　当月の実際生産量にもとづいて，完成品と月末仕掛品の標準原価を計算する。

┌───
完成品の標準原価＝原価標準（製品１単位あたりの標準原価）×完成品数量

月末仕掛品の標準原価＝原価標準×月末仕掛品の完成品換算数量 *◀─ 月末仕掛品数量×加工進捗度

　　＊直接材料が製造着手のときにすべて投入される場合は，標準直接材料費は原価標準に月末仕掛品数量を掛けて計算する。
└───

（2）当月投入量に対する標準原価の計算
　標準原価計算の目的は，標準原価と実際原価の原価差異を分析することにある。よって，当月の原価差異を分析するためには**当月投入量に対する標準原価**を計算し，**当月投入量に対する実際原価**と比較する必要がある。

┌───
仕　　掛　　品

月初仕掛品の 完成品換算数量	完 成 品 数 量
当 月 投 入 量	月末仕掛品の 完成品換算数量

当月投入量＝完成品数量＋月末仕掛品の完成品換算数量－月初仕掛品の完成品換算数量 *

当月投入量に対する標準原価＝原価標準×当月投入量

　　＊直接材料が製造着手のときにすべて投入される場合は，月末（初）仕掛品の完成品換算数量は，月末（初）仕掛品数量となる。
└───

例　次の資料より，直接材料費と加工費に対する当月投入量を求めなさい。ただし，直接材料は製造着手のときにすべて投入したものとする。
　　月初仕掛品　50個(加工進捗度　40%)　完成品数量　100個　月末仕掛品　30個(加工進捗度　50%)

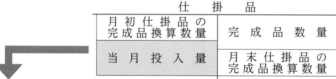

仕掛品（直接材料費）			
月初仕掛品	50	完成品数量	100
当月投入量	80	月末仕掛品	30
	130		130

仕掛品（加工費）			
月初仕掛品の 完成品換算数量	20	完成品数量	100
当月投入量	95	月末仕掛品の 完成品換算数量	15
	115		115

④実際原価の計算

　実際原価と標準原価を比較して原価差異の計算をおこなうため，標準原価計算においても，実際原価は計算しなければならない。実際原価は，これまでに学んだ実際原価計算を利用して計算する。

練習問題

解答 ▶ p.54

24-1 次の各文の　　　　にあてはまるもっとも適当な語を，下記の語群のなかから選び，その語句を記入しなさい。

(1)これまで学んできた実際原価計算は，実際にかかった原価をそのまま集計して計算する方法である。しかし　ア　は，あらかじめ科学的・統計的な分析・調査にもとづいて算定された，むだなく，効率的に製品が生産されたときの　イ　によって原価を計算する方法である。

(2)実際原価と　イ　の差額を分析することによって　ウ　を有効におこなうことができる。

(3)標準原価計算をおこなうにあたり，製品1単位あたりの目標原価を設定しなくてはならない。この製品1単位あたりの目標原価を　エ　といい，　オ　に記載される。

語群 実際原価　　原価管理　　標準賃率　　標準原価カード　標準原価計算　　標準原価　　原価差異　　原価標準

ア	標準原価計算	イ	標準原価	ウ	原価管理
エ	原価標準	オ	標準原価カード		

24-2 茨城製作所では標準原価計算を採用している。次の資料によって，各問いに答えなさい。

(1)完成品の標準原価を求めなさい。
(2)月初仕掛品の標準原価を求めなさい。
(3)月末仕掛品の標準原価を求めなさい。
　なお，計算式も示すこと。

〔資料Ⅰ〕

製品X　　標準原価カード

	標準消費数量	標準単価	金額
直接材料費	10kg	¥250	¥2,500
	標準直接作業時間	標準賃率	
直接労務費	5時間	¥350	¥1,750
	標準直接作業時間	標準配賦率	
製造間接費	5時間	¥300	¥1,500
	製品1個あたりの標準原価		¥5,750

〔資料Ⅱ〕　生産データ

月初仕掛品数量	100個(50%)
当月投入	700個
合計	800個
月末仕掛品数量	200個(40%)
完成品数量	600個

ただし，材料は製造着手のときにすべて投入されている。
（　）内の数値は，加工進捗度を示している。

(1)	完成品の標準原価	(式)　¥5,750×600個=¥3,450,000	(答)　¥ 3,450,000
(2)	月初仕掛品の標準原価	(式) 直接材料費：¥2,500×100個=¥250,000 直接労務費：¥1,750×(100個×50%)=¥87,500 製造間接費：¥1,500×(100個×50%)=¥75,000 合計：¥250,000+¥87,500+¥75,000=¥412,500	(答) ¥ 412,500
(3)	月末仕掛品の標準原価	(式) 直接材料費：¥2,500×200個=¥500,000 直接労務費：¥1,750×(200個×40%)=¥140,000 製造間接費：¥1,500×(200個×40%)=¥120,000 合計：¥500,000+¥140,000+¥120,000=¥760,000	(答) ¥ 760,000

24-3 製品Aを製造する桜町工場では，標準原価計算制度を採用している。次の資料にもとづいて，(1)完成品の標準原価，(2)月末仕掛品の標準原価をそれぞれ求めなさい。なお，直接材料は製造着手のときに，すべて投入されている。また（　）内の数値は，加工進捗度を示している。

　　　資　　　料

〔製品A　1単位あたりの標準原価〕　　　　　　〔当月の実際生産数量〕

直接材料費	￥40/kg× 50kg＝	￥2,000		月初仕掛品	500個(50%)
直接労務費	￥500/時×2時間＝	￥1,000		当 月 投 入	1,000個
製造間接費	￥900/時×2時間＝	￥1,800		合　　計	1,500個
製品A　1単位あたりの標準原価		￥4,800		月 末 仕 掛 品	400個(75%)
				完　成　品	1,100個

(1)	完 成 品 の 標 準 原 価	￥　5,280,000	(2)	月末仕掛品の標準原価	￥　1,640,000

24-4 関東製作所は，標準原価計算を採用し，M製品を製造している。下記の資料から次の金額を求めなさい。ただし，直接材料は製造着手のときにすべて投入されるものとする。

　　　a．完成品の標準原価　　　b．月末仕掛品の標準原価
　　　c．当月投入量　　　　　　d．当月投入量に対する標準原価

　　　資　　　料

〔標準原価カード〕　　　　　　　　　　　　〔当月の製造に関するデータ〕

M製品	標準原価カード			月初仕掛品　150個
	標準消費数量	標準単価	金　　額	（加工進捗度40%）
直接材料費	20kg	￥300	￥6,000	完　成　品 1,000個
	標準直接作業時間	標準賃率		
直接労務費	6時間	￥600	￥3,600	月末仕掛品　120個
	標準直接作業時間	標準配賦率		（加工進捗度60%）
製造間接費	6時間	￥500	￥3,000	
	製品1個あたりの標準原価		￥12,600	

a	完 成 品 の 標 準 原 価	￥　12,600,000

b	月 末 仕 掛 品 の 標 準 直 接 材 料 費	￥　720,000	月 末 仕 掛 品 の 標 準 直 接 労 務 費	￥　259,200
	月 末 仕 掛 品 の 標 準 製 造 間 接 費	￥　216,000	月 末 仕 掛 品 の 標 準 原 価	￥　1,195,200

c	当 月 投 入 量 (直 接 材 料 費)	970　個	当 月 投 入 量 (加　工　費)	1,012　個

d	当月投入量に対する標準直接材料費	￥　5,820,000	当月投入量に対する標準直接労務費	￥　3,643,200
	当月投入量に対する標準製造間接費	￥　3,036,000	当月投入量に対する標準原価	￥　12,499,200

25 原価差異の原因別分析

①原価差異の計算と分析

原価差異
（総差異）
- 直接材料費差異＝標準直接材料費－実際直接材料費
- 直接労務費差異＝標準直接労務費－実際直接労務費
- 製造間接費差異＝標準製造間接費配賦額－実際製造間接費発生額

　　マイナスのとき 不利差異 （借方差異）
　　プラスのとき 有利差異 （貸方差異）

それぞれの差異は次のように，より詳細な分析をおこなう。

(1)直接材料費差異

価格差異＝（標準単価－実際単価）×実際消費数量　（管理不能な外部要因によって発生することが多い）
数量差異＝（標準消費数量－実際消費数量）×標準単価　（管理可能な内部要因によって発生することが多い）

例　標準単価 ¥10　実際単価 ¥12　標準消費数量 800kg　実際消費数量 850kg

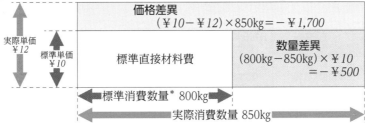

勘定科目には材料消費価格差異勘定，材料消費数量差異勘定を用いる。

＊製品1単位あたりの標準消費数量×当月投入量

(2)直接労務費差異

賃率差異＝（標準賃率－実際賃率）×実際直接作業時間　（管理不能な外部要因によって発生することが多い）
作業時間差異＝（標準直接作業時間－実際直接作業時間）×標準賃率　（管理可能な内部要因によって発生することが多い）

例　標準賃率 ¥30　実際賃率 ¥32　標準直接作業時間 900時間　実際直接作業時間 950時間

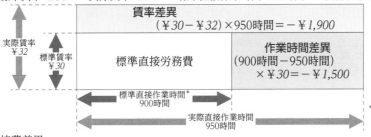

＊製品1単位あたりの標準直接作業時間×当月投入量

(3)製造間接費差異

製造間接費差異を予算差異，操業度差異，能率差異に分ける方法を**3分法**という。

予算差異＝（変動費率×実際操業度＋固定費予算額）－実際発生額
操業度差異＝（実際操業度－基準操業度）×固定費率
能率差異＝（標準操業度－実際操業度）×標準配賦率

能率差異をさらに，変動費の部分と固定費の部分に分けて，変動費能率差異と固定費能率差異とする方法を**4分法**という。

変動費能率差異＝（標準操業度－実際操業度）×変動費率
固定費能率差異＝（標準操業度－実際操業度）×固定費率

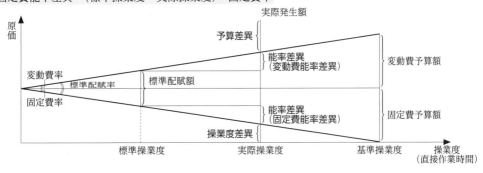

②標準原価計算の記帳方法（パーシャルプラン）

パーシャルプランとは，仕掛品勘定の借方に各原価要素の実際発生額を記入し，貸方には標準原価での完成品原価と月末仕掛品原価を記入する方法である。

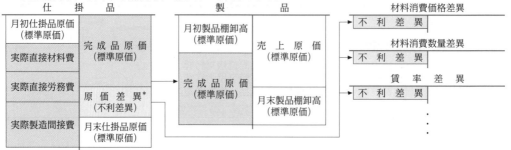

*有利差異の場合は，借方に原価差異が生じる。

なお，各原価差異は，原則として会計期末に売上原価勘定に振り替える。

③標準原価計算の記帳方法（シングルプラン）

シングルプランとは，仕掛品勘定の借方に各原価要素の標準原価を記入し，貸方の完成品原価と月末仕掛品原価も標準原価で記入する方法である。

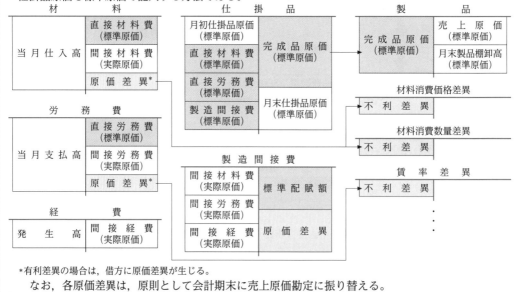

*有利差異の場合は，借方に原価差異が生じる。

なお，各原価差異は，原則として会計期末に売上原価勘定に振り替える。

練 習 問 題

解答 ▶ p.55

25-1 次の資料により，(1)直接材料費差異，(2)価格差異，(3)数量差異を計算しなさい。ただし，（　）のなかに不利差異の場合には－を，有利差異の場合には＋の符号を記入しなさい。

資　料
標準単価　¥600　　標準消費数量　400kg
実際単価　¥605　　実際消費数量　410kg

(1)	直接材料費差異 （－）¥	8,050
(2)	価 格 差 異 （－）¥	2,050
(3)	数 量 差 異 （－）¥	6,000

25-2 次の資料により，(1)直接労務費差異，(2)賃率差異，(3)作業時間差異を計算しなさい。ただし，（　）のなかに不利差異の場合には－を，有利差異の場合には＋の符号を記入しなさい。

資　料
標　準　賃　率　　　¥850
標準直接作業時間　620時間
実　際　賃　率　　　¥840
実際直接作業時間　640時間

(1)	直接労務費差異 （－）¥	10,600
(2)	賃 率 差 異 （＋）¥	6,400
(3)	作業時間差異 （－）¥	17,000

25-3 次の甲製品の資料により，各原価差異を計算しなさい。ただし，直接材料は製造着手のときにすべて投入されるものとする。なお，（　）のなかに不利差異の場合は－を，有利差異の場合は＋の符号を記入しなさい。

　　資　　料

[標準原価カード]

甲製品	標準原価カード	（製品1個あたり）	
	標準消費数量	標準単価	金　額
直接材料費	10kg	¥500	¥5,000
	標準直接作業時間	標準賃率	
直接労務費	5時間	¥1,200	¥6,000

[実際直接材料費]
実際単価　¥510　　実際消費数量　4,080kg
[実際直接労務費]
実際賃率　¥1,220　　実際直接作業時間　2,300時間

[生産データ]
月初仕掛品	250個	（加工進捗度40%）
当月投入	400個	
合　計	650個	
月末仕掛品	200個	（加工進捗度50%）
完成品	450個	

直接材料費差異（－）	¥ 80,800	価　格　差　異（－）	¥ 40,800
数　量　差　異（－）	¥ 40,000	直接労務費差異（－）	¥ 106,000
賃　率　差　異（－）	¥ 46,000	作業時間差異（－）	¥ 60,000

25-4 次の資料により，各原価差異を計算しなさい。ただし，（　）のなかに不利差異の場合には－を，有利差異の場合には＋の符号を記入しなさい。

　　資　　料

標準配賦率　　　　¥90／時　（変動費率¥40　固定費率¥50）
製造間接費予算額　¥360,000（変動費予算額¥160,000　固定費予算額¥200,000）
製造間接費実際発生額　¥384,000
基準操業度(直接作業時間)　4,000時間
標準操業度(直接作業時間)　3,920時間
実際操業度(直接作業時間)　3,960時間

製造間接費差異（－）¥	31,200
予　算　差　異（－）¥	25,600
操　業　度　差　異（－）¥	2,000
能　率　差　異（－）¥	3,600

25-5 次のB製品の資料により，各原価差異を計算しなさい。ただし，解答欄の（　）のなかに不利差異の場合には（不利），有利差異の場合には（有利）と記入しなさい。

　　資　　料

①標準原価カード

B製品	標準原価カード	（製品1個あたり）	
	標準直接作業時間	標準配賦率	
製造間接費	4時間	¥700	¥2,800

③実際製造間接費発生額　¥2,380,000
④実際操業度(直接作業時間)　3,450時間
⑤製造間接費予算額　¥2,450,000
　　変動費予算額　¥1,050,000（変動費率　¥300）
　　固定費予算額　¥1,400,000（固定費率　¥400）
　　基準操業度(直接作業時間)　3,500時間

②実際生産数量
月初仕掛品	300個	（加工進捗度50%）
完成品	900個	
月末仕掛品	200個	（加工進捗度40%）

製造間接費差異 ¥	56,000	（不利）
予　算　差　異 ¥	55,000	（有利）
操　業　度　差　異 ¥	20,000	（不利）
変動費能率差異 ¥	39,000	（不利）
固定費能率差異 ¥	52,000	（不利）

25-6 次のＡ製品の資料によって，

(1)各原価差異を計算しなさい。ただし，（　）のなかに不利差異の場合には（借）を，有利差異の場合には（貸）を記入しなさい。

(2)価格差異・数量差異・賃率差異・作業時間差異のなかで，管理可能な内部要因により発生することが多い差異を，すべて記入しなさい。

資　　料

Ａ製品	標準原価カード　（製品１個あたり）		
	標準消費数量	標準単価	金　　額
直接材料費	20kg	¥200	¥4,000
	標準直接作業時間	標準賃率	
直接労務費	10時間	¥300	¥3,000

〔当月の製造に関するデータ〕

月初仕掛品　なし
月末仕掛品　４台（加工進捗度50％）
完成品数量　96台

〔当月の原価に関するデータ〕

実際直接材料費：実際消費数量　2,100kg　　実際単価　¥190
　　直接材料は製造の進行に応じて投入されるものとする。
実際直接労務費：実際直接作業時間　950時間　　実際賃率　¥310

(1)

直 接 材 料 費 差 異　¥	7,000（借）	価　　格　　差　　異　¥	21,000（貸）
数　　量　　差　　異　¥	28,000（借）	直 接 労 務 費 差 異　¥	500（借）
賃　　率　　差　　異　¥	9,500（借）	作 業 時 間 差 異　¥	9,000（貸）

(2)

管理可能なもの	数量差異・作業時間差異

25-7 茨城製作所は，標準原価計算を採用し，Ａ製品を製造している。下記の資料によって，次の金額を求めなさい。ただし，直接材料は製造着手のときにすべて投入されるものとする。なお，解答欄の（　　）のなかに不利差異の場合は（不利），有利差異の場合は（有利）と記入すること。

資　　料

①標準原価カード

Ａ製品	標準原価カード		
	標準直接作業時間	標 準 賃 率	
直接労務費	５時間	¥600	¥3,000
	標準直接作業時間	標準配賦率	
製造間接費	５時間	¥500	¥2,500
	製品１個あたりの標準原価		¥9,500

②実際生産数量

月初仕掛品　100個
　　　　　　（加工進捗度40％）
完 成 品　1,000個

月末仕掛品　120個
　　　　　　（加工進捗度50％）

③実際直接労務費　¥3,038,500（実際直接作業時間　5,150時間　　実際賃率　¥590）
④実際製造間接費発生額　¥2,660,000
⑤製造間接費予算
　変 動 費 予 算 額　¥1,060,000（変動費率　¥200）
　固 定 費 予 算 額　¥1,590,000（固定費率　¥300）
　基準操業度（直接作業時間）　5,300時間

完成品の標準原価　¥	9,500,000	直 接 労 務 費 差 異　¥	21,500（有利）
予　算　差　異　¥	40,000（不利）	操 業 度 差 異　¥	45,000（不利）

25-8 千葉製作所は，標準原価計算を採用し，C製品を製造している。次の資料にもとづいて，パーシャルプランにより仕掛品勘定，製品勘定，各原価差異勘定へ記入しなさい。

資　　料

〔標準原価カード〕

C製品	標準原価カード		
	標準消費数量	標準単価	金　　額
直接材料費	15kg	¥ 24	¥360
	標準直接作業時間	標準賃率	
直接労務費	3時間	¥150	¥450
	標準直接作業時間	標準配賦率	
製造間接費	3時間	¥ 60	¥180
	製品1個あたりの標準原価		¥990

〔当月の生産データ〕

月初仕掛品　　50個
　　　　　　　（加工進捗度40％）
完　成　品　800個

月末仕掛品　100個
　　　　　　　（加工進捗度40％）
ただし，直接材料は製造着手のときにすべて投入されるものとする。

〔当月の販売データ〕

月初製品　100個
月末製品　 80個

〔当月の予算データ〕

製造間接費予算額　¥153,000
（変動費予算額　¥51,000　　固定費予算額　¥102,000）
基準操業度（直接作業時間）　2,550時間

〔当月の原価データ〕

実際直接材料費　　　¥325,000（実際消費数量　12,500kg）
実際直接労務費　　　¥385,000（実際直接作業時間　2,500時間）
製造間接費実際発生額　¥160,000

仕　　掛　　品			
前月繰越（ 30,600）	製　　品（ 792,000）		
材　　料（ 325,000）	諸　　口（ 53,400）		
労　務　費（ 385,000）	次月繰越（ 61,200）		
製造間接費（ 160,000）			
材料消費数量差異（ 6,000）			
（ 906,600）	（ 906,600）		

製　　　品			
前月繰越（ 99,000）	売上原価（ 811,800）		
（仕　掛　品）（ 792,000）	次月繰越（ 79,200）		
（ 891,000）	（ 891,000）		

材料消費価格差異

（仕　掛　品）（ 25,000）	

材料消費数量差異

	（仕　掛　品）（ 6,000）

賃　率　差　異

（仕　掛　品）（ 10,000）	

作　業　時　間　差　異

（仕　掛　品）（ 6,000）	

予　算　差　異

（仕　掛　品）（ 8,000）	

操　業　度　差　異

（仕　掛　品）（ 2,000）	

能　率　差　異

（仕　掛　品）（ 2,400）	

25-9 株式会社東京製作所は，標準原価計算を採用し，Ａ製品を製造している。下記の資料にもとづいて，

(1)シングルプランにより仕掛品勘定に記入しなさい。ただし，原価差異の記入は合計額で示すこと。

(2)(1)で計算された原価差異を各原価差異に分析しなさい。なお，解答欄の（　）のなかに不利差異の場合は（不利），有利差異の場合は（有利）と記入すること。また，製造間接費の差異分析は，変動予算を用いて4分法でおこなっている。

(3)月末仕掛品原価について，内訳を求めなさい。

資　料

①Ａ製品標準原価カード

Ａ製品	標準原価カード		
	標準消費数量	標準単価	金　額
直接材料費	20kg	¥ 120	¥2,400
	標準直接作業時間	標準賃率	
直接労務費	3時間	¥1,200	¥3,600
	標準直接作業時間	標準配賦率	
製造間接費	3時間	¥ 800	¥2,400
	製品1個あたりの標準原価		¥8,400

②当月の生産データ

月初仕掛品　80個（加工進捗度50％）
完　成　品　500個
月末仕掛品　100個（加工進捗度40％）

ただし，直接材料は製造着手のときにすべて投入されるものとする。

③実際原価に関するデータ

実際直接材料費　¥1,239,000（実際消費数量　10,500kg　実際単価　¥ 118）
実際直接労務費　¥1,850,000（実際直接作業時間　1,480時間　実際賃率　¥1,250）
実際製造間接費発生額　¥1,280,000
製造間接費予算額　¥1,240,000（変動費予算　¥744,000　固定費予算額　¥496,000）
基準操業度(直接作業時間)　1,550時間

(1)

仕	掛	品	
前月繰越 (432,000)	(製　　品) (4,200,000)
(材　料) (1,248,000)	次月繰越 (480,000)
(労務費) (1,800,000)	
(製造間接費) (1,200,000)	
(4,680,000)	(4,680,000)

(2)

価格差異	¥	21,000	(有　利)
数量差異	¥	12,000	(不　利)
賃率差異	¥	74,000	(不　利)
作業時間差異	¥	24,000	(有　利)
予算差異	¥	73,600	(不　利)
操業度差異	¥	22,400	(不　利)
変動費能率差異	¥	9,600	(有　利)
固定費能率差異	¥	6,400	(有　利)
総差異(原価差異)	¥	121,000	(不　利)

(3)月末仕掛品原価の内訳

直接材料費	¥	240,000
直接労務費	¥	144,000
製造間接費	¥	96,000

検定問題

解答 ▶ p.58

25-10 次の文の ____ にあてはまるもっとも適当な語を，下記の語群のなかから選び，その語句を記入しなさい。

標準原価計算では，直接材料費差異を価格差異と ア とに分析できる。このうち，価格差異は標準単価と実際単価との差異に イ をかけて計算する。　　　（第66回一部修正）

語群

予算差異　　標準消費数量　　変動費率　　数量差異　　実際消費数量

ア	数量差異	イ	実際消費数量

25-11 標準原価計算を採用している宮城製作所の当月における下記の資料から，次の金額を求めな
◀頻出!! さい。 (第84回一部修正)
　　　　a．完成品の標準原価　　　b．価　格　差　異　　　c．直接労務費差異
　　ただし，ⅰ　直接材料は製造着手のときにすべて投入されるものとする。
　　　　　　ⅱ　解答欄の（　　）のなかに不利差異の場合は（不利），有利差異の場合は（有利）
　　　　　　　と記入すること。

資　　　料
①標準原価カード（一部）

M製品	標準原価カード		
	標準消費数量	標準単価	金　　額
直接材料費	4kg	¥　650	¥2,600
	標準直接作業時間	標準賃率	
直接労務費	3時間	¥　800	¥2,400
	製品1個あたりの標準原価		¥7,100

②生産データ
　月初仕掛品　　300個（加工進捗度50%）
　当月投入　　　800個
　合　　計　　1,100個
　月末仕掛品　　200個（加工進捗度40%）
　完成品　　　　900個
③実際直接材料費
　　実際消費数量　　3,100kg
　　実際単価　　　　¥640
④実際直接労務費
　　実際直接作業時間　2,600時間
　　実際賃率　　　　　¥750

a	完成品の標準原価　¥	6,390,000	b	価　格　差　異　¥	31,000（有　利）
c	直接労務費差異　¥	42,000（有　利）			

25-12 標準原価計算を採用している広島製作所の当月における下記の資料から，次の金額を求めな
◀頻出!! さい。 (第89回)
　　　　a．月末仕掛品の標準原価　　　b．作業時間差異　　　c．予　算　差　異
　　ただし，ⅰ　直接材料は製造着手のときにすべて投入されるものとする。
　　　　　　ⅱ　解答欄の（　　）のなかに不利差異の場合は（不利），有利差異の場合は（有利）
　　　　　　　と記入すること。

資　　　料
①標準原価カード

A製品	標準原価カード		
	標準消費数量	標準単価	金　　額
直接材料費	5kg	¥　400	¥2,000
	標準直接作業時間	標準賃率	
直接労務費	2時間	¥1,700	¥3,400
	標準直接作業時間	標準配賦率	
製造間接費	2時間	¥　900	¥1,800
	製品1個あたりの標準原価		¥7,200

②生産データ
　月初仕掛品　　100個（加工進捗度60%）
　当月投入　　1,100個
　合　　計　　1,200個
　月末仕掛品　　200個（加工進捗度40%）
　完成品　　　1,000個
③実際直接労務費
　　実際直接作業時間　　2,100時間
　　実際賃率　　　　　　¥1,600
④製造間接費実際発生額　¥1,938,000
⑤製造間接費予算（公式法変動予算）
　　変動費率　　　　　¥400
　　固定費予算額　¥1,100,000
　　基準操業度(直接作業時間)　2,200時間

a	月末仕掛品の標準原価　¥	816,000	b	作業時間差異　¥	102,000（不　利）
c	予　算　差　異　¥	2,000（有　利）			

25-13 標準原価計算を採用している宮崎製作所の当月における下記の資料と製造勘定の記録から，製造勘定の（a）～（c）の金額を求めなさい。なお，仕掛品勘定への記帳方法は，パーシャルプランによっている。

◀頻出‼

ただし，直接材料は製造着手のときにすべて投入されるものとする。　　　（第88回一部修正）

資　　料

①標準原価カード（一部）

A製品	標準原価カード		
	標準消費数量	標準単価	金　　額
直接材料費	5 kg	¥　380	¥1,900
	標準直接作業時間	標準賃率	
直接労務費	3時間	¥　900	¥2,700
	製品1個あたりの標準原価		¥6,700

②生 産 デ ー タ

月初仕掛品　　140個（加工進捗度50％）
当月投入　　970個
合　　計　1,110個
月末仕掛品　　150個（加工進捗度60％）
完 成 品　　960個

③実際直接材料費

実 際 消 費 数 量　　5,050kg
実 際 単 価　　¥400

④実際直接労務費

実際直接作業時間　2,950時間
実 際 賃 率　　¥940

仕 　掛 　品			
前 月 繰 越	602,000	製　　品（　a　）	
材　　　　料	2,020,000	材料消費価格差異	101,000
労　　務　費	2,773,000	材料消費数量差異（　b　）	
製 造 間 接 費	2,047,000	賃 率 差 異（　c　）	
予 算 差 異	38,000	作 業 時 間 差 異	9,000

a	¥	6,432,000	b	¥	76,000	c	¥	118,000

25-14 標準原価計算を採用している大分製作所の当月における下記の資料から，次の金額を求めなさい。

◀頻出‼　　　　　　　　　　　　　　　　　　　　　　　　　　　　　　　　（第91回）

　　a．完成品の標準原価　　　b．直接材料費差異　　　c．能 率 差 異

ただし，ⅰ　直接材料は製造着手のときにすべて投入されるものとする。

　　　　ⅱ　能率差異は，変動費能率差異と固定費能率差異を合計すること。

　　　　ⅲ　解答欄の（　　）のなかに不利差異の場合は（不利），有利差異の場合は（有利）と記入すること。

資　　料

①標準原価カード

A製品	標準原価カード		
	標準消費数量	標準単価	金　　額
直接材料費	8 kg	¥　700	¥ 5,600
	標準直接作業時間	標準賃率	
直接労務費	3時間	¥ 1,600	¥ 4,800
	標準直接作業時間	標準配賦率	
製造間接費	3時間	¥ 1,200	¥ 3,600
	製品1個あたりの標準原価		¥14,000

②生 産 デ ー タ

月初仕掛品　　400個（加工進捗度50％）
当月投入　1,700個
合　　計　2,100個
月末仕掛品　　500個（加工進捗度40％）
完 成 品　1,600個

③実際直接材料費

実 際 消 費 数 量　　13,700kg
実 際 単 価　　¥690

④実際直接労務費

実際直接作業時間　4,850時間
実 際 賃 率　　¥1,620

⑤製造間接費予算（公式法変動予算）

変 動 費 率　　¥500
固定費予算額　¥ 3,500,000
基準操業度(直接作業時間)　5,000時間

a	完成品の標準原価 ¥	22,400,000	b	直接材料費差異 ¥	67,000（有　利）
c	能 率 差 異 ¥	60,000（不　利）			

26 損益計算書の作成

①原価差異の会計処理

標準原価計算で計算した原価差異は，原則として不利差異（借方差異）の場合は売上原価に加算し，有利差異（貸方差異）の場合は売上原価から減算する。

○○差異（不利差異）		売上原価		△△差異（有利差異）
50	振　替　▶	50 ｜ 20	◀　振　替	20

（振替仕訳）　　　　　　　　　　　　　　　　　　　　　　　　　　　　（振替仕訳）

売上原価　　50 / ○○差異　　50　　　　　　　　　　△△差異　　20 / 売上原価　　20

ただし，異常な状態にもとづく差異（数量差異・作業時間差異・能率差異など）は，非原価項目として営業外費用に計上する。

②原価差異の表示

原価差異の損益計算書（一部）への表示は次のようになる。

損　益　計　算　書

○○製作所　令和○年4月1日から令和○年4月30日まで

	標準原価		
Ⅰ　売　　上　　高		2,100	◀──販売価格×販売数量
Ⅱ　売　上　原　価			
1．期首製品棚卸高	200		◀──製品1単位あたりの標準原価×月初製品棚卸数量
2．当期製品製造原価	1,200		
合　　　計	1,400		
3．期末製品棚卸高	330		
標準売上原価	1,070		
4．原　価　差　異	30	1,100	◀──標準売上原価＋原価差異（不利）
売　上　総　利　益		1,000	（標準売上原価−原価差異（有利））

練 習 問 題

解答 ▶ p.61

26-1 次の各勘定の残高（原価差異）を売上原価勘定に振り替える仕訳を示しなさい。

材料消費価格差異		材料消費数量差異		賃　率　差　異		作業時間差異	
12,700			3,000		5,000	2,500	

予　算　差　異		操　業　度　差　異		能　率　差　異	
4,000		1,000		1,200	

売　　上　　原　　価	21,400	材料消費価格差異	12,700
		作　業　時　間　差　異	2,500
		予　　算　　差　　異	4,000
		操　　業　　度　　差　　異	1,000
		能　　率　　差　　異	1,200
材料消費数量差異	3,000	売　　上　　原　　価	8,000
賃　率　差　異	5,000		

26-2 株式会社札幌製作所は，標準原価計算を採用しＸ製品を製造している。よって，令和○年4月の製造に関する下記の資料により，

(1)仕掛品勘定に金額を記入しなさい。なお，勘定への記入はパーシャルプランによること。

(2)損益計算書（一部）を完成しなさい。ただし，会計期間は令和○年4月1日から令和○年4月30日までとする。

資　　料

ⅰ標準原価カード

X製品	標準原価カード		
	標準消費数量	標準単価	金　額
直接材料費	10kg	¥100	¥1,000
	標準直接作業時間	標準賃率	
直接労務費	5時間	¥200	¥1,000
	標準直接作業時間	標準配賦率	
製造間接費	5時間	¥100	¥500
	製品1個あたりの標準原価		¥2,500

ⅱ当月の製造に関するデータ

月初仕掛品　400個（加工進捗度50%）
当月完成品　1,600個
月末仕掛品　300個（加工進捗度80%）

ただし，直接材料は製造着手のときにすべて投入されるものとする。

ⅲ当月の販売に関するデータ

月　初　製　品　200個
月　末　製　品　300個
販　売　数　量　1,500個　販　売　単　価　@¥4,000

ⅳ当月の製造費用実際発生額

実際直接材料費：実際消費数量　14,700kg　実際単価　¥105
実際直接労務費：実際直接作業時間　8,300時間　実際賃率　¥190
実際製造間接費発生額：¥846,000

ⅴ製造間接費予算

変　動　費　予　算　額　¥504,000（変動費率　¥60）
固　定　費　予　算　額　¥336,000（固定費率　¥40）
基準操業度(直接作業時間)　8,400時間

なお，原価差異はすべて正常なものであり，全額を売上原価に賦課する。

(1)
仕　掛　品

前月繰越（	700,000）	製　　品（	4,000,000）
材　料（	1,543,500）	諸　口（	6,500）
労務費（	1,577,000）	次月繰越（	**660,000**）
製造間接費（	846,000）		
（	4,666,500）	（	4,666,500）

(2)
損　益　計　算　書（一部）

株式会社札幌製作所　令和○年4月1日から令和○年4月30日まで

Ⅰ　売　上　高		6,000,000
Ⅱ　売上原価		
1. 期首製品棚卸高	（500,000）	
2. 当期製品製造原価	（4,000,000）	
合　計	（4,500,000）	
3. 期末製品棚卸高	（750,000）	
標準売上原価	（3,750,000）	
4. 原　価　差　異	（6,500）	（3,756,500）
売上総利益		（2,243,500）

26-3 標準原価計算を採用している群馬製作所の令和○年9月の製造に関する下記の資料から，仕掛品勘定および損益計算書（一部，売上総利益まで）を完成しなさい。ただし，会計期間は令和○年9月1日から令和○年9月30日までとする。

なお，仕掛品勘定は借方には実際発生額を記入し，貸方には標準原価を記入する方法（パーシャルプラン）によること。また，直接材料は製造の進行に応じて投入し，製品の販売価格は1個あたり¥5,000である。

資　料

①標準原価カード

M製品	標準原価カード		
	標準消費数量	標準単価	金　額
直接材料費	4kg	¥500	¥2,000
	標準直接作業時間	標準賃率	
直接労務費	2時間	¥600	¥1,200
	標準直接作業時間	標準配賦率	
製造間接費	2時間	¥400	¥800
	製品1個あたりの標準原価		¥4,000

②生産データ

月初仕掛品	150個	（加工進捗度50%）
当月投入量	760個	
合　計	910個	
月末仕掛品	120個	（加工進捗度50%）
完成品	790個	

③実際直接材料費

実際消費数量　3,200kg　　実際単価　¥450

④実際直接労務費

実際直接作業時間　1,580時間　　実際賃率　¥650

⑤実際製造間接費発生額　¥600,000

⑥月間の公式法変動予算による製造間接費予算

変動費率　¥150
固定費予算額　¥400,000
基準操業度(直接作業時間)　1,600時間

⑦製品データ

月初製品棚卸数量　210個
当月販売数量　760個
月末製品棚卸数量　240個

なお，原価差異はすべて正常なものであり，全額を売上原価に賦課する。

仕　掛　品

前月繰越 (	300,000)	(製　品) (	3,160,000)
(材　料) (	1,440,000)	次月繰越 (	240,000)
(労務費) (	1,027,000)		
(製造間接費) (	600,000)		
諸　口 (	33,000)		
(	3,400,000)	(	3,400,000)

損　益　計　算　書（一部）

群馬製作所　　　　令和○年9月1日から令和○年9月30日まで

I　売　上　高		(	3,800,000	)
II　売　上　原　価				
1. 期首製品棚卸高	(840,000)			
2. 当期製品製造原価	(3,160,000)			
合　　計	(4,000,000)			
3. 期末製品棚卸高	(960,000)			
標準売上原価	(3,040,000)			
4. (原価差異)	(33,000)	(	3,007,000	)
売　上　総　利　益		(	793,000	)

第8章　直接原価計算

27 直接原価計算と短期利益計画

学習のまとめ

①利益計画と直接原価計算の意味

　企業は計画的な経営活動をおこなうため，将来の一定期間の利益の目標を定める。これを**利益計画**といい，その資料を提供するのに，もっとも適した原価計算が**直接原価計算**である。

　直接原価計算とは，総原価を変動費と固定費に分け，変動費だけを製品の製造原価とし，固定費は1会計期間の費用として処理し，営業利益を求める計算方法である。これにより，原価・営業量・利益の関係が明確になり，販売計画や利益計画の資料に有効となる。

②全部原価計算と直接原価計算

(1)全部原価計算

　いままでに学んだ原価計算。変動費と固定費を含めたすべての原価要素を製品の製造原価として計算する方法。

(2)直接原価計算

　変動費だけで製品の製造原価を計算する方法。原価要素の一部分を製品の製造原価とするので**部分原価計算**に分類される。直接原価計算は次のようにおこなわれる。

①原価要素（材料費・労務費・経費）を変動費と固定費に分ける。

②販売費及び一般管理費を変動費（変動販売費）と固定費（固定販売費及び一般管理費）に分ける。

③仕掛品と完成品の製造原価を変動費だけで計算する。

④売上高から変動費による売上原価（変動売上原価）を差し引いて，**変動製造マージン**を計算する。

　　変動製造マージン＝売上高－変動売上原価

⑤変動製造マージンから変動販売費を差し引いて，**貢献利益（限界利益）**を計算する。

　　貢献利益＝変動製造マージン－変動販売費

⑥貢献利益から固定製造間接費，固定販売費及び一般管理費を差し引いて，営業利益を計算する。

　　営業利益＝貢献利益－固定費

　また，全部原価計算による損益計算書と直接原価計算による損益計算書の関係は次のとおりである。

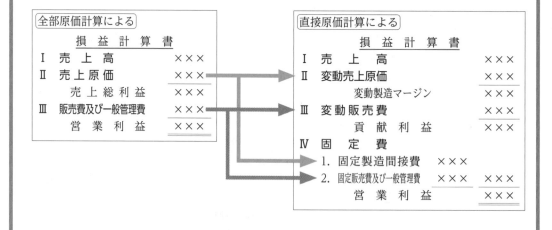

③ 直接原価計算による諸勘定の振り替え

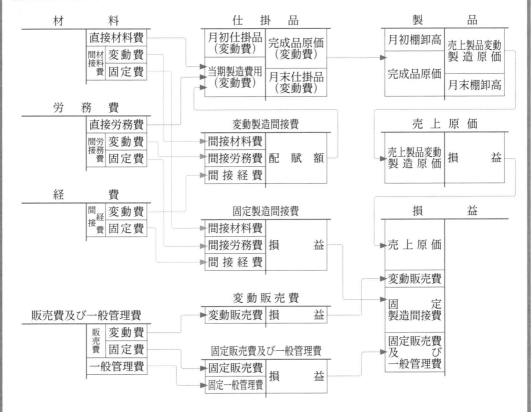

④ 固定費調整

直接原価計算で営業利益を算定した場合には，これに必要な調整をおこなうことで全部原価計算の営業利益を算定することができる。営業利益の違いは，期首や期末の製品や仕掛品に含まれる固定製造間接費によって生じる。この固定製造間接費を調整する手続を**固定費調整**といい，式は次のとおりである。

$$\boxed{\begin{array}{c}\text{全部原価計算に}\\\text{よる営業利益}\end{array}} = \boxed{\begin{array}{c}\text{直接原価計算に}\\\text{よる営業利益}\end{array}} + \boxed{\begin{array}{c}\text{期末製品・仕掛品に含}\\\text{まれる固定製造間接費}\end{array}} - \boxed{\begin{array}{c}\text{期首製品・仕掛品に含}\\\text{まれる固定製造間接費}\end{array}}$$

例　とうほう製作所は，製品Xを製造・販売している。以下の資料にもとづいて，固定費調整をおこない，第Ⅰ期，第Ⅱ期，第Ⅲ期の直接原価計算の営業利益から，全部原価計算の営業利益を求めなさい。

資　料　(1)　販 売 単 価：製品1個あたりの販売価格　　　¥　2,000
　　　　(2)　製 造 原 価：製品1個あたりの変動製造原価　¥　500
　　　　　　　　　　　　　1期間の固定製造間接費　　　　¥　400,000
　　　　(3)　販 　売 　費：製品1個あたりの変動販売費　　¥　100
　　　　　　　　　　　　　1期間の固定販売費　　　　　　¥　100,000
　　　　(4)　一般管理費：全額固定費　　　　　　　　　　¥　150,000
　　　　(5)　生産量・販売数量　なお，各期首・期末において仕掛品はないものとする。

	第Ⅰ期	第Ⅱ期	第Ⅲ期
期首在庫量	0個	0個	100個
当期生産量	1,500個	1,600個	2,000個
当期販売量	1,500個	1,500個	1,500個
期末在庫量	0個	100個	600個

　　　　(6)　全部原価計算において，製品の払出単価の計算は先入先出法による。
　　　　(7)　直接原価計算による損益計算書（営業利益まで）

損 益 計 算 書　　　　　　　（単位：円）

	第Ⅰ期	第Ⅱ期	第Ⅲ期
Ⅰ　売 上 高	3,000,000	3,000,000	3,000,000
Ⅱ　変動売上原価	750,000	750,000	750,000
変動製造マージン	2,250,000	2,250,000	2,250,000
Ⅲ　変動販売費	150,000	150,000	150,000
貢 献 利 益	2,100,000	2,100,000	2,100,000
Ⅳ　固 定 費			
1．固定製造間接費	400,000	400,000	400,000
2．固定販売費及び一般管理費	250,000	250,000	250,000
営 業 利 益	1,450,000	1,450,000	1,450,000

①第Ⅰ期　期首製品も期末製品もないため，直接原価計算の営業利益と全部原価計算の営業利益は同額となる。

直接原価計算による損益計算書		全部原価計算による製品勘定		全部原価計算による損益計算書	
費用総額 1,550,000	売 上 高 3,000,000	1,500個 変　750,000 固　400,000	1,500個 変　750,000 固　400,000	費用総額 1,550,000	売 上 高 3,000,000
営業利益 1,450,000				営業利益 1,450,000	

¥1,450,000＋¥0－¥0＝¥1,450,000

②第Ⅱ期　期末製品に含まれる固定製造間接費
　　　　　（¥400,000÷1,600個）×100個＝¥25,000

直接原価計算による損益計算書
費用総額 1,550,000 ／ 売上高 3,000,000 ／ 営業利益 1,450,000

全部原価計算による製品勘定

1,600個 変 800,000 固 400,000	1,500個 変 750,000 固 375,000 ／ 100個 変 50,000 固 25,000

全部原価計算による損益計算書
費用総額 1,525,000 ／ 売上高 3,000,000 ／ 営業利益 1,475,000

¥1,450,000＋¥25,000−¥0＝¥1,475,000

③第Ⅲ期　期末製品に含まれる固定製造間接費
　　　　　（400,000÷2,000個）×600個＝¥120,000
　　　　　期首製品に含まれる固定製造間接費
　　　　　（400,000÷1,600個）×100個＝¥25,000

直接原価計算による損益計算書
費用総額 1,550,000 ／ 売上高 3,000,000 ／ 営業利益 1,450,000

全部原価計算による製品勘定

100個 変 50,000 固 25,000	100個 変 50,000 固 25,000
2,000個 変 1,000,000 固 400,000	1,400個 変 700,000 固 280,000 ／ 600個 変 300,000 固 120,000

全部原価計算による損益計算書
費用総額 1,455,000 ／ 売上高 3,000,000 ／ 営業利益 1,545,000

¥1,450,000＋¥120,000−¥25,000＝¥1,545,000

⑤ **損益分岐分析**（CVP分析：Cost Volume Profit）

営業利益は，売上高から変動費・固定費を含めた総費用を差し引いたものであり，利益が零(0)のときの売上高と総費用は一致する。この一致点を **損益分岐点** という。よって，企業が利益をあげるには，損益分岐点以上の売上が必要になる。また，この売上高（営業量）の増減に対して，原価と利益がどのように変化していくかを計算し，分析することを **損益分岐分析**（**CVP分析**）という。直接原価計算では，売上高・変動費・貢献利益は比例して増減する。よって，売上高に対する貢献利益率と変動費率はそれぞれつねに一定であるため，これを利用して分析をおこなう。

$$貢献利益率^{*1}＝\frac{貢　献　利　益}{売　上　高} \qquad 変動費率^{*2}＝\frac{変　動　費}{売　上　高}$$

＊1　1−変動費率＝貢献利益率
＊2　売上高に対する変動費の割合

$$損益分岐点の売上高＝\frac{固定費}{貢献利益率} \qquad 目標営業利益を達成するための売上高＝\frac{固定費＋目標営業利益}{貢献利益率}$$

例

	損 益 計 算 書		比率
Ⅰ	売上高	1,000,000	1
Ⅱ	変動費	600,000	0.6
	貢献利益	400,000	0.4
Ⅲ	固定費	300,000	
	営業利益	100,000	

固定費は一定

〈利益が零(0)のときの売上高〉

	損 益 計 算 書	
Ⅰ	売上高	750,000
Ⅱ	変動費	②450,000
	貢献利益	300,000
Ⅲ	固定費	300,000
	営業利益	0

①　損益分岐点

〈目標営業利益を得るために必要な売上高〉

	損 益 計 算 書	
Ⅰ	売上高	1,250,000
Ⅱ	変動費	④750,000
	貢献利益	500,000
Ⅲ	固定費	300,000
	営業利益	200,000

③　目標営業利益

① $\dfrac{¥300,000}{0.4}＝¥750,000$ 　　② ¥750,000×0.6＝¥450,000

③ $\dfrac{¥300,000＋¥200,000}{0.4}＝¥1,250,000$ 　　④ ¥1,250,000×0.6＝¥750,000

⑥損益分岐図表

損益分岐分析は，次のような**損益分岐図表**であらわすことができる。

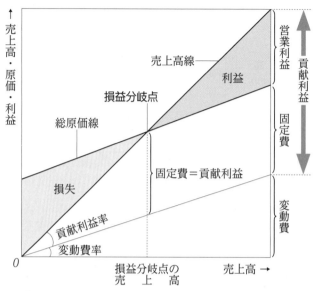

⑦安全余裕率の算定　　進んだ学習

安全余裕率とは，予想した売上高と損益分岐点の売上高との差を，予想した売上高で割ったものである。この安全余裕率が高いほど収益性が高く，低いほど収益性が低いことを示している。

$$安全余裕率(\%)=\frac{予想売上高－損益分岐点の売上高}{予想売上高}\times100$$

練 習 問 題

解答 ▶ p.63

27-1 下記の資料によって，直接原価計算による損益計算書を完成しなさい。

資　　料

a. 変動製造費	@¥ 1,800	b. 変動販売費	@¥ 750
c. 固定製造間接費	¥ 72,000	d. 固定販売費及び一般管理費	¥ 15,000
e. 販売単価	@¥ 4,500	f. 販売数量	60個

損 益 計 算 書

Ⅰ 売　　上　　高			（ 270,000 ）	
Ⅱ （変 動 売 上 原 価）			（ 108,000 ）	
変 動 製 造 マージン			（ 162,000 ）	
Ⅲ 変 動 販 売 費			（ 45,000 ）	
（貢　献　利　益）			（ 117,000 ）	
Ⅳ 固　　定　　費				
1. 固 定 製 造 間 接 費	（ 72,000 ）			
2. 固定販売費及び一般管理費	（ 15,000 ）	（ 87,000 ）		
営　業　利　益			（ 30,000 ）	

27-2 下記の資料によって，⑴全部原価計算による損益計算書と，⑵直接原価計算による損益計算書を完成しなさい。なお，期首仕掛品と期末仕掛品はなかった。

　　　資　料
　　　　期首製品棚卸数量　　　　2,000個　　　製造費用
　　　　当期製品完成数量　　　　6,000個　　　　単位あたりの変動製造費　　¥　　750
　　　　期末製品棚卸数量　　　　1,000個　　　　単位あたりの固定製造間接費　¥　　500
　　　　単位あたりの販売価格　　¥2,250　　　販売費及び一般管理費
　　　　　　　　　　　　　　　　　　　　　　　　単位あたりの変動費　　　　¥　　150
　　　　　　　　　　　　　　　　　　　　　　　　期　間　の　固　定　費　　¥600,000

⑴全部原価計算　　　　　　　　　　　　　　　⑵直接原価計算

　　　　　　損　益　計　算　書　　　　　　　　　　　　　　損　益　計　算　書
Ⅰ　売　上　高　（　15,750,000）　　　　　Ⅰ　売　上　高　　　　　　（　15,750,000）
Ⅱ　売　上　原　価　（　8,750,000）　　　　Ⅱ　変動売上原価　　　　　（　5,250,000）
　　　売　上　総　利　益　（　7,000,000）　　　　　変動製造マージン　　（　10,500,000）
Ⅲ　販売費及び一般管理費　（　1,650,000）　　Ⅲ　変動販売費　　　　　　（　1,050,000）
　　　営　業　利　益　（　5,350,000）　　　　　　貢　献　利　益　　　（　9,450,000）
　　　　　　　　　　　　　　　　　　　　　　Ⅳ　固　定　費
　　　　　　　　　　　　　　　　　　　　　　　1.　固定製造間接費　（　3,000,000）
　　　　　　　　　　　　　　　　　　　　　　　2.　固定販売費及び一般管理費　（　600,000）（　3,600,000）
　　　　　　　　　　　　　　　　　　　　　　　　　営　業　利　益　（　5,850,000）

27-3 A製品を製造・販売している佐賀製造株式会社の下記の資料にもとづき，当月の損益計算書を⑴全部原価計算による場合と，⑵直接原価計算による場合とについて完成しなさい。なお，期首と期末の仕掛品および製品はなかったものとする。

　　　資　料
　　　　a．売　　　　　上　　　　　高　　¥　4,000,000
　　　　b．変　動　売　上　原　価　　¥　1,800,000
　　　　c．固　定　製　造　間　接　費　　¥　　400,000
　　　　d．変　　動　　販　　売　　費　　¥　　200,000
　　　　e．固定販売費及び一般管理費　　¥　　600,000

⑴全部原価計算による場合

　　　　　　　　損　益　計　算　書
　　Ⅰ　売　上　高　（　4,000,000）
　　Ⅱ　売　上　原　価　（　2,200,000）
　　　　売　上　総　利　益　（　1,800,000）
　　Ⅲ　販売費及び一般管理費　（　800,000）
　　　　営　業　利　益　（　1,000,000）

⑵直接原価計算による場合

　　　　　　　　損　益　計　算　書
　　Ⅰ　売　上　高　　　　　　（　4,000,000）
　　Ⅱ　変動売上原価　　　　　（　1,800,000）
　　　　変動製造マージン　　　（　2,200,000）
　　Ⅲ　変　動　販　売　費　　（　200,000）
　　　　貢　献　利　益　　　　（　2,000,000）
　　Ⅳ　固　定　費
　　　1.　固定製造間接費　（　400,000）
　　　2.　固定販売費及び一般管理費　（　600,000）（　1,000,000）
　　　　営　業　利　益　（　1,000,000）

27-4 下記の直接原価計算による損益計算書にもとづいて，(1)変動費の合計額，(2)損益分岐点の売上高，(3)売上高が¥6,000,000の場合の営業利益を計算しなさい。

損　益　計　算　書

Ⅰ	売　　上　　高		4,500,000
Ⅱ	変　動　売　上　原　価		2,300,000
	変動製造マージン		2,200,000
Ⅲ	変　動　販　売　費		400,000
	貢　　献　　利　　益		1,800,000
Ⅳ	固　　　定　　　費		
	1. 固　定　製　造　間　接　費	300,000	
	2. 固定販売費及び一般管理費	700,000	1,000,000
	営　　業　　利　　益		800,000

(1)	変 動 費 の 合 計 額	¥　2,700,000	(2)	損益分岐点の売上高	¥　2,500,000
(3)	売上高が¥6,000,000の場 合 の 営 業 利 益	¥　1,400,000			

27-5 次の資料によって，(1)損益分岐点の売上高を求め，(2)目標営業利益¥900,000を達成するための売上高を計算しなさい。

資　　料
- a．販売単価　@¥640　　販売数量　4,000個
- b．製品1個あたりの変動費　¥352　　c．固定費　¥630,000

(1)	損 益 分 岐 点 の 売 上 高	¥　1,400,000	(2)	目標営業利益¥900,000を達成するための売上高	¥　3,400,000

27-6 下記の資料から，直接原価計算をおこなった場合の(1)貢献利益，(2)営業利益，(3)損益分岐点の売上高，(4)売上高が2倍になったときの営業利益を求めなさい。

資　　料
- a．売　上　高　¥　3,800,000
- b．変　動　費　¥　2,280,000
- c．固　定　費　¥　1,000,000

(1)	貢　献　利　益	¥　1,520,000	(2)	営　業　利　益	¥　520,000
(3)	損益分岐点の売上高	¥　2,500,000	(4)	売上高が2倍になったときの営業利益	¥　2,040,000

27-7 青森製作所では，直接原価計算をおこない利益計画をたてている。当月における下記の資料から，次の金額または数量を求めなさい。
- a．当月の営業利益　　b．損益分岐点の売上高
- c．変動製造費が製品1個あたり25%減少した場合の損益分岐点売上高

資　　料
①月初製品棚卸高	200個	⑤製 造 費 用	変動製造費（製品1個あたり） ¥	1,680
②完 成 品 数 量	4,500個		固定製造間接費 ¥	900,000
③月末製品棚卸高	700個	⑥販売費及び一般管理費	変動販売費（製品1個あたり） ¥	140
④販 売 単 価 ¥ 3,500			固定販売費及び一般管理費 ¥	234,000

a	当 月 の 営 業 利 益	¥　5,586,000	b	損益分岐点の売上高	¥　2,362,500
c	変動製造費が製品1個あたり25%減少した場合の損益分岐点売上高	¥　1,890,000			

27-8 次の文の□□□□のなかに，適当な金額または数量を記入しなさい。

福岡工業株式会社はA製品を製造し，1個あたり¥2,700 で販売している。短期利益計画のために，総原価を変動費と固定費に分け，直接原価計算による損益計算書を作成したところ，A製品を3,000個販売した場合の変動費は¥5,265,000　固定費は¥945,000　営業利益は¥□ a □であった。この損益計算書をもとに計算した損益分岐点の売上高は¥□ b □であり，目標営業利益 ¥2,835,000 を達成するための販売数量は□ c □個であった。

a	¥ 1,890,000	b	¥ 2,700,000	c	4,000 個

27-9 次の文の□□□□のなかに，適当な金額または数量を記入しなさい。

関西工業株式会社はB製品を製造し，1個あたり¥5,600 で販売している。短期利益計画のために，総原価を変動費と固定費に分け，直接原価計算による損益計算書を作成したところ，B製品を1,500個販売した場合の変動費は¥4,620,000　固定費は¥1,260,000　営業利益は□ a □であった。この損益計算書をもとに計算した損益分岐点の販売数量は□ b □個であり，販売数量が1,850個のときの営業利益は¥□ c □である。

a	¥ 2,520,000	b	500 個	c	¥ 3,402,000

27-10 伊那工業株式会社は，A製品を製造・販売しており現在，次期の利益計画を策定中である。当期の業績は次のとおりであった。なお，次期においても販売価格・変動費率・固定費額は当期と同一である。よって，以下の各問いに答えなさい。ただし，仕掛品および製品の在庫はないものとする。

売　上　高　　　　＠¥800×3,000個　　　　　　　¥2,400,000
総　原　価　変動費　＠¥400×3,000個　¥1,200,000
　　　　　　　固定費　　　　　　　　　¥480,000　¥1,680,000
営　業　利　益　　　　　　　　　　　　　　　　　¥720,000

(1)損益分岐点の売上高および販売数量を求めなさい。

損 益 分 岐 点 の 売 上 高	¥ 960,000	販 売 数 量	1,200 個

(2)目標営業利益¥1,000,000 を達成するための売上高および販売数量を求めなさい。

目標営業利益¥1,000,000 を 達 成 す る た め の 売 上 高	¥ 2,960,000	販 売 数 量	3,700 個

(3)次期の販売価格を20%値下げするとき，当期と同額の営業利益を達成するための売上高および販売数量を求めなさい。

当期と同額の営業利益を 達 成 す る た め の 売 上 高	¥ 3,200,000	販 売 数 量	5,000 個

27-11 次の文の□□□□のなかに，適当な金額または数量を記入しなさい。

関東工業株式会社はY製品を製造し，1個あたり¥4,500で販売している。短期利益計画のために，総原価を変動費と固定費に分け，直接原価計算による損益計算書を作成したところ，Y製品を2,000個販売した場合の変動費は製品1個あたり¥2,880　固定費は¥2,430,000　営業利益は¥□ a □で，損益分岐点の販売数量は□ b □個であった。

今後，変動費が製品1個あたり¥3,150になることが予想される。販売数量および販売単価は当月と変わらない場合，目標営業利益¥513,000 を達成するには，固定費を□ c □%減らす必要がある。

a	¥ 810,000	b	1,500 個	c	10 %

27-12 当月の北越工業株式会社の下記の資料によって，次の各問いに答えなさい。ただし，会計期間は令和○年7月1日から令和○年7月31日までとする。

(1)直接原価計算による損益計算書を完成しなさい。

(2)損益分岐点の売上高を求めなさい。

(3)目標営業利益￥1,840を達成するための売上高を求めなさい。

進んだ学習(4)安全余裕率を求めなさい。

　　　　資　　料

　　　a．全部原価計算による損益計算書

損　益　計　算　書

Ⅰ	売　　上　　高		?
Ⅱ	売　上　原　価		
	1．期首製品棚卸高	2,500	
	2．当期製品製造原価	10,000	
	合　　　計	12,500	
	3．期末製品棚卸高	2,000	10,500
	売　上　総　利　益		?
Ⅲ	販売費及び一般管理費		
	1．販　　売　　費	?	
	2．一　般　管　理　費	540	?
	営　業　利　益		?

　　　b．その他

　　　　①販売単価　@￥150　　販売数量　100個

　　　　②製品完成高（変動製造原価）　￥7,000

　　　　③製品売上原価（変動費）　期首製品棚卸高　￥1,700　　期末製品棚卸高　￥1,400

　　　　④固定製造間接費発生額　￥3,000

　　　　⑤変動販売費（製品1個あたり）　￥8

　　　　なお，期首・期末に仕掛品はなかった。

(1)直接原価計算による損益計算書

損　益　計　算　書

北越工業株式会社　　　令和○年7月1日から令和○年7月31日まで

Ⅰ	売　　上　　高			(15,000)
Ⅱ	変　動　売　上　原　価			
	1．期首製品棚卸高	(1,700)		
	2．当期製品製造原価	(7,000)		
	合　　　計	(8,700)		
	3．期末製品棚卸高	(1,400)	(7,300)	
	変動製造マージン		(7,700)	
Ⅲ	変　動　販　売　費		(800)	
	貢　献　利　益		(6,900)	
Ⅳ	固　　定　　費			
	1．固定製造間接費	(3,000)		
	2．固定販売費及び一般管理費	1,140	(4,140)	
	営　業　利　益		(2,760)	

(2)	損益分岐点の売上高	￥	9,000	(3)	目標営業利益￥1,840を達成するための売上高	￥	13,000
(4)	安　全　余　裕　率		40	％			

検定問題
解答 ▶ p.65

27-13　次の文の　　　にあてはまるもっとも適当な語を，下記の語群のなかから選び，その番号を記入しなさい。

企業は将来の一定期間における目標利益を設定し，これを達成するために　ア　をたてる。これは売上高の増減が原価と利益にどのように影響するかという資料にもとづいておこなわれる。この資料を作成するのに，もっとも適した原価計算が　イ　である。　　　　　　　　（第64回）

語群　1．標準原価計算　　2．利益計画　　3．全部原価計算
　　　4．原価管理　　5．直接原価計算　　6．損益分岐点

ア	イ
2	5

27-14　福岡製作所では，A製品を1個あたり¥2,000で販売している。この製品を3,000個製造・販売したときの全部原価計算および直接原価計算における損益計算書は下記のとおりである。よって，直接原価計算による次の金額または数量を求めなさい。ただし，月初・月末の仕掛品および製品はなかった。　　　　　　　　（第91回）

　　　a．損益分岐点の売上高　　　b．営業利益を2倍にするための販売数量
　　　c．変動製造マージン（ア）の金額

資料

（全部原価計算による）
福岡製作所 損 益 計 算 書 （単位：円）
Ⅰ　売　上　高　　　　　6,000,000
Ⅱ　売　上　原　価　　　4,310,000
　　　売 上 総 利 益　　1,690,000
Ⅲ　販売費及び一般管理費　1,234,000
　　　営　業　利　益　　　456,000

（直接原価計算による）
福岡製作所　　　損 益 計 算 書　　　（単位：円）
Ⅰ　売　上　高　　　　　　　　　　　6,000,000
Ⅱ　変動売上原価　　　　　　　（　　　　　）
　　　変動製造マージン　　　　（　ア　　）
Ⅲ　変動販売費　　　　　　　　（　　　　　）
　　　貢　献　利　益　　　　　　2,280,000
Ⅳ　固　定　費
　　1．固定製造間接費　　　1,520,000
　　2．固定販売費及び一般管理費　304,000　1,824,000
　　　営　業　利　益　　　　　　　456,000

a	損益分岐点の売上高　¥	4,800,000	b	営業利益を2倍にするための販売数量	3,600 個
c	変動製造マージン（ア）の金額　¥	3,210,000			

27-15　島根製作所では，直接原価計算をおこない利益計画をたてている。当月における下記の資料◀頻出!!から，次の金額または数量を求めなさい。　　　　　　　　（第94回）

　　　a．当月の営業利益
　　　b．損益分岐点の売上高
　　　c．目標営業利益¥2,940,000を達成するための販売数量

資料
　①　販　売　数　量　　1,700個
　②　販　売　単　価　　¥2,800
　③　製　造　費　用　　変動費（製品1個あたり）¥850　　固定費　¥420,000
　④　販売費及び一般管理費　変動費（製品1個あたり）¥200　　固定費　¥105,000

a	当 月 の 営 業 利 益　¥	2,450,000	b	損益分岐点の売上高　¥	840,000
c	目標営業利益¥2,940,000を達成するための販売数量	1,980 個			

27-16 大分製作所では，直接原価計算をおこない利益計画をたてている。当月における下記の資料から，次の金額を求めなさい。 (第96回)

　　　　ａ．販売数量が1,000個のときの営業利益
　　　　ｂ．営業利益￥1,200,000を達成するための売上高
　　　　ｃ．固定費を￥330,000削減できたときの損益分岐点売上高

　資　　料
　①　販売単価　　　　　　　　　　￥6,000　　④　固定製造間接費　　　￥1,170,000
　②　変動製造費（製品1個あたり）￥2,000　　⑤　固定販売費及び一般管理費￥1,680,000
　③　変動販売費（製品1個あたり）￥　400

a	販売数量が1,000個のときの営業利益 ￥	750,000	b	営業利益￥1,200,000を達成するための売上高 ￥	6,750,000
c	固定費を￥330,000削減できたときの損益分岐点売上高 ￥	4,200,000			

27-17 大分製作所では，直接原価計算をおこない利益計画をたてている。当月における下記の資料から，次の金額または数量を求めなさい。 (第83回)

　　　　ａ．損益分岐点の売上高
　　　　ｂ．目標営業利益￥60,000を達成するための販売数量
　　　　ｃ．変動製造費が製品1個あたり￥100減少した場合の損益分岐点売上高

　資　　料
　①　販　売　数　量　　　820個
　②　販　売　単　価　￥　5,000
　③　変　動　製　造　費　￥　3,200（製品1個あたり）
　④　変　動　販　売　費　￥　　300（製品1個あたり）
　⑤　固　定　製　造　間　接　費　￥900,000
　⑥　固定販売費及び一般管理費　￥300,000

a	損益分岐点の売上高 ￥	4,000,000	b	目標営業利益￥60,000を達成するための販売数量	840　個
c	変動製造費が製品1個あたり￥100減少した場合の損益分岐点売上高 ￥	3,750,000			

27-18 次の文の　　　のなかに，適当な金額・数量・比率を記入しなさい。

　山口工業株式会社は，直接原価計算をおこない利益計画をたてている。当月における次の資料から，損益計算書を作成したところ，営業利益は￥　a　で，損益分岐点の販売数量は　b　個であった。

　今後，変動費が製品1個あたり￥4,180になることが予想される。販売数量および販売単価は当月と変わらない場合，目標営業利益￥12,000,000を達成するには，固定費を　c　％減らす必要がある。 (第89回)

　資　　料
　①販売数量　3,200個　　③変動費　￥4,000（製品1個あたり）
　②販売単価　￥10,000　　④固定費　￥6,900,000

a	￥	12,300,000	b	1,150　個	c	4　%

27-19 滋賀製作所では，直接原価計算をおこない利益計画をたてている。当月における下記の資料から，次の金額または数量を求めなさい。 (第86回)

　　　　ａ．損益分岐点の売上高　　ｂ．目標営業利益￥828,000を達成するための販売数量
　　　　ｃ．販売数量は当月のままで，変動販売費を36％減少させた場合の営業利益

　資　　料
　①販　売　数　量　1,500個　　④変動販売費　￥200（製品1個あたり）
　②販　売　単　価　￥2,000　　⑤固定製造間接費　￥600,000
　③変動製造費　￥600（製品1個あたり）　⑥固定販売費及び一般管理費　￥480,000

a	￥	1,800,000	b	1,590　個	c	￥	828,000

第9章 形式別復習問題
28 仕訳の問題

解答 ▶ p.67

〈個別原価計算〉

28-1 次の取引の仕訳を示しなさい。ただし，各番号の取引は独立したもので，相互に関係はない。

(1)a．当月の素材の消費高を計算するために，出庫伝票を集計したところ，次のとおりであった。ただし，@¥700 の予定価格を用いている。

製造指図書#1用　400個　　製造指図書#2用　360個　　機械修理用　40個

b．月末に実際価格による素材の消費高 ¥600,000 を計上した。よって，予定価格による消費高と実際価格による消費高の差額を，材料消費価格差異勘定に振り替えた。

(2)月末における素材の帳簿棚卸高は900個 @¥750 であり，実地棚卸高は880個 @¥750 であった。よって，素材勘定を修正した。

(3)当月分の賃金の支払高に関する資料は，次のとおりであった。よって，正味支払高を小切手を振り出して支払った。ただし，諸手当は賃金勘定に含めないで処理している。

当月賃金支払総額：基本賃金　　¥840,000
諸手当　　　142,000　　¥982,000
控除額：所得税　　¥96,400
健康保険料　48,600　　¥145,000
正味支払高　　　　　　　　　¥837,000

(4)a．当月の賃金消費高を計算するために，作業時間報告書を集計したところ，次のとおりであった。ただし，@¥780 の予定賃率を用いている。

製造指図書#1　600時間　　製造指図書#2　450時間　　間接作業　50時間

b．月末に賃金の実際消費高 ¥830,000 を計上した。よって，予定賃率による消費高と実際賃率による消費高の差額を，賃率差異勘定に振り替えた。

(5)当月の経費の消費高を，次の経費支払表にもとづいて計上した。ただし，外注加工賃は製造指図書#1用である。なお，当月消費高は，各自で計算すること。

経費支払表

費目	当月支払高	前月前払高	前月未払高	当月前払高	当月未払高	当月消費高
外注加工賃	170,000	9,000	――	19,000		
修繕料	230,000	――	36,000		24,000	

(1)	a	仕掛品 製造間接費	532,000 28,000	素材	560,000
	b	材料消費価格差異	40,000	素材	40,000
(2)		棚卸減耗損	15,000	素材	15,000
(3)		賃金 従業員賞与手当	840,000 142,000	所得税預り金 健康保険料預り金 当座預金	96,400 48,600 837,000
(4)	a	仕掛品 製造間接費	819,000 39,000	賃金	858,000
	b	賃金	28,000	賃率差異	28,000
(5)		仕掛品 製造間接費	160,000 218,000	外注加工賃 修繕料	160,000 218,000

形式別復習問題

28-2 次の取引の仕訳を示しなさい。ただし，各番号の取引は独立したもので，相互に関係はない。

(1)当月の電力料について，次の資料を得たので，その消費高を製造間接費として計上した。

　　　当月支払高 ¥160,000　　　当月測定高 ¥170,000

(2)月末に製造指図書#2用として，特許権使用料の月割額 ¥65,000 を計上した。

(3)月末に，製造間接費の予定配賦高 ¥475,000 と実際発生高 ¥493,000 との差額を製造間接費配賦差異勘定に振り替えた。

(4)a．次の部門費配分表によって，製造間接費を各部門に配分した。

部 門 費 配 分 表

費 目	配賦基準	金 額	製 造 部 門		補 助 部 門	
			第 1 部 門	第 2 部 門	動 力 部 門	運 搬 部 門
部門費合計		1,321,000	760,000	430,000	76,000	55,000

b．上記の補助部門費を，次の資料によって各製造部門に配賦した。

配 賦 基 準		第 1 製 造 部 門	第 2 製 造 部 門
動力部門費	kW数×運転時間数	6kW×3,000時間	5kW×4,000時間
運搬部門費	運搬物品の総重量	300kg	200kg

(5)a．次の直接作業時間によって，製造部門費を予定配賦した。ただし，予定配賦率は1時間あたり第1製造部門は ¥200　第2製造部門は ¥100 である。

　　　　直接作業時間 第1製造部門 3,000時間　第2製造部門 2,000時間

b．月末に上記aの予定配賦額と実際発生額の差額を，製造部門費配賦差異勘定に振り替えた。

　　　　実際発生額 第1製造部門 ¥605,000 第2製造部門 ¥196,000

(6)製造指図書#3の製品300個が全部仕損となり，新たに製造指図書を発行して，代品を製造することになった。ただし，これまでに製造指図書#3に集計された製造原価は ¥600,000 であり，仕損品を ¥250,000 と評価し，残額は仕損費とした。

(7)製造指図書#4を製造している過程で作業くずが発生した。この評価額 ¥40,000 は製造原価から差し引くものとする。

(8)当月の売上製品に関する資料は，次のとおりであった。

　　　売上高 ¥2,500,000（掛け）　売上製品の製造原価 ¥1,900,000

(1)	製 造 間 接 費	170,000		電 力 料	170,000	
(2)	仕 掛 品	65,000		特 許 権 使 用 料	65,000	
(3)	製造間接費配賦差異	18,000		製 造 間 接 費	18,000	
(4) a	第 1 製 造 部 門 費	760,000		製 造 間 接 費	1,321,000	
	第 2 製 造 部 門 費	430,000				
	動 力 部 門 費	76,000				
	運 搬 部 門 費	55,000				
(4) b	第 1 製 造 部 門 費	69,000		動 力 部 門 費	76,000	
	第 2 製 造 部 門 費	62,000		運 搬 部 門 費	55,000	
(5) a	仕 掛 品	800,000		第 1 製 造 部 門 費	600,000	
				第 2 製 造 部 門 費	200,000	
(5) b	製造部門費配賦差異	5,000		第 1 製 造 部 門 費	5,000	
	第 2 製 造 部 門 費	4,000		製造部門費配賦差異	4,000	
(6)	仕 損 品	250,000		仕 掛 品	600,000	
	仕 損 費	350,000				
(7)	作 業 く ず	40,000		仕 掛 品	40,000	
(8)	売 掛 金	2,500,000		売 上	2,500,000	
	売 上 原 価	1,900,000		製 品	1,900,000	

〈総合原価計算〉

28-3 次の取引の仕訳を示しなさい。ただし，各番号の取引は独立したもので，相互に関係はない。

(1)単純総合原価計算を採用している栃木製作所は，当月分の材料 ¥500,000 労務費 ¥400,000 経費 ¥300,000 をそれぞれ消費した。

(2)a．等級別総合原価計算を採用している長野製作所において，次のとおり製品が完成した。ただし，この完成品の総合原価は ¥1,240,000 である。なお，各等級別製造原価は各自で計算すること。

等 級 別 総 合 原 価 計 算 表

等級別製品	重　　量	等価係数	完成品数量	積　　数	等級別製造原価	製品単価
1 級 製 品	500 g	5	2,500 個	12,500	500,000	¥　200
2 級 製 品	300 g	3	3,500 個	10,500	420,000	¥　120
3 級 製 品	200 g	2	4,000 個	8,000	320,000	¥　　80
				31,000	1,240,000	

b．当月の売上原価を次のとおり計上した。

　　　　1級製品 ¥600,000　　　2級製品 ¥510,000　　　3級製品 ¥360,000

(3)a．組別総合原価計算を採用している山梨製作所は，当月の素材の消費高¥900,000 のうち，A組に ¥600,000　B組に ¥300,000 を賦課した。

b．間接賃金 ¥300,000 を消費した。

c．組間接費 ¥1,000,000 を，A組に60%　B組に40%の割合で配賦した。

d．A組製品 ¥3,600,000　B組製品 ¥2,250,000 が完成した。

e．当月の製品の販売について次の資料を得た。よって売上高および売上原価を計上した。

　　　　A組製品　売上高（掛け）¥5,000,000　　　売上原価 ¥4,100,000
　　　　B組製品　売上高（掛け）¥3,500,000　　　売上原価 ¥2,750,000

		借方		貸方	
(1)		仕　　掛　　品	1,200,000	材　　　　料	500,000
				労　　務　　費	400,000
				経　　　　費	300,000
(2)	a	1 級 製 品	500,000	仕　　掛　　品	1,240,000
		2 級 製 品	420,000		
		3 級 製 品	320,000		
	b	売 上 原 価	1,470,000	1 級 製 品	600,000
				2 級 製 品	510,000
				3 級 製 品	360,000
(3)	a	A 組 仕 掛 品	600,000	素　　　　材	900,000
		B 組 仕 掛 品	300,000		
	b	組 間 接 費	300,000	賃　　　　金	300,000
	c	A 組 仕 掛 品	600,000	組 間 接 費	1,000,000
		B 組 仕 掛 品	400,000		
	d	A 組 製 品	3,600,000	A 組 仕 掛 品	3,600,000
		B 組 製 品	2,250,000	B 組 仕 掛 品	2,250,000
	e	売　　掛　　金	8,500,000	売　　　　上	8,500,000
		売 上 原 価	6,850,000	A 組 製 品	4,100,000
				B 組 製 品	2,750,000

28-4 次の取引の仕訳を示しなさい。ただし，各番号の取引は独立したもので，相互に関係はない。

(1)a．工程別総合原価計算を採用している静岡製作所は，素材と買入部品を次のとおり消費した。

　　　第1工程　素　　材 ¥1,300,000　　第2工程　素　　材 ¥280,000

　　　買入部品 ¥ 195,000

　b．賃金を次のとおり消費した。　　　第1工程　　　¥850,000　　第2工程　　　¥780,000

　c．第1工程完成品1,000個のうち，950個を第2工程（最終工程）に引き渡し，残り50個は倉庫に保管した。ただし，第1工程完成品単価は@¥1,500である。

　d．第2工程（最終工程）において，製品の完成とともに副産物が発生した。ただし，第2工程の総合原価は ¥4,500,000 であり，そのうち副産物の評価額は ¥500,000 であった。

(2)工程別総合原価計算を採用している東京工業株式会社は，倉庫に保管してある第1工程完成品の一部を ¥1,560,000 で売り渡し，代金は掛けとした。ただし，売り上げた半製品の原価は ¥1,300,000 であり，売り上げのつど売上原価に計上している。なお，当社では第1工程の完成品原価はすべて第1工程半製品勘定に振り替えている。　　　（第95回，類題第90回）

(3)a．工場会計が独立している山形製作所の本社は，工場消耗品 ¥200,000 を掛けで買い入れ，仕入先から工場に直送させた。ただし，製造活動に関する勘定は工場のみに設けている。（本社の仕訳）

　b．上記aの工場の仕訳

(4)決算にさいし，本社は工場の建物について ¥280,000 の減価償却をおこなった。ただし，建物減価償却累計額勘定は本社のみに設けてあり，工場会計は本社会計から独立している。（本社の仕訳）

(5)工場会計が独立している埼玉工業株式会社の工場は，本社から工場の従業員に対する健康保険料 ¥560,000 を支払ったとの通知を受けた。ただし，健康保険料 ¥560,000 のうち半額は事業主負担分であり，半額は従業員負担分である。なお，健康保険料預り金勘定は本社のみに設けてある。（工場の仕訳）　　　（第90回，類題第84回）

(6)工場会計が独立している福岡工業株式会社の本社は，建物に対する保険料 ¥960,000 を小切手を振り出して支払った。ただし，保険料のうち工場負担分は ¥672,000 である。（本社の仕訳）　　　（第96回）

(1)	a	第 1 工 程 仕 掛 品 第 2 工 程 仕 掛 品	1,495,000 280,000	素　　　　　　材 買 　入 　部 　品	1,580,000 195,000
	b	第 1 工 程 仕 掛 品 第 2 工 程 仕 掛 品	850,000 780,000	賃　　　　　　金	1,630,000
	c	第 2 工 程 仕 掛 品 第 1 工 程 半 製 品	1,425,000 75,000	第 1 工 程 仕 掛 品	1,500,000
	d	製　　　　　　品 副 　産 　物	4,000,000 500,000	第 2 工 程 仕 掛 品	4,500,000
(2)		売　　掛　　金 売 　上 　原 　価	1,560,000 1,300,000	売　　　　　　上 第 1 工 程 半 製 品	1,560,000 1,300,000
(3)	a	工　　　　　　場	200,000	買　　掛　　金	200,000
	b	工 　場 　消 　耗 　品	200,000	本　　　　　　社	200,000
(4)		工　　　　　　場	280,000	建物減価償却累計額	280,000
(5)		健 　康 　保 　険 　料	280,000	本　　　　　　社	280,000
(6)		保 　　険 　　料 工　　　　　　場	288,000 672,000	当 　座 　預 　金	960,000

形式別復習問題

28- 5　下記の取引の仕訳を示しなさい。ただし，勘定科目は，次のなかからもっとも適当なものを使用すること。

売　　掛　　金	製　　　　　品	1 級 製 品	2 級 製 品
A 組 製 品	B 組 製 品	副　産　物	作 業 く ず
第 1 工程半製品	素　　　　　材	材　　　料	買 入 部 品
売　　　　　上	棚 卸 減 耗 損	仕 掛 品	A 組 仕 掛 品
B 組 仕 掛 品	第 1 工程仕掛品	第 2 工程仕掛品	製 造 間 接 費
組 間 接 費	材料消費価格差異	材料消費数量差異	売 上 原 価
本　　　　　社	工　　　　　場		

(1)工程別総合原価計算を採用している長野工業株式会社は，月末に工程別総合原価計算表を作成し，各工程の完成品原価を次のとおり計上した。なお，各工程の完成品はすべていったん倉庫に保管しており，当月中に倉庫から第2工程（最終工程）に投入した第1工程の完成品原価は ¥2,800,000 である。ただし，当社では第1工程の完成品原価をすべて第1工程半製品勘定に振り替えている。

　　　第 1 工 程　¥1,900,000　　第 2 工 程　¥3,200,000

(2)月末における買入部品の実地棚卸数量は380個であった。よって，次の買入部品に関する当月の資料にもとづいて，買入部品勘定の残高を修正した。ただし，消費単価の計算は先入先出法によっている。

前 月 繰 越 高	460個	@¥1,100	¥ 506,000
当 月 仕 入 高	1,200〃	〃〃1,200	¥1,440,000
当 月 消 費 数 量	1,250〃		

(3)会計期末にあたり，材料消費価格差異勘定の残高を売上原価勘定に振り替えた。なお，材料消費価格差異勘定の前月繰越高は ¥6,000（借方）であり，当月の素材の実際消費高は予定消費高より ¥4,000 多く，この差額は材料消費価格差異勘定に振り替えられている。

(4)組別総合原価計算を採用している愛知製作所は，組間接費 ¥1,760,000 を機械運転時間を基準にA組とB組に配賦した。なお，当月の機械運転時間はA組960時間　B組640時間であった。

(5)等級別総合原価計算を採用している青森工業株式会社において，1級製品800個と2級製品1,600個が完成するとともに副産物が発生した。ただし，総合原価は ¥1,806,000 であり，そのうち副産物の評価額は ¥42,000 であった。なお，等価係数は次の各製品1個あたりの重量を基準としている。

　　　1 級 製 品　　900 g　　　2 級 製 品　　600 g

(6)工場会計が独立している鹿児島製作所の本社は，かねて，得意先佐賀商店に製品3,800個を@¥2,500 で掛け売りしていたが，本日，そのうち30個が工場に返品されたので，売上高および売上原価を修正した。なお，この製品の製造原価は@¥2,000である。ただし，本社には製品勘定を設けていない。（本社の仕訳）

(1)	第 1 工 程 半 製 品	1,900,000	第 1 工 程 仕 掛 品	1,900,000
	第 2 工 程 仕 掛 品	2,800,000	第 1 工 程 半 製 品	2,800,000
	製　　　　　　　品	3,200,000	第 2 工 程 仕 掛 品	3,200,000
(2)	棚 卸 減 耗 損	36,000	買 入 部 品	36,000
(3)	売 上 原 価	10,000	材料消費価格差異	10,000
(4)	A 組 仕 掛 品	1,056,000	組 間 接 費	1,760,000
	B 組 仕 掛 品	704,000		
(5)	1 級 製 品	756,000	仕 掛 品	1,806,000
	2 級 製 品	1,008,000		
	副 産 物	42,000		
(6)	売　　　　　上	75,000	売 掛 金	75,000
	工　　　　　場	60,000	売 上 原 価	60,000

29 総合原価計算の問題

解答 ▶ p.69

解答 ▶ p.69

29-1 佐賀製作所は，単純総合原価計算によって総合原価を計算したあと，等級別製品の原価を計算している。下記の資料によって，次の各問いに答えなさい。

(1)仕掛品勘定を完成しなさい。

(2)等級別総合原価計算表を完成しなさい。

(3)3級製品勘定を完成しなさい。

(第88回一部修正)

ただし，ⅰ 等級別製品は，1級製品・2級製品・3級製品を製造している。

ⅱ 等価係数は，各製品の1個あたりの重量による。

ⅲ 等級別製品の払出単価の計算方法は，先入先出法による。

資　　料

a．月初仕掛品原価　　素材費　￥770,000　　加工費　￥315,000

b．当月製造費用（一部）

修繕料　前月未払高　￥4,000　　当月支払高　￥60,000　　当月未払高　￥8,000

c．当月完成品総合原価　　￥6,500,000

d．等級別製品データ

製　品	1個あたりの重量	当月完成品数量	当月販売数量	月初製品棚卸高 数量	月初製品棚卸高 単価	月末製品棚卸高 数量	月末製品棚卸高 単価
1級製品	500 g	3,000個	2,700個	500個	￥600	800個	￥(　)
2級製品	300 g	6,000個	5,800個	1,000個	￥360	1,200個	￥(　)
3級製品	100 g	17,000個	18,000個	3,000個	￥120	2,000個	￥(　)

(1)

仕　掛　品

前 月 繰 越	(1,085,000)	諸　　　　口	6,500,000
素　　　　材	4,235,000	次 月 繰 越	(1,473,000)
工 場 消 耗 品	280,000		
賃　　　　金	1,751,000		
給　　　　料	192,000		
健 康 保 険 料	73,000		
減 価 償 却 費	276,000		
修　繕　費	(64,000)		
雑　　　　費	17,000		
	(7,973,000)		(7,973,000)

(2)

等 級 別 総 合 原 価 計 算 表

令和○年4月分

等級別製品	重　　量	等 価 係 数	完成品数量	積　　数	等級別製造原価	製 品 単 価
1 級 製 品	500 g	5	3,000 個	15,000	1,950,000	￥ 650
2 級 製 品	300 〃	3	6,000 〃	18,000	2,340,000	〃 390
3 級 製 品	100 〃	1	17,000 〃	17,000	2,210,000	〃 130
				50,000	6,500,000	

(3)

3 　級 　製 　品

前 月 繰 越	360,000	(売 上 原 価)	(2,310,000)
仕 　掛 　品	(2,210,000)	次 月 繰 越	(260,000)
	(2,570,000)		(2,570,000)

29-2 京都工業株式会社は，組別総合原価計算を採用し，A組製品とB組製品を製造している。次の勘定記録と資料によって，
(1)組間接費勘定・A組仕掛品勘定を完成しなさい。
(2)組別総合原価計算表を完成しなさい。

組 間 接 費

賃　　金	152,000	
雑　　費	66,000	
減価償却費	48,000	
電 力 料	179,000	

A 組 仕 掛 品

前 月 繰 越	221,000	
素　　材	718,000	
賃　　金	722,000	
特許権使用料	132,000	

B 組 仕 掛 品

前 月 繰 越	231,000	
素　　材	962,000	
賃　　金	1,085,000	

資　料

i　組間接費は，次の割合によって配賦する。
　　A　組　40%　　　B　組　60%
ii　当月の完成品数量と月末仕掛品数量は，次のとおりである。

	完成品数量	月末仕掛品数量
A　組	2,000個	250個（加工進捗度　60%）
B　組	3,000個	500個（加工進捗度　50%）

iii　素材は製造着手のときに投入され，加工費は製造の進行に応じて消費されるものとする。
iv　月末仕掛品原価の計算は平均法による。

(1)
組 間 接 費

賃　　金	152,000	(諸　　口)(445,000)	
雑　　費	66,000		
減価償却費	48,000		
電 力 料	179,000		
	(445,000)	(445,000)	

A 組 仕 掛 品

前 月 繰 越	221,000	(A 組 製 品)(1,800,000)	
素　　材	718,000	次 月 繰 越 (171,000)	
賃　　金	722,000		
特許権使用料	132,000		
(組 間 接 費)(178,000)			
	(1,971,000)	(1,971,000)	

(2)
組 別 総 合 原 価 計 算 表
令和○年10月分

摘　　要		A　　組	B　　組
組 直 接 費	素 材 費	718,000	962,000
	加 工 費	(854,000)	(1,085,000)
組 間 接 費	加 工 費	(178,000)	(267,000)
当 月 製 造 費 用		(1,750,000)	(2,314,000)
月初仕掛品原価	素 材 費	(92,000)	88,000
	加 工 費	129,000	143,000
計		1,971,000	(2,545,000)
月末仕掛品原価	素 材 費	(90,000)	150,000
	加 工 費	81,000	(115,000)
完 成 品 原 価		(1,800,000)	(2,280,000)
完 成 品 数 量		2,000個	3,000個
製 品 単 価		(¥ 900)	(¥ 760)

形式別復習問題

29-3 次の資料により，単純総合原価計算表を完成しなさい。また，製品が完成したときの仕訳を示しなさい。

ただし，i 素材は製造着手のときにすべて投入され，加工費は製造の進行に応じて消費されるものとする。

ii 月末仕掛品原価の計算は平均法による。

iii 正常減損は製造工程の始点で発生している。

資　料

月初仕掛品	素材費	¥ 20,000	加工費	¥ 5,000	
当月製造費用	素材費	¥419,900	工場消耗品	¥ 68,660	
	労務費	〃171,650	経費	〃102,990	
月末仕掛品	数量	500kg（加工進捗度60%）			
正常減損	数量	100kg			
当月完成品	数量	7,800kg			

単純総合原価計算表

令和○年9月分

摘　　　　要	素　材　費	加　工　費	合　　　計
材　料　費	419,900	68,660	488,560
労　務　費	──	171,650	171,650
経　　　費	──	102,990	102,990
計	419,900	343,300	763,200
月初仕掛品原価	20,000	5,000	25,000
計	439,900	348,300	788,200
月末仕掛品原価	26,500	12,900	39,400
完　成　品　原　価	413,400	335,400	748,800
完　成　品　数　量	7,800kg	7,800kg	7,800kg
製品1kgあたりの原価	¥　　53	¥　　43	¥　　96

製　　　　　品	748,800	仕　　掛　　品	748,800

29-4 佐賀化学株式会社は工程別総合原価計算を採用し，A製品を製造している。下記の資料によって，

(1)工程別総合原価計算表を完成しなさい。

(2)第2工程の月末仕掛品原価に含まれる前工程費を答えなさい。

(3)第1工程半製品勘定を完成しなさい。　　　　　　　　　　　　　　　（第96回）

ただし，i 第1工程の完成品原価は，すべて第1工程半製品勘定に振り替えている。

ii 第1工程の完成品のうち一部を外部に販売している。

iii 素材は製造着手のときにすべて投入され，第1工程の完成品は第2工程の始点で投入されるものとする。

iv 加工費は第1工程・第2工程ともに製造の進行に応じて消費されるものとする。

v 月末仕掛品原価の計算は平均法による。

vi 第1工程半製品の前月繰越高は次のとおりであった。なお，第1工程半製品は総平均法により半製品単価を計算し，第2工程と売上原価に計上する。

前月繰越　1,600個　@¥2,540　　¥4,064,000

資　　料
　a．当月製造費用
　　①工程個別費および補助部門個別費

	第1工程	第2工程	補助部門
素材費	¥2,928,000	——	——
労務費	¥3,840,000	¥2,560,000	¥253,000
経　費	¥312,000	¥208,000	¥71,000

　　②部門共通費配賦額
　　　　第1工程　¥432,000　　第2工程　¥234,000　　補助部門　¥36,000
　　③補助部門費配賦割合　　　第1工程　60%　　第2工程　40%
　b．生産データ

	第1工程	第2工程
月初仕掛品	600個（加工進捗度40%）	400個（加工進捗度55%）
当月投入	3,000個	2,800個
合　計	3,600個	3,200個
月末仕掛品	400個（加工進捗度60%）	300個（加工進捗度60%）
完成品	3,200個	2,900個

　c．月初仕掛品原価
　　　　第1工程　¥960,000（素材費　¥600,000　　加工費　¥360,000）
　　　　第2工程　¥1,242,600（前工程費　¥1,016,000　　加工費　¥226,600）
　d．当月中に第1工程半製品2,800個を次工程へ引き渡し，500個を外部に販売した。

(1)
工程別総合原価計算表
令和○年6月分

摘　　　　　要	第　1　工　程	第　2　工　程
工 程 個 別 費 素 材 費	2,928,000	——
前 工 程 費	——	7,000,000
労 務 費	3,840,000	2,560,000
経 費	312,000	208,000
部 門 共 通 費 配 賦 額	432,000	234,000
補 助 部 門 費 配 賦 額	216,000	144,000
当 月 製 造 費 用	7,728,000	10,146,000
月 初 仕 掛 品 原 価	960,000	1,242,600
計	8,688,000	11,388,600
月 末 仕 掛 品 原 価	752,000	948,600
工 程 完 成 品 原 価	7,936,000	10,440,000
工 程 完 成 品 数 量	3,200個	2,900個
工 程 単 価	¥ 2,480	¥ 3,600

(2)

第2工程の月末仕掛品原価に含まれる前工程費	¥	751,500

(3)
第 1 工 程 半 製 品

前 月 繰 越	4,064,000	第 2 工 程 仕 掛 品	7,000,000
（第1工程仕掛品）(	7,936,000	売 上 原 価 (	1,250,000)
		次 月 繰 越 (	3,750,000)
(	12,000,000)	(	12,000,000)

形式別復習問題

29-5 次の資料により，単純総合原価計算表を完成しなさい。また，製品が完成したときの仕訳を示し，仕掛品勘定を完成しなさい。

ただし， i　素材は製造着手のときにすべて投入され，加工費は製造の進行に応じて消費されるものとする。

ii　月末仕掛品原価の計算は平均法による。

iii　正常仕損は製造工程の終点で発生し，その評価額は ¥32,000 であった。なお，仕損品の評価額は素材費から控除すること。

資　　料

① 生　産　デ　ー　タ
月初仕掛品　　500個（加工進捗度40%）
当 月 投 入　2,000個
合　　計　2,500個
月末仕掛品　　400個（加工進捗度50%）
正 常 仕 損　　100個
完　成　品　2,000個

② 月初仕掛品原価
素　材　費　¥　　300,000
加　工　費　¥　　510,000

③ 当月製造費用
素　材　費　¥　1,500,000
工場消耗品　¥　　270,000
労　務　費　¥　1,060,000
経　　　費　¥　　230,000

単 純 総 合 原 価 計 算 表
令和○年10月分

摘　　　　　要	素　　材　　費	加　　工　　費	合　　　　計
材　　料　　費	1,500,000	270,000	1,770,000
労　　務　　費	――	1,060,000	1,060,000
経　　　　　費	――	230,000	230,000
計	1,500,000	1,560,000	3,060,000
月 初 仕 掛 品 原 価	300,000	510,000	810,000
計	1,800,000	2,070,000	3,870,000
月 末 仕 掛 品 原 価	288,000	180,000	468,000
差　　　　　引	1,512,000	1,890,000	3,402,000
仕 損 品 評 価 額	32,000	――	32,000
完 成 品 原 価	1,480,000	1,890,000	3,370,000
完 成 品 数 量	2,000個	2,000個	2,000個
製 　品 　単 　価	¥　　740	¥　　945	¥　　1,685

製　　　　　　品	3,370,000	仕　　掛　　品	3,370,000

仕　　掛　　品

前 月 繰 越	810,000	製　　　　品	3,370,000
素　　　材	1,500,000	仕 損 品	32,000
工 場 消 耗 品	270,000	次 月 繰 越	468,000
労　　務　　費	1,060,000		
経　　　　費	230,000		
	3,870,000		3,870,000

㉚ 適語選択問題

解答 ▶ p.72

30-1 次の各文の□□□にあてはまるもっとも適当な語を，下記の語群のなかから選び，その番号を記入しなさい。

a．製造原価は，材料費・　ア　・経費の，3つの　イ　によって構成される。

b．製造業では，販売価格の決定や，効果的な原価管理をおこなうことを目的に，ふつう　ウ　を計算期間として，製品の製造原価を計算する。この期間を　エ　という。

c．製品を製造するために要した費用と，製品の販売や企業全般の管理に要した費用を加えたものを　オ　という。

語群
1．労務費　2．総原価　3．1年　4．製造間接費
5．原価要素　6．会計期間　7．原価計算期間　8．1か月

	a		b		c
	ア	イ	ウ	エ	オ
	1	5	8	7	2

d．個別原価計算で用いる原価要素には，製品との関連で製造指図書ごとに直接集計することのできる消費高と，直接集計することのできない消費高がある。このうち製造指図書ごとに直接集計することのできる消費高を　ア　といい，製造指図書ごとに集計する手続きを　イ　という。　　　　　　　　　　　　　　（第95回）

e．経費は消費高の計算方法により，支払経費・月割経費・　ウ　などにわけられる。経費の多くは間接経費で，直接経費は　エ　や外注加工賃などで，その例は少ない。

f．部門費配分表は，特定部門に発生した費用である　オ　を該当部門に賦課し，数部門に共通して発生した費用である　カ　を一定の配賦基準によって製造部門と補助部門の各部門に配賦するために原価計算期末に作成される。

語群
1．部門共通費　2．販売経費　3．特許権使用料　4．製造間接費
5．測定経費　6．製造直接費　7．部門個別費　8．賦課
9．減価償却費　10．配賦　11．製造部門費　12．補助部門費

	d		e		f	
	ア	イ	ウ	エ	オ	カ
	6	8	5	3	7	1

g．豆腐の製造において発生するおからのように，製造工程から必然的に発生する二次的産物を　ア　という。この二次的産物を，見積売却価額などにもとづいて評価した場合は，製品を製造するために要した　イ　から控除する。

h．原価要素は，発生形態により分類すると，材料費・労務費・　ウ　に分けることができる。また，操業度との関連により分類すると，操業度の増減にかかわらず1期間の発生高が変化しない　エ　と，操業度の増減にともない発生高が比例的に変化する　オ　とに分けられる。

語群
1．製造原価　2．変動費　3．加工費　4．副産物
5．固定費　6．作業くず　7．経費　8．準固定費

	g		h		
	ア	イ	ウ	エ	オ
	4	1	7	5	2

30-2 次の各文の□□□にあてはまるもっとも適当な語を，下記の語群のなかから選び，その番号を記入しなさい。

a．原価計算の手続きのうち，一定期間における原価要素を材料費・労務費・経費に分類集計する第1次の計算手続きを［　ア　］といい，ここで把握された原価要素を発生場所別に分類集計する第2次の計算手続きを［　イ　］という。

b．経費のうち，たとえば，1年分または数か月分を単位として支払ったり，計上したりする保険料や［　ウ　］などは，月末ごとに，1原価計算期間分の消費高を算出しなければならない。このような経費を［　エ　］という。

c．同種または異種の製品を連続的に大量生産する製造業に適用される原価の計算方法を［　オ　］という。

語群
| 1．総合原価計算 | 2．月割経費 | 3．部門別計算 | 4．修　繕　料 |
| 5．減価償却費 | 6．個別原価計算 | 7．支払経費 | 8．費目別計算 |

	a		b		c
	ア	イ	ウ	エ	オ
	8	3	5	2	1

d．材料の消費数量の計算方法のうち，材料の受け入れ・払い出しのつど，材料元帳に記入していく方法を［　ア　］という。この方法によると［　イ　］をおこなうことによって，保管中の棚卸減耗を知ることができる。

e．製造業では，会計期末に損益計算書・貸借対照表のほかに［　ウ　］を作成する。これは損益計算書に記載する一会計期間における製品の［　エ　］を明らかにしたものである。

語群
| 1．仕入原価 | 2．実地棚卸 | 3．棚卸計算法 | 4．製造原価報告書 |
| 5．継続記録法 | 6．売上製品原価月報 | 7．製造原価 | 8．帳簿棚卸 |

	d		e	
	ア	イ	ウ	エ
	5	2	4	7

f．製造工程の途中で，原材料が蒸発，ガス化，粉散などの原因により消失することを［　ア　］という。これが製造工程のどの時点で発生したかによって原価への負担がかわり，工程の終点で発生した場合は，［　イ　］に負担させる。　　　　　　　　（第91回）

g．製造数量や直接作業時間などの増減にともなって，発生高が比例的に増減する原価を［　ウ　］という。これには，直接材料費や［　エ　］などがある。

語群
| 1．出来高払賃金 | 2．間接材料費 | 3．仕　　損 | 4．変　動　費 |
| 5．完成品のみ | 6．完成品と月末仕掛品 | 7．減　　損 | 8．固　定　費 |

	f		g	
	ア	イ	ウ	エ
	7	5	4	1

h．標準原価計算は，一定の品質を下げずに原価の水準を引き下げ，それを維持していく［　ア　］を目的としている。このため，あらかじめ科学的・統計的な分析・調査にもとづいて原価の達成目標を設定し，これによって算出された［　イ　］と実際原価を比較し，その差額を分析する。　　　　　　　　（第63回）

語群
| 1．利益計画 | 2．標準原価 | 3．売上原価 |
| 4．原価管理 | 5．総　原　価 | 6．資金計画 |

h	
ア	イ
4	2

㉛ 計算問題

解答 ▶ p.72

31-1 佐賀製作所の下記の資料により，製造原価報告書に記載する次の金額を求めなさい。（第85回）
　　　a．当期材料費　　b．当期経費　　c．当期製品製造原価

　資　料
　　①素　　　材　期首棚卸高 ¥250,000　　当期仕入高 ¥800,000　　期末棚卸高 ¥280,000
　　②燃　　　料　期首棚卸高 ¥ 32,000　　当期仕入高 ¥263,000　　期末棚卸高 ¥ 34,000
　　③工場消耗品　期首棚卸高 ¥ 26,000　　当期仕入高 ¥141,000　　期末棚卸高 ¥ 47,000
　　④賃　　　金　当期予定消費高 ¥＿＿＿＿＿
　　　　　　　　　前期未払高 ¥150,000　　当期支払高 ¥940,000　　当期未払高 ¥180,000
　　　　　　　　　予定賃率を用いており，賃率差異勘定の借方に ¥20,000 の残高がある。
　　⑤給　　　料　当期消費高 ¥320,000
　　⑥従業員賞与手当　当期消費高 ¥160,000
　　⑦外注加工賃　前期前払高 ¥ 35,000　　当期支払高 ¥110,000　　当期未払高 ¥ 27,000
　　⑧電　力　料　当期支払高 ¥260,000　　当期測定高 ¥270,000
　　⑨減価償却費　当期消費高 ¥102,000
　　⑩仕　掛　品　期首棚卸高 ¥390,000　　期末棚卸高 ¥240,000
　　⑪当期中に副産物が発生し，その評価額は ¥300,000 である。

| a | ¥ | 1,151,000 | b | ¥ | 544,000 | c | ¥ | 2,975,000 |

31-2 佐賀製作所の下記の勘定記録と資料により，次の金額を求めなさい。ただし，会計期間は原価計算期間と一致しているものとする。なお，製造間接費配賦差異は売上原価に振り替える。
　　　a．材料の実際消費高　　b．間接労務費の実際発生額　　c．売上原価

(第91回一部修正)

仕　掛　品			
前 期 繰 越	385,000	製　　　品	10,788,000
素　　　材（　　　）		次 期 繰 越（　　　）	
賃　　　金	3,690,000		
外注加工賃	361,000		
製造間接費（　　　）			
（　　　）		（　　　）	

製 造 間 接 費			
素　　　材	246,000	仕　掛　品（　　　）	
工場消耗品（　　　）		製造間接費配賦差異（　　　）	
賃　　　金（　　　）			
給　　　料	1,340,000		
退職給付費用	412,000		
健康保険料	148,000		
水　道　料（　　　）			
減価償却費	185,000		
（　　　）		（　　　）	

　資　料
　　①素　　　材　期首棚卸高 ¥700,000　　当期仕入高 ¥3,800,000　　期末棚卸高 ¥675,000
　　②工場消耗品　期首棚卸高 ¥ 32,000　　当期仕入高 ¥ 276,000　　期末棚卸高 ¥ 36,000
　　③賃　　　金　実際平均賃率　作業時間1時間につき ¥900
　　　　　　　　　直接作業時間　4,100時間　　間接作業時間　400時間
　　④水　道　料　基本料金 ¥12,000　当期使用料 1,900m³　単価／m³あたり ¥120
　　　　　　　　　水道料の計算方法は，基本料金に当期使用料を加算して求める。
　　⑤仕　掛　品　期首棚卸高 ¥385,000　　期末棚卸高 ¥425,000
　　⑥製　　　品　期首棚卸高 ¥830,000　　期末棚卸高 ¥917,000
　　⑦製造間接費配賦額は，直接作業時間1時間につき ¥780 の予定配賦率を用いている。

| a | ¥ | 4,097,000 | b | ¥ | 2,260,000 | c | ¥ | 10,706,000 |

31-3 静岡工業株式会社における次の等級別総合原価計算表の（　ア　）に入る金額を求めなさい。ただし，等価係数は，各製品の1個あたりの重量を基準としている。　　　（第91回）

等級別総合原価計算表
令和○年1月分

等級別製品	重　量	等価係数	完成品数量	積　　数	等級別製造原価	製品単価
1級製品	950 g	1.0	2,400 個	（　　　）	（　　　）	¥（　　　）
2級製品	760 〃	0.8	3,600 〃	（　　　）	（　　　）	〃（　　　）
3級製品	570 〃	（　　　）	5,000 〃	（　　　）	（　　　）	〃（　ア　）
				（　　　）	4,968,000	

ア	¥	360

31-4 徳島製作所における次の勘定記録・製造原価報告書・損益計算書（一部）により，（ア）から（ウ）の金額を求めなさい。　　　（第90回一部修正）

製造間接費

燃　　料	67,000	仕 掛 品	1,795,000
工場消耗品	219,000		
賃　　金	284,000		
給　　料	640,000		
健康保険料	39,000		
退職給付費用	150,000		
減価償却費	204,000		
保　険　料	31,000		
電　力　料	96,000		
保　管　料	57,000		
棚卸減耗損	8,000		
	1,795,000		1,795,000

仕　掛　品

前期繰越（　ア　）		製　　品（　　　）	
素　　材	2,175,000	次期繰越	594,000
賃　　金	2,080,000		
外注加工費	386,000		
製造間接費（　　　）			
（　　　）		（　　　）	

製　　品

前期繰越	720,000	売上原価（　　　）	
仕　掛　品（　　　）		次期繰越	680,000
（　　　）		（　　　）	

徳島製作所 製造原価報告書（単位：円）
令和○年1月1日から令和○年12月31日まで

Ⅰ	材　料　費	（　　　）	
Ⅱ	労　務　費	（　イ　）	
Ⅲ	経　　費	（　　　）	
	当期製造費用	6,436,000	
	期首仕掛品棚卸高	660,000	
	合　　計	（　　　）	
	期末仕掛品棚卸高	（　　　）	
	当期製品製造原価	（　　　）	

徳島製作所　損益計算書（一部）　　（単位：円）
令和○年1月1日から令和○年12月31日まで

Ⅰ	売　上　高		8,703,000
Ⅱ	売上原価		
	1．期首製品棚卸高（　　　）		
	2．当期製品製造原価（　　　）		
	合　　計	（　　　）	
	3．期末製品棚卸高（　　　）	（　　　）	
	売上総利益	（　ウ　）	

ア	¥	660,000	イ	¥	3,193,000	ウ	¥	2,161,000

31-5 次の文の □ のなかに，適当な金額または数量を記入しなさい。（第87回，類題第82回）
関東工業株式会社はX製品を製造し，1個あたり¥1,400で販売している。短期利益計画のために，総原価を変動費と固定費に分け，直接原価計算による損益計算書を作成したところ，X製品を3,000個販売した場合の変動費は¥3,255,000　固定費は¥630,000　営業利益は¥ [　a　] であった。この損益計算書をもとに計算した損益分岐点の売上高は¥ [　b　] であり，目標営業利益¥378,000を達成するための販売数量は [　c　] 個であった。

a	¥	315,000	b	¥	2,800,000	c		3,200 個

31-6　諏訪工業株式会社では，直接原価計算をおこない利益計画をたてている。当月における下記の資料から，次の金額または数量を求めなさい。

    a．販売数量が2,400個のときの営業利益　　b．損益分岐点の売上高
    c．目標営業利益 ¥210,000 を達成するための販売数量

資　　料
 ①販　売　価　格　　@¥ 800　　　　③販売費及び一般管理費
 ②製　造　費　用　　　　　　　　　　　　変　動　販　売　費　　@¥ 120
  変　動　製　造　費　　@¥ 400　　　　固定販売費及び一般管理費　¥200,000
  固定製造間接費　　¥360,000

a	販売数量が2,400個のときの営業利益 ¥	112,000	b	損益分岐点の売上高　¥	1,600,000
c	目標営業利益¥210,000を達成するための販売数量	2,750　個			

31-7　(1)標準原価計算を採用している那覇製作所の当月における下記の資料から，次の金額を求めなさい。なお，解答欄の（　）のなかに不利差異の場合は（不利），有利差異の場合は（有利）と記入すること。また，製造間接費差異分析については3分法によること。

    a．完成品の標準原価　　b．予算差異　　c．操業度差異　　d．能率差異

資　　料
 ①標準原価カード（一部）　　　　　　　　②生産データ
             月初仕掛品　　350個（加工進捗度40％）

A製品	標　準　原　価　カ　ー　ド		
	標準直接作業時間	標準配賦率	
製造間接費	4時間	¥1,100	¥4,400
	製品1個あたりの標準原価		¥9,800

         当 月 投 入　　750個
         合　　計　　1,100個
         月末仕掛品　　200個（加工進捗度55％）
         完　成　品　　900個
  ③製造間接費実際発生額　　¥4,120,000
  ④実際直接作業時間　　3,600時間
  ⑤製造間接費予算
   変 動 費 予 算 額　　¥1,848,000
   固 定 費 予 算 額　　¥2,387,000
   基準操業度（直接作業時間）　　3,850時間

a	完成品の標準原価　¥	8,820,000	b	予　算　差　異　¥	5,000（ 不利 ）
c	操　業　度　差　異　¥	155,000（ 不利 ）	d	能　率　差　異　¥	132,000（ 不利 ）

　(2)上記(1)について，基準操業度において定めた予算額をそのまま実際操業度における予算額として，製造間接費を予算管理していた場合（固定予算を採用した場合）の次の金額を求めなさい。ただし，製造間接費予算額（固定予算）は ¥4,235,000 とする。なお，解答欄の（　）のなかに不利差異の場合は（不利），有利差異の場合は（有利）と記入すること。

    a．製造間接費差異　　b．予算差異　　c．操業度差異　　d．能率差異

a	製造間接費差異　¥	292,000（ 不利 ）	b	予　算　差　異　¥	115,000（ 有利 ）
c	操　業　度　差　異　¥	275,000（ 不利 ）	d	能　率　差　異　¥	132,000（ 不利 ）

形式別復習問題

31-8 標準原価計算を採用している長崎製作所の当月における下記の資料と仕掛品勘定から，次の金額を求めなさい。なお，仕掛品勘定への記帳方法は，パーシャルプランによっている。

(第85回一部修正)

　　　a．仕掛品勘定の労務費（アの金額）
　　　b．仕掛品勘定の次月繰越（イの金額）
　　　c．予　算　差　異
　ただし，ⅰ　直接材料は製造着手のときにすべて投入されるものとする。
　　　　　ⅱ　解答欄の（　　）のなかに不利差異の場合は（不利），有利差異の場合は（有利）と記入すること。

資　　料

①標準原価カード

A製品	標準原価カード		
	標準消費数量	標準単価	金　額
直接材料費	4kg	¥　600	¥ 2,400
	標準直接作業時間	標準賃率	
直接労務費	3時間	¥ 1,000	¥ 3,000
	標準直接作業時間	標準配賦率	
製造間接費	3時間	¥ 1,200	¥ 3,600
	製品1個あたりの標準原価		¥ 9,000

②生産データ

月初仕掛品	200個	(加工進捗度60%)
当月投入	800個	
合　　計	1,000個	
月末仕掛品	300個	(加工進捗度50%)
完　成　品	700個	

③実際直接材料費
　　実　際　消　費　数　量　　3,250kg　　　実　際　単　価　　¥ 580
④実際直接労務費
　　実　際　直　接　作　業　時　間　　2,200時間　　　実　際　賃　率　　¥1,060
⑤製造間接費実際発生額　　¥2,728,000
⑥製造間接費予算（公式法変動予算）
　　変　　動　　費　　率　　¥　500
　　固　定　費　予　算　額　　¥1,610,000
　基準操業度(直接作業時間)　　2,300時間

仕　　掛　　品

前 月 繰 越	1,272,000	製　　　　　品	(　　　　　)
材　　　　料	(　　　　　)	諸　　　　　口	207,000
労　　務　　費	(　　ア　　)	次 月 繰 越	(　　イ　　)
製 造 間 接 費	(　　　　　)		
	(　　　　　)		(　　　　　)

a	仕掛品勘定の労務費(アの金額)	¥	2,332,000
b	仕掛品勘定の次月繰越(イの金額)	¥	1,710,000
c	予　算　差　異	¥	18,000 （ 不利 ）

31-9 香川製作所では，直接原価計算をおこない利益計画をたてている。当月における下記の資料から，次の金額を求めなさい。ただし，月初・月末の仕掛品はなかった。 　　　　（第95回）

　　　　 a．変動売上原価
　　　　 b．損益分岐点の売上高
　　　　 c．販売単価を10%引き下げ，当月の販売数量を維持したとき，目標営業利益 ¥120,000 を達成するための製品1個あたりの変動費を削減する金額

資　　料
　①全部原価計算による損益計算書

香川製作所 損 益 計 算 書 （単位：円）	
Ⅰ 売　　　　上　　　　高	2,000,000
Ⅱ 売　　　上　　　原　　　価	1,460,000
売　上　総　利　益	540,000
Ⅲ 販売費及び一般管理費	420,000
営　業　利　益	120,000

　②製品の販売データ

月初製品棚卸高	0個
当月完成品数量	500個
合　　計	500個
月末製品棚卸高	0個
当月販売数量	500個

　③固定製造間接費 ¥360,000
　④固定販売費及び一般管理費 ¥320,000
　⑤貢献利益率 40%

a	変 動 売 上 原 価	¥	1,100,000
b	損 益 分 岐 点 の 売 上 高	¥	1,700,000
c	製品1個あたりの 変動費を削減する金額	¥	400

31-10 単純総合原価計算を採用している大分製作所の次の資料から，完成品単価を求めなさい。

（第88回）

　　　ただし， i 　素材は製造着手のときにすべて投入され，加工費は製造の進行に応じて消費されるものとする。
　　　　　　　 ii 　月末仕掛品原価の計算は先入先出法による。
　　　　　　　 iii 　正常減損は製造工程の終点で発生しており，正常減損費は完成品のみに負担させる。

資　　料
　①生産データ
　　月初仕掛品　　400kg（加工進捗度50%）
　　当月投入　4,300kg
　　　合　　計　4,700kg
　　月末仕掛品　　500kg（加工進捗度40%）
　　正常減損　　　200kg
　　完　成　品　4,000kg
　②月初仕掛品原価
　　素　材　費　¥ 620,000
　　加　工　費　¥ 420,000
　③当月製造費用
　　素　材　費　¥6,450,000
　　加　工　費　¥8,400,000

完 成 品 単 価 ¥	3,685

32 個別原価計算の問題

解答 ▶ p.75

32-1 高松製作所は，個別原価計算を採用し，製品を製造している。下記の資料によって，

(1) 7月中の取引の仕訳を示しなさい。

(2) 仕掛品勘定・製造間接費勘定に必要な記入をおこない，締め切りなさい。なお，勘定記入は日付・相手科目・金額を示すこと。

(3) 製造間接費配賦差異を計算し，さらに予算差異と操業度差異に分析しなさい。ただし，（　　）のなかには，不利差異の場合は（不利），有利差異の場合は（有利）と記入すること。

資　　料

i　月初棚卸高は，次のとおりである。

　　素　　　材　　1,900kg　　@¥650　　¥1,235,000

　　仕　掛　品　　　　　　　　　　　　¥　486,000

ii　素材の消費高の計算は先入先出法によっている。

iii　製造間接費は実際直接作業時間1時間につき¥1,320で予定配賦している。

iv　当月の予定直接作業時間　1,000時間（基準操業度）

v　当月の公式法変動予算による製造間接費予算

　　変動費予算額　¥520,000　　固定費予算額　¥800,000

vi　当月の実際直接作業時間　950時間

取　　引

7月 9日　素材および消耗工具器具備品を買い入れ，代金は掛けとした。

　　　　素　　　材　　5,300kg　　@¥670　　¥3,551,000

　　　　消耗工具器具備品　　　　　　　　　¥　290,000

16日　素材5,800kgを消費した。

20日　次の製造経費を小切手を振り出して支払った。

　　　　外注加工賃　¥513,000　　電　力　料　¥184,000

　　　　雑　　　費　¥　60,000

25日　本月分の賃金を，次のとおり小切手を振り出して支払った。

　　　　賃 金 総 額　¥1,460,000

　　　　　うち，控除額　所　得　税　¥146,000　　健康保険料　¥93,000

31日　①製造間接費を予定配賦した。

　　　②消耗工具器具備品の当月消費高¥232,000を計上した。（間接材料）

　　　③賃金の当月消費高は下記のとおりであった。

　　　　実際平均賃率　@¥1,100　　直接作業時間　950時間

　　　　間接作業時間　　50時間

　　　④健康保険料事業主負担分　¥93,000 を計上した。

　　　⑤当月の経費の消費高は，次のとおりであった。

　　　　直　接　費　　外注加工賃　¥470,000

　　　　間　接　費　　減価償却費　¥639,000

　　　　　　　　　　　電　力　料　¥247,000

　　　　　　　　　　　雑　　　費　¥　56,000

　　　⑥製品¥6,540,000が完成した。

　　　⑦製造間接費の予定配賦額と実際発生額の差額を製造間接費配賦差異勘定に振り替えた。

(1)

7月9日		素　　　　　材	3,551,000	買　　掛　　金		3,841,000
		消耗工具器具備品	290,000			
16日		仕　　掛　　品	3,848,000	素　　　　　材		3,848,000
20日		外　注　加　工　賃	513,000	当　座　預　金		757,000
		電　　力　　料	184,000			
		雑　　　　　費	60,000			
25日		賃　　　　　金	1,460,000	所　得　税　預　り　金		146,000
				健康保険料預り金		93,000
				当　座　預　金		1,221,000
31日	①	仕　　掛　　品	1,254,000	製　造　間　接　費		1,254,000
	②	製　造　間　接　費	232,000	消耗工具器具備品		232,000
	③	仕　　掛　　品	1,045,000	賃　　　　　金		1,100,000
		製　造　間　接　費	55,000			
	④	製　造　間　接　費	93,000	健　康　保　険　料		93,000
	⑤	仕　　掛　　品	470,000	外　注　加　工　賃		470,000
		製　造　間　接　費	942,000	減　価　償　却　費		639,000
				電　　力　　料		247,000
				雑　　　　　費		56,000
	⑥	製　　　　　品	6,540,000	仕　　掛　　品		6,540,000
	⑦	製造間接費配賦差異	68,000	製　造　間　接　費		68,000

(2)

仕　　掛　　品

7/ 1	前 月 繰 越	486,000	7/31 製　　　品	6,540,000
16	素　　　材	3,848,000	〃　次 月 繰 越	563,000
31	製造間接費	1,254,000		
〃	賃　　　金	1,045,000		
〃	外 注 加 工 賃	470,000		
		7,103,000		7,103,000

製　造　間　接　費

7/31	消耗工具器具備品	232,000	7/31 仕　掛　品	1,254,000
〃	賃　　　金	55,000	〃　製造間接費配賦差異	68,000
〃	健 康 保 険 料	93,000		
〃	諸　　　口	942,000		
		1,322,000		1,322,000

(3)

予 算 差 異	¥	28,000	(不 利)
操 業 度 差 異	¥	40,000	(不 利)

32-2 個別原価計算を採用している高知製作所の下記の取引（一部）によって，次の各問いに答え
なさい。 (第90回一部修正)

(1) 6月30日①と⑧の取引の仕訳を示しなさい。

(2) 素材勘定・仕掛品勘定・第2製造部門費勘定に必要な記入をおこない，締め切りなさい。な
お，勘定記入は日付・相手科目・金額を示すこと。

(3) A製品（製造指図書＃1）とB製品（製造指図書＃2）の原価計算表を作成しなさい。

(4) 6月中の実際平均賃率を求めなさい。

ただし， i 前月繰越高は，次のとおりである。

素　　材	100個	@¥5,400	¥ 540,000
工場消耗品	200〃	〃〃 140	¥ 28,000
仕　掛　品（製造指図書＃1）			¥1,996,000（原価計算表に記入済み）

ii 素材の消費高の計算は移動平均法，工場消耗品の消費数量の計算は棚卸計算法
によっている。

iii 賃金の消費高は，作業時間1時間につき¥1,380 の予定賃率を用いて計算して
いる。

iv 製造間接費は部門別計算をおこない，直接作業時間を配賦基準として予定配賦
している。

	第1製造部門	第2製造部門
年 間 製 造 間 接 費（予 算 額）	¥ 6,600,000	¥ 4,560,000
年間予定直接作業時間（基準操業度）	13,200時間	12,000時間

取　　引（一部）

6月8日　素材および工場消耗品を次のとおり買い入れ，代金は掛けとした。

素　　材	400個	@¥5,300	¥2,120,000
工場消耗品	650〃	〃〃 140	¥ 91,000

12日　B製品（製造指図書＃2）の注文を受け，素材300個を消費して製造を開始した。

27日　A製品（製造指図書＃1）100個が完成した。なお，A製品の賃金予定消費高と
製造部門費予定配賦高を，次の作業時間によって計算し，原価計算表に記入した。
ただし，賃金予定消費高と製造部門費予定配賦高を計上する仕訳は，月末におこなっ
ている。

製造指図書＃1　1,200時間（第1製造部門400時間　第2製造部門800時間）

30日　①工場消耗品の月末棚卸数量は250個であった。よって，消費高を計上した。（間
接材料）

②当月の作業時間は，次のとおりであった。よって，当月の賃金予定消費高を計
上した。

		合計 内訳	第1製造部門	第2製造部門
直接作業時間	製造指図書＃1	1,200時間	400時間	800時間
	製造指図書＃2	900時間	700時間	200時間
間接作業時間		150時間		

③上記②の直接作業時間によって，製造部門費を予定配賦した。

④健康保険料の事業主負担分 ¥94,000 を計上した。

⑤当月の製造経費消費高を計上した。

電 力 料 ¥138,000　保 険 料 ¥86,000　減価償却費 ¥400,000

⑥製造間接費を次のように各部門に配分した。

第1製造部門　¥485,000　　第2製造部門　¥374,000
動 力 部 門　　90,000　　修 繕 部 門　　60,000

⑦補助部門費を次の配賦基準によって，直接配賦法で各製造部門に配賦した。

	配 賦 基 準	第1製造部門	第2製造部門
動力部門費	kW数×運転時間数	20kW×300時間	15kW×200時間
修繕部門費	修 繕 回 数	3回	2回

⑧当月の賃金実際消費高 ¥3,195,000 を計上した。よって，賃金の予定消費高と
実際消費高との差額を，賃率差異勘定に振り替えた。

⑨第1製造部門費の配賦差異を，製造部門費配賦差異勘定に振り替えた。

⑩第2製造部門費の配賦差異を，製造部門費配賦差異勘定に振り替えた。

(1)

	借　　方		貸　　方	
6月30日①	製 造 間 接 費	84,000	工 場 消 耗 品	84,000
30日⑧	賃 率 差 異	90,000	賃　　金	90,000

(2)

素　　材

6/ 1 前 月 繰 越	540,000	6/12 仕 掛 品	1,596,000
8 買 掛 金	2,120,000	30 次 月 繰 越	1,064,000
	2,660,000		2,660,000

仕　　掛　　品

6/ 1 前 月 繰 越	1,996,000	6/27 製 品	4,156,000
12 素 材	1,596,000	30 次 月 繰 越	3,264,000
30 賃 金	2,898,000		
〃 諸 口	930,000		
	7,420,000		7,420,000

第 2 製 造 部 門 費

6/30 製 造 間 接 費	374,000	6/30 仕 掛 品	380,000
〃 諸 口	54,000	〃 製造部門費配賦差異	48,000
	428,000		428,000

(3)

製造指図書＃1　　　　原 価 計 算 表

直接材料費	直接労務費	製 造 間 接 費				集 計	
		部門	時 間	配賦率	金 額	摘 要	金 額
1,620,000	276,000	第1	200	500	100,000	直接材料費	1,620,000
	1,656,000	第1	400	500	200,000	直接労務費	1,932,000
	1,932,000	第2	800	380	304,000	製造間接費	604,000
					604,000	製 造 原 価	4,156,000
						完成品数量	100　個
						製 品 単 価	¥　41,560

製造指図書＃2　　　　原 価 計 算 表

直接材料費	直接労務費	製 造 間 接 費				集 計	
		部門	時 間	配賦率	金 額	摘 要	金 額
1,596,000	1,242,000	第1	700	500	350,000	直接材料費	
		第2	200	380	76,000	直接労務費	

(4)

6月中の実際平均賃率　　¥	1,420

形式別復習問題

32-3 個別原価計算を採用している近畿製作所の下記の資料によって，次の各問いに答えなさい。

(第82回一部修正)

(1)6月13日と30日①の取引の仕訳を示しなさい。

(2)第2製造部門費勘定・賃率差異勘定・製造部門費配賦差異勘定に必要な記入をおこない，締め切りなさい。なお，勘定記入は日付・相手科目・金額を示すこと。

(3)部門費振替表を直接配賦法によって完成しなさい。

(4)A製品（製造指図書＃1）の原価計算表を完成しなさい。

(5)月末仕掛品原価を求めなさい。

　　ただし，ⅰ 月初棚卸高は，次のとおりである。

　　　　素　　　　材　　　150個　@¥3,200　¥　480,000

　　　　工場消耗品　　　200〃　　〃〃120　¥　24,000

　　　　仕　掛　品（製造指図書＃1）　　　¥3,110,000（原価計算表に記入済み）

　　　ⅱ 素材の消費高の計算は先入先出法により，工場消耗品の消費数量の計算は棚卸計算法によっている。

　　　ⅲ 賃金の消費高は，直接作業時間1時間につき ¥1,300 の予定賃率を用いて計算している。

　　　ⅳ 製造間接費は部門別計算をおこない，直接作業時間を基準として予定配賦している。

	第1製造部門	第2製造部門
年間製造間接費予定額（予算額）	¥7,350,000	¥3,264,000
年間予定直接作業時間（基準操業度）	15,000時間	10,200時間

　　　ⅴ 製造間接費勘定を設けている。

　取　　　　引

　6月6日　素材および工場消耗品を次のとおり買い入れ，代金は掛けとした。

　　　　素　　　　材　　　600個　@¥3,300　¥1,980,000

　　　　工場消耗品　　　900〃　　〃〃120　¥　108,000

　　13日　B製品（製造指図書＃2）の注文を受け，素材500個を消費して製造を開始した。

　　25日　賃金を次のとおり小切手を振り出して支払った。

　　　　賃 金 総 額　¥3,260,000

　　　　うち，控除額　　所 得 税　¥258,000　　健康保険料　¥129,000

　　30日　①工場消耗品の月末棚卸数量は150個であった。よって，消費高を計上した。（間接材料）

　　　　②当月の賃金予定消費高を次の作業時間によって計上した。

　　　　　製造指図書＃1　1,100時間　製造指図書＃2　1,150時間　間接作業　200時間

　　　　③健康保険料の事業主負担分 ¥129,000 を計上した。

　　　　④当月経費の消費高は次のとおりであった。

　　　　　電 力 料　¥149,000　　　保 険 料　¥52,000

　　　　　減価償却費　234,000

　　　　⑤当月の直接作業時間は次のとおりであった。よって，製造部門費を予定配賦した。

		第1製造部門	第2製造部門
直接作業時間	製造指図書＃1	400時間	700時間
	製造指図書＃2	900時間	250時間

　　　　⑥製造間接費を次のとおり各部門に配分した。

　　　　　第1製造部門　¥486,000　　　第2製造部門　¥238,000

　　　　　動 力 部 門　150,000　　　修 繕 部 門　64,000

　　　　⑦補助部門費を次の配賦基準によって各製造部門に配賦した。

配賦基準		第1製造部門	第2製造部門
動 力 部 門 費	kW数×運転時間数	60kW×900時間	50kW×420時間
修 繕 部 門 費	修　繕　回　数	6回	2回

⑧A製品（製造指図書＃1）40個が完成した。

⑨当月の賃金実際消費高 ¥3,234,000 を計上した。よって，賃金の予定消費高と実際消費高との差額を，賃率差異勘定に振り替えた。

⑩第1製造部門費の配賦差異を，製造部門費配賦差異勘定に振り替えた。

⑪第2製造部門費の配賦差異を，製造部門費配賦差異勘定に振り替えた。

(1)

	借　　　　　方		貸　　　　　方	
6月13日	仕　　掛　　品	1,635,000	素　　　　　材	1,635,000
30日①	製　造　間　接　費	114,000	工　場　消　耗　品	114,000

(2)

第 2 製 造 部 門 費

6/30 製 造 間 接 費	238,000	6/30 仕　　掛　　品	304,000
〃 諸　　　口	58,000		
〃 製造部門費配賦差異	8,000		
	304,000		304,000

賃　　率　　差　　異

6/30 賃　　　　金	49,000	6/30 売 上 原 価	49,000
	49,000		49,000

製 造 部 門 費 配 賦 差 異

6/ 1 前 月 繰 越	7,000	6/30 第2製造部門費	8,000
30 第1製造部門費	5,000	〃 次 月 繰 越	4,000
	12,000		12,000

(3)

部 門 費 振 替 表

直接配賦法　　　　　　　　　　令和○年6月分

部　門　費	配賦基準	金　　額	製　造　部　門		補　助　部　門	
			第 1 部 門	第 2 部 門	動 力 部 門	修 繕 部 門
部門費合計		938,000	486,000	238,000	150,000	64,000
動力部門費	kW数×運転時間数	150,000	108,000	42,000		
修繕部門費	修 繕 回 数	64,000	48,000	16,000		
配賦額合計		214,000	156,000	58,000		
製造部門費合計		938,000	642,000	296,000		

(4)

製造指図書＃1

原 価 計 算 表

直接材料費	直接労務費	製　　造　　間　　接　　費				集　　　　　計	
		部門	時　間	配賦率	金　　額	摘　　要	金　　額
2,573,000	390,000	第1	300	490	147,000	直接材料費	2,573,000
	1,430,000	第1	400	490	196,000	直接労務費	1,820,000
	1,820,000	第2	700	320	224,000	製造間接費	567,000
					567,000	製 造 原 価	4,960,000
						完 成 品 数 量	40　個
						製 品 単 価	¥　124,000

(5)

月末仕掛品原価　¥	3,651,000

32-4 秋田製作所は，個別原価計算を採用し，A製品（製造指図書＃１）とB製品（製造指図書＃２）を製造している。下記の資料によって，次の各問いに答えなさい。

(1) 1月31日⑦と⑨の仕訳を示しなさい。
(2) 仕掛品勘定・製造部門費配賦差異勘定に必要な記入をおこない，締め切りなさい。なお，勘定記入は日付・相手科目・金額を示すこと。
(3) 部門費振替表を相互配賦法によって完成しなさい。
(4) A製品（製造指図書＃１）の原価計算表を完成しなさい。
(5) 月末仕掛品原価を求めなさい。

ただし，i　月初棚卸高は，次のとおりである。

素　　材　　200個　　@¥3,230　　¥646,000
工場消耗品　240〃　　〃〃　50　　¥12,000
賃　　金（未払高）　　　　　　　¥440,000
仕　掛　品（製造指図書＃１）　　¥3,536,000（原価計算表に記入済み）

ii　素材の消費高の計算は総平均法により，工場消耗品の消費数量の計算は棚卸計算法によっている。

iii　賃金の消費高は，直接作業時間１時間につき ¥1,400 の予定賃率を用いて計算している。

iv　製造間接費は部門別計算をおこない，直接作業時間を基準として予定配賦している。

	第１製造部門	第２製造部門
年間製造間接費予定額（予算額）	¥6,900,000	¥4,730,000
年間予定直接作業時間（基準操業度）	15,000時間	11,000時間

v　製造間接費勘定を設けている。

取　　引

1月4日　素材および工場消耗品を次のとおり買い入れ，代金は掛けとした。

素　　材　　500個　　@¥3,300　　¥1,650,000
工場消耗品　900〃　　〃〃　50　　¥45,000

9日　B製品（製造指図書＃２）の注文を受け，素材500個を消費して製造を開始した。

16日　次の製造経費を小切手を振り出して支払った。
電　力　料　¥169,000　　雑　　　費　¥13,000

25日　賃金を次のとおり小切手を振り出して支払った。
賃　金　総　額　　¥3,550,000
うち，控除額　　所　得　税　¥274,000　　健康保険料　¥143,000

31日　①工場消耗品の月末棚卸数量は180個であった。よって，消費高を計上した。（間接材料）

②当月の賃金予定消費高を次の作業時間によって計上した。
製造指図書＃１　1,200時間　製造指図書＃２　1,000時間　間接作業　300時間

③健康保険料の事業主負担分 ¥143,000 を計上した。

④当月の製造経費消費高を計上した。
電　力　料　¥168,000　　保　険　料　¥18,000
減価償却費　175,000　　雑　　　費　12,000

⑤当月の直接作業時間は次のとおりであった。よって，製造部門費を予定配賦した。

		第１製造部門	第２製造部門
直接作業時間	製造指図書＃１	400時間	800時間
	製造指図書＃２	900時間	100時間

⑥製造間接費を次の部門費配分表によって各部門に配分した。

部　門　費　配　分　表
令和○年1月分

費　　目	配賦基準	金　　額	製　造　部　門		補　助　部　門	
			第１部門	第２部門	動力部門	修繕部門
部門費合計		984,000	464,000	289,000	126,000	105,000

⑦補助部門費を次の配賦基準によって各製造部門に配賦した。

配賦基準		第1製造部門	第2製造部門	動力部門	修繕部門
動力部門費	kW数×運転時間数	30kW×800時間	20kW×800時間	——	10kW×200時間
修繕部門費	修繕回数	6回	6回	2回	——

⑧A製品（製造指図書＃1）80個が完成した。
⑨当月の賃金実際消費高 ¥3,476,000 を計上した。よって，賃金の予定消費高と実際消費高との差額を，賃率差異勘定に振り替えた。
⑩第1製造部門費の配賦差異を，製造部門費配賦差異勘定に振り替えた。
⑪第2製造部門費の配賦差異を，製造部門費配賦差異勘定に振り替えた。

形式別復習問題

(1)

		借 方		貸 方	
1月31日	⑦	第 1 製 造 部 門 費	129,000	動 力 部 門 費	126,000
		第 2 製 造 部 門 費	102,000	修 繕 部 門 費	105,000
	⑨	賃 金	24,000	賃 率 差 異	24,000

(2)
仕 掛 品

1/ 1 前 月 繰 越	3,536,000	1/31 製 品	5,744,000
9 素 材	1,640,000	〃 次 月 繰 越	3,497,000
31 賃 金	3,080,000		
〃 諸 口	985,000		
	9,241,000		9,241,000

製 造 部 門 費 配 賦 差 異

1/31 第2製造部門費	4,000	1/ 1 前 月 繰 越	8,000
〃 次 月 繰 越	9,000	31 第1製造部門費	5,000
	13,000		13,000

(3)
部 門 費 振 替 表
相互配賦法　　　　　　　　　　令和○年1月分

部 門 費	配賦基準	金 額	製 造 部 門		補 助 部 門	
			第 1 部 門	第 2 部 門	動 力 部 門	修 繕 部 門
部門費合計		984,000	464,000	289,000	126,000	105,000
動力部門費	kW数×運転時間数	126,000	72,000	48,000	——	6,000
修繕部門費	修 繕 回 数	105,000	45,000	45,000	15,000	——
第1次配賦額		231,000	117,000	93,000	15,000	6,000
動力部門費	kW数×運転時間数	15,000	9,000	6,000		
修繕部門費	修 繕 回 数	6,000	3,000	3,000		
第2次配賦額		21,000	12,000	9,000		
製造部門費合計		984,000	593,000	391,000		

(4)
製造指図書＃1
原 価 計 算 表

直接材料費	直接労務費	製 造 間 接 費				集 計	
		部 門	時 間	配賦率	金 額	摘 要	金 額
2,606,000	700,000	第1	500	460	230,000	直接材料費	2,606,000
	1,680,000	第1	400	460	184,000	直接労務費	2,380,000
	2,380,000	第2	800	430	344,000	製造間接費	758,000
					758,000	製造原価	5,744,000
						完成品数量	80 個
						製品単価 ¥	71,800

(5)

月末仕掛品原価 ¥	3,497,000

簿記実務検定第1級模擬試験問題
原価計算（制限時間　1時間30分）

1 次の各問いに答えなさい。

(1)次の□□□□□にあてはまる最も適当な語を，下記の語群のなかから選び，その番号を記入しなさい。

いくつかの種類の製品の製造のために消費され，特定の製品の原価として集計できない原価要素を　ア　といい，ある一定の基準によって各製品に割り当てることを　イ　という。

語群

1．直　接　費　　2．間　接　費　　3．配　　　賦　　4．賦　　　課

ア	イ
2	3

(2)岐阜製作所の下記の勘定記録と資料により，次の金額を求めなさい。ただし，会計期間は原価計算期間と一致しているものとする。なお，製造間接費配賦差異は売上原価に振り替える。

　　　　a．間接労務費の実際発生額　　b．経費の当月消費高　　c．売上原価

仕　掛　品

前 月 繰 越	410,000	製　　　品	12,197,000
素　　　材	( )	次 期 繰 越	( )
賃　　　金	( )		
外注加工賃	192,000		
製造間接費	( )		
	( )		( )

製　造　間　接　費

素　　　材	270,000	仕 掛 品	( )
工場消耗品	248,000		
賃　　　金	( )		
給　　　料	1,820,000		
健康保険料	223,000		
水 道 料	( )		
減価償却費	210,000		
製造間接費配賦差異	( )		
	( )		( )

資　　料

① 素　　　材　期首棚卸高　¥548,000　　当期仕入高　¥4,934,000　　期末棚卸高　¥388,000

② 工場消耗品　期首棚卸高　¥43,000　　当期仕入高　¥241,000　　期末棚卸高　¥36,000

③ 賃　　　金　実際平均賃率　作業時間1時間につき　¥850
　　　　　　　直接作業時間4,100時間　間接作業時間600時間

④ 水　道　料　基本料金　¥20,000
　　　　　　　当期使用料　2,400㎥　単価1㎥あたり　¥170
　　　　　　　水道料の計算方法は，基本料金に当期使用料を加算して求める。

⑤ 仕　掛　品　期首棚卸高　¥410,000　　期末棚卸高　¥486,000

⑥ 製　　　品　期首棚卸高　¥882,000　　期末棚卸高　¥932,000

⑦ 製造間接費配賦額は，直接作業時間1時間につき¥920の予定配賦率を用いている。

a	¥	2,553,000	b	¥	830,000	c	¥	12,084,000

(3)福井製作所では，直接原価計算をおこない利益計画をたてている。当月における下記の資料から，次の金額または数量を求めなさい。

　　　a．販売数量が3,500個のときの営業利益　　　b．損益分岐点の売上高
　　　c．目標営業利益¥1,612,000を達成するための販売数量

資　　料

① 販売単価　　　　　　　　　　¥2,200　　　③販売費および一般管理費
② 製造費用　　　　　　　　　　　　　　　　　　変動販売費（製品1個あたり）　¥500
　　変動製造費（製品1個あたり）　¥820　　　　固定販売費及び一般管理費　¥580,000
　　固定製造間接費　　　　　　¥1,460,000

a	¥	1,040,000	b	¥	5,100,000	c		4,150	個

(4)単純総合原価計算を採用している長野製作所の次の資料から，完成品原価を求めなさい。

　　ただし，ⅰ　素材は製造着手のときに投入され，加工費は製造の進行に応じて消費されるものとする。

　　　　　　ⅱ　月末仕掛品原価の計算は平均法による。

　　　　　　ⅲ　正常減損は製造工程の終点で発生しており，正常減損費は完成品にのみ負担させる。

資　　料

①生産データ

月初仕掛品　　600kg（加工進捗度60%）
当月投入　4,600kg
合　計　　5,200kg
月末仕掛品　　400kg（加工進捗度50%）
正常減損　　100kg
完成品　4,700kg

②月初仕掛品原価

素材費　¥ 276,000
加工費　¥ 320,000

③当月製造費用

素材費　¥2,740,000
加工費　¥4,480,000

完 成 品 原 価 ¥	7,392,000

(5)標準原価計算を採用している愛知製作所の当月における下記の資料から，次の金額を求めなさい。

　　a．完成品の標準原価　　b．材料消費価格差異　　c．直接労務費差異　　d．能率差異

　　ただし，ⅰ　直接材料は製造着手のときにすべて投入されるものとする。

　　　　　　ⅱ　解答欄の（　　）のなかに不利差異の場合は（不利），有利差異の場合は（有利）と記入すること。

資　　料

①標準原価カード

A製品	標準原価カード		
	標準消費数量	標準単価	金　額
直接材料費	4 kg	¥ 620	¥2,480
	標準直接作業時間	標準賃率	
直接労務費	3 時間	¥ 1,020	¥3,060
	標準直接作業時間	標準配賦率	
製造間接費	3 時間	¥ 930	¥2,790
	製品1個あたりの標準原価		¥8,330

②生産データ

月初仕掛品　　500個（加工進捗度50%）
当月投入　1,200個
合　計　　1,700個
月末仕掛品　　400個（加工進捗度40%）
完成品　1,300個

③実際直接材料費

実際消費数量　　4,770kg
実際単価　　¥600

④実際直接労務費

実際直接作業時間　3,690時間
実際賃率　　¥1,050

⑤製造間接費予算（変動公式予算）

変動費予算額　¥1,330,000
固定費予算額　¥2,204,000
基準操業度(直接作業時間)　3,800時間

a	完成品の標準原価 ¥ 10,829,000	b	材料消費価格差異 ¥ 95,400 （有利）
c	直接労務費差異 ¥ 171,900 （不利）	d	能 率 差 異 ¥ 55,800 （不利）

2 静岡工業株式会社は，組別原価計算を採用し，A組製品およびB組製品を製造している。次の資料によって，組別総合原価計算表とA組仕掛品勘定および組間接費勘定を完成しなさい。

　　ただし，　i　組間接費は機械運転時間を基準として配賦する。
　　　　　　　ii　素材は製造着手のときにすべて投入され，加工費は製造の進行に応じて消費されるものとする。
　　　　　　　iii　月末仕掛品原価の計算は先入先出法による。

資　　料
　a．月初仕掛品原価
　　　A組　¥2,004,000（素材費　¥1,120,000　　加工費　¥ 884,000）
　　　B組　¥1,240,000（素材費　¥ 823,000　　加工費　¥ 417,000）
　b．当月製造費用
　　　①材料費
　　　　素材の消費高は，1個あたり¥800の予定価格を用いて計算している。
　　　　素　　　材　A組　3,230個　　B組　1,950個
　　　　工場消耗品　¥350,000（組間接費）
　　　②労務費
　　　　賃金の消費高は作業時間1時間につき¥1,600の予定賃率を用いて計算している。
　　　　A組　1,500時間　　B組　960時間　　間接作業　300時間
　　　　健康保険料　¥205,000
　　　③経　費
　　　　外注加工賃　A組　¥369,000　　B組　¥216,000
　　　　電　力　料　¥443,000　　保　険　料　¥248,000　　減価償却費　¥614,000
　　　④組間接費¥2,340,000を，次の機械運転時間を基準に配賦する。
　　　　A組　2,200時間　　B組　800時間
　c．生産データ

	A組	B組
月初仕掛品	400個（加工進捗度50%）	300個（加工進捗度50%）
当月投入	1,900個	1,300個
合　計	2,300個	1,600個
月末仕掛品	300個（加工進捗度50%）	200個（加工進捗度50%）
完成品	2,000個	1,400個

組 別 総 合 原 価 計 算 表
令和○年6月分

摘　　　要	A　　組	B　　組
組 直 接 費　素 材 費	2,584,000	1,560,000
加 工 費	2,769,000	1,752,000
組 間 接 費　加 工 費	1,716,000	624,000
当 月 製 造 費 用	7,069,000	3,936,000
月初仕掛品原価　素 材 費	1,120,000	823,000
加 工 費	884,000	417,000
計	9,073,000	5,176,000
月末仕掛品原価　素 材 費	408,000	240,000
加 工 費	345,000	176,000
完 成 品 原 価	8,320,000	4,760,000
完 成 品 数 量	2,000個	1,400個
製 品 単 価	¥　　4,160	¥　　3,400

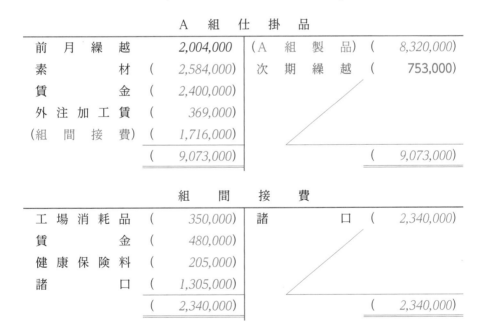

A　組　仕　掛　品

前 月 繰 越	2,004,000	（A 組 製 品）（　8,320,000）
素　　　　材（	2,584,000）	次 期 繰 越（　753,000）
賃　　　　金（	2,400,000）	
外 注 加 工 賃（	369,000）	
（組 間 接 費）（	1,716,000）	
（	9,073,000）	（　9,073,000）

組　間　接　費

工 場 消 耗 品（	350,000）	諸　　　口（　2,340,000）
賃　　　　金（	480,000）	
健 康 保 険 料（	205,000）	
諸　　　口（	1,305,000）	
（	2,340,000）	（　2,340,000）

3 個別原価計算を採用している茨城製作所の下記の取引（一部）によって，次の各問いに答えなさい。

(1) 7月10日の取引の仕訳を示しなさい。

(2) 消費賃金勘定・仕掛品勘定・製造間接費勘定に必要な記入をおこない，締め切りなさい。なお，勘定記入は日付・相手科目・金額を示すこと。

(3) A製品（製造指図書＃1）の原価計算表を作成しなさい。

ただし，i 前月繰越は，次のとおりである。

素　材	200個	@¥2,700	¥540,000
工場消耗品	430個	〃　60	¥25,800
仕掛品（製造指図書＃1）			¥3,936,000（原価計算表に記入済み）

ii 素材の消費高の計算は先入先出法により，工場消耗品の消費数量の計算は棚卸計算法によっている。

iii 賃金の消費高の計算には，作業時間1時間につき¥1,400の予定賃率を用いて計算し，消費賃金勘定を設けて記帳している。

iv 製造間接費は直接作業時間を配賦基準として予定配賦している。

年間製造間接費予定額（予　算　額）	¥14,196,000
年間予定直接作業時間（基準操業度）	27,300時間

v 製造間接費勘定を設けている。

(4) 製造間接費配賦差異における次の資料から，予算差異の金額を求めなさい。なお，解答欄の（　）のなかは借方差異の場合は借方，貸方差異の場合は貸方を○で囲むこと。

資　料

a．製造間接費については公式法変動予算により予算を設定して予定配賦を行っている。

b．月間の基準操業度（直接作業時間）は年間予定直接作業時間（基準操業度）をもとに算出する。

c．月間の製造間接費予算額　¥1,183,000（変動費率　¥280　固定費予算額　¥546,000）

d．当月の実際直接作業時間は取引（一部）のとおりである。

e．当月の実際製造間接費発生額は　¥1,199,200

取　　引（一部）

7月5日　素材および工場消耗品を次のとおり買い入れ，代金は掛けとした。

素　材	500個	@¥2,900	¥1,450,000
工場消耗品	700個	〃　60	¥42,000

10日　B製品（製造指図書＃2）の注文を受け，素材500個を消費して製造を開始した。

25日　賃金を次のとおり小切手を振り出して支払った。

賃金総額　¥3,820,000

うち，控除額　所得税　¥281,000　健康保険料　¥145,000

28日　A製品（製造指図書＃1）300個が完成した。なお，A製品の賃金予定消費高と製造間接費予定配賦高を，次の作業時間によって計算し，原価計算表に記入した。ただし，賃金予定消費高と製造間接費予定配賦高を計上する仕訳は，月末に行っている。

製造指図書＃1　1,200時間

31日　①工場消耗品の月末棚卸数量は260個であった。よって，消費高を計上した。（間接材料）

②当月の賃金予定消費高を次の作業時間によって計上した。ただし，消費賃金勘定を設けている。

製造指図書＃1　1,200時間　製造指図書＃2　1,000時間　間接作業　400時間

③健康保険料の事業主負担分¥145,000を計上した。

④当月の製造経費消費高を計上した。

外注加工賃	¥210,000（製造指図書＃2）	電　力　料	¥192,000
減価償却費	240,000	雑　　費	10,000

⑤②の直接作業時間によって，製造間接費を予定配賦した。
⑥当月の賃金実際消費高¥3,700,000を計上した。
⑦賃金の予定消費高と実際消費高との差額を，賃率差異勘定に振り替えた。
⑧製造間接費の予定配賦高と実際配賦高との差額を，製造間接費配賦差異勘定に振り替えた。

(1)

	借　　　　　方	貸　　　　　方
7月10日	仕　掛　品　　1,410,000	素　　　材　　1,410,000

(2)

消　費　賃　金

7/31 賃　　　金	3,700,000	7/31 諸　　　口　　3,640,000
		〃 賃　率　差　異　　60,000
	3,700,000	3,700,000

仕　掛　品

7/ 1 前　月　繰　越	3,936,000	7/28 製　　　品　　6,240,000
10 素　　　材	1,410,000	31 次　月　繰　越　　3,540,000
31 消　費　賃　金	3,080,000	
〃 外　注　加　工　賃	210,000	
〃 製　造　間　接　費	1,144,000	
	9,780,000	9,780,000

製　造　間　接　費

7/31 工　場　消　耗　品	52,200	7/31 仕　掛　品　　1,144,000
〃 消　費　賃　金	560,000	〃 製造間接費配賦差異　　55,200
〃 健　康　保　険　料	145,000	
〃 諸　　　口	442,000	
	1,199,200	1,199,200

(3)
製造指図書＃1

原　価　計　算　表

直接材料費	直接労務費	製造間接費	集　計 摘　要	金　額
2,520,000	590,000	826,000	直接材料費	2,520,000
	1,680,000	624,000	直接労務費	2,270,000
	2,270,000	1,450,000	製造間接費	1,450,000
			製造原価	6,240,000
			完成品数量	300 個
			製品単価	¥ 20,800

(4)

予　算　差　異	¥	37,200 （借方・貸方）

※（借方・貸方）のいずれかを○で囲むこと。

4 下記の取引の仕訳を示しなさい。ただし，勘定科目は，次のなかからもっとも適当なものを使用すること。

当 座 預 金	製 　 品	1 級 製 品	2 級 製 品
3 級 製 品	副 産 物	素 　 材	健康保険料預り金
健 康 保 険 料	売 上 原 価	第 1 製 造 部 門 費	第 2 製 造 部 門 費
動 力 部 門 費	修 繕 部 門 費	工 場 事 務 部 門 費	仕 掛 品
製 造 間 接 費	材料消費価格差異	本 　 社	工 　 場

a．香川工業株式会社は，会計期末にあたり，材料消費価格差異勘定の残高を売上原価勘定に振り替えた。なお，材料消費価格差異勘定の前月繰越高は，¥27,000（借方）であり，当月の実際消費高は予定消費高より¥8,000少なく，この額は材料消費価格差異勘定に振り替えられている。

b．個別原価計算を採用している大分製作所は，補助部門費を次の配賦基準により，直接配賦法で各製造部門に配賦した。ただし，部門費配分表に集計された補助部門費の金額は，動力部門費¥280,000　工場事務部門費¥189,000であった。

	配賦基準	第1製造部門	第2製造部門	動力部門	工場事務部門
動力部門費	kW数×運転時間数	16kW×600時間	12kW×200時間	—	10kW×200時間
工場事務部門費	従業員数	9人	6人	2人	1人

c．等級別総合原価計算を採用している熊本産業株式会社において，1級製品1,500個，2級製品2,000個，3級製品3,500個が完成した。ただし，完成品の総合原価は¥6,375,000であり，等価係数は次の各製品1個あたりの重量を基準としている。

　　　1級製品　240g　　　2級製品　220g　　　3級製品　200g

d．工場会計が独立している大阪製作所の本社は，さきに得意先和歌山商店に売り渡した製品について，月末に製造原価は¥2,730,000であったと工場から報告を受け，売上製品の原価を計上した。ただし，売上原価勘定は本社に，製品に関する勘定は工場に設けてある。（本社の仕訳）

e．単純総合原価計算を採用している山形製作所において，製品の完成とともに副産物が発生した。ただし，総合原価は¥2,813,000であり，そのうち副産物の評価額は¥316,000であった。

	借　　　　方		貸　　　　方	
a	売　上　原　価	19,000	材料消費価格差異	19,000
b	第 1 製 造 部 門 費	337,400	動　力　部　門　費	280,000
	第 2 製 造 部 門 費	131,600	工 場 事 務 部 門 費	189,000
c	1　級　製　品	1,530,000	仕　　掛　　品	6,375,000
	2　級　製　品	1,870,000		
	3　級　製　品	2,975,000		
d	売　上　原　価	2,730,000	工　　　　場	2,730,000
e	製　　　　品	2,497,000	仕　　掛　　品	2,813,000
	副　産　物	316,000		

基本的な英語表記一覧

	日　本　語	英　語　表　記
ⓐ	営業量	volume
ⓚ	間接費	indirect cost
	企業の社会的責任（CSR）	Corporate Social Responsibility
	経費	expense
	原価	cost
	原価管理	cost control
	原価計算	cost accounting
	原価計算期間	cost accounting period
	個別原価計算	job costing
ⓢ	材料費	material cost
	仕掛品	work(goods) in process
	実際原価計算	actual costing
	操業度	activity level
	総合原価計算	process costing
	損益分岐点	break-even point
ⓣ	直接費	direct cost
ⓗ	配賦	allocation
	非原価項目	noncost item
	標準原価計算	standard costing
	賦課	assessment
ⓡ	利益	profit
	利益管理	profit management
	労務費	labor cost